Le retour de la puissance céréalière russe

PETER LANG
Brussels | Bern | Berlin | New York | Oxford | Wien

Caroline DUFY

Le retour de la puissance céréalière russe

Sociologie des marchés du blé, 2000–2018

New International Insights
Volume 14

Publié avec Ie soutien du Centre Émile Durkheim (Sciences Po Bordeaux).

Peace, War and the World in European Security Challenges – POWERS
Project Number: 599962-EPP-1-2018-1-RU-EPPJMO-NETWORK

Le soutien de la Commission européenne à la production de cette publication ne constitue pas une approbation du contenu, qui reflète uniquement le point de vue des auteurs, et la Commission ne peut pas être tenue responsable de toute utilisation qui pourrait être faite des informations qu'elle contient.

Cette publication a fait l'objet d'une évaluation par les pairs.

Éditions scientifiques internationales
Bruxelles, 2021
1 avenue Maurice, B-1050 Bruxelles, Belgique www.peterlang.com
ISSN 1780-5414
ISBN 978-2-8076-1765-0
ePDF 978-2-8076-1766-7
ePUB 978-2-8076-1767-4
DOI 10.3726/b18158
D/2021/5678/13

Information bibliographique publiée par « Die Deutsche Bibliothek »
« Die Deutsche Bibliothek » répertorie cette publication dans la « Deutsche National-bibliografie » ; les données bibliographiques détaillées sont disponibles sur le site <http:// dnb.ddb.de>.

A Marina

Sommaire

Liste des sigles:

AEGIC:	Australian Export Grains Innovation Center
AMIS:	Agricultural Market Information System
APK:	Complexe agro-industriel (Russie)
AKKOR:	Association des exploitants Fermiers de Russie (Russie)
AWB:	Australian Wheat Board (Australie)
CCB:	Commission Canadienne du Blé (Canada)
FAO:	Food and Agriculture Organization
FMI:	Fonds Monétaire International
FSB:	Service de Sécurité Intérieure (Russie)
GASC:	General Authority for Supply Commodities (Egypte)
GATT:	General Agreeement on Tariffs and Trade (ancêtre OMC)
IFAD:	International Fund for Agriculture and Development
IFPRI:	International Food Policy Research Institute
IGC:	International Grains Council
NMP:	Nouveau Management Public
NTB:	Bourse Nationale des Matières Premières (Russie)
OCDE:	Organisation de la coopération et du développement économique
OMC:	Organisation Mondiale du Commerce
ONG:	Organisation Non Gouvernementale
ONIB:	Office National Interprofessionnel du Blé (France)
ONIC:	Office National Interprofessionnel des Céréales (France)
OZK:	Compagnie Unie des céréales (Russie)
PAC:	Politique Agricole Commune
RZS:	Union Russe des Céréales (Russie)
TSE:	Total Support Estimates

Illustrations[1]

Cartes

Encadrés

Graphiques

1 Classement par catégories, chapitres et ordres d'apparition par chapitre. Les normes de translittérations adoptées dans le manuscrit sont celles de la norme ISO 9 de 1995.

Illustrations

Photographies

Tableaux

Preface

Caroline Dufy's ethnography of rural Russia is one of those rare Western in-depth accounts of hard-to-get-to regions, which are so often forgotten when we speak of Russia, or Russians, in general terms. Nevertheless these regions remain crucial for understanding the diversity of a territory stretching across eleven time zones, six million square miles, climate variety, ethnic complexity, and intricacies of the regional political regimes.

Understanding Russia, known to be a 'prisoner of geography' is a challenge, and particularly so when it comes down to travelling, conducting fieldwork, and delving behind the facades of Russia's Western looking capital cities. Getting to grips with Russia's grassroots values, ideas, and behaviours is difficult even for a native researcher, let alone the hidden costs of being a Western scholar. The period when this project was completed suffered a double blow: the European Union has imposed sanctions against Russia, and the Russian government has reciprocated with severing academic ties and introducing administrative restrictions on access and communication.

Travelling to Russia's rural areas is not open to all. Many factors impede such studies. Not only the difficult conditions and uncertainties associated with travelling to areas lacking sufficient hospitality infrastructure, but also the frequent unwillingness of locals to engage 'with foreigners' make such research efforts heroic. Caroline Dufy's book is one of very few ethnographies that are detailed enough to grasp the realities behind the policy-making and the open secrets, unwritten rules, and informal practices in daily operations of agricultural production in Russia.

The ambition of unveiling the mechanism of political power and opening the black box of state policies does not prevent the author from making the text accessible and inviting. The readers are exposed to photography and the method of visual sociology at the beginning of the book allows for a smooth introduction to fieldwork in the countryside.

Somewhat counterintuitive to what one can see and expect to hear about Russia, the reader will learn about successes of Russia's agro holdings, with a remarkable comeback as a major exporter in the global grain markets in late 2010s.

Dufy's expertise in grain circulation, storage and transportation, as well as understanding details of grain quality and production provides insights into the operational chains of grain production, the grain trade and market. One learns about the know-how of traders and experts, who create value and facilitate price stability, while the state interventions are regarded to be opaque and irregular, often resulting in the opposite effect. Dufy's roadmap to the agricultural sector and the state policies in Russia is an effective tool for understanding the food security policy. The securitisation of the food argument legitimizes protectionism on the one hand, and justifies an extreme concentration in grain production on the other hand.

This is book is a great addition to the study of Russia's *Potemkin villages* and Russia's real achievements. It offers unique insights and paradoxes of Russia's agricultural production, revealing its present-day formal and informal constraints.

Alena Ledeneva
UCL SSEES, Founder of the Global Informality Project

Introduction

La crise sanitaire de 2020 a engendré des alertes nouvelles sur l'alimentation mondiale. De nombreuses voix se sont élevées durant l'épisode de COVID-19 pour déplorer la hausse du protectionnisme sur les denrées alimentaires, et plus particulièrement l'adoption de restrictions au commerce par des pays producteurs, tels que la Chine ou la Russie par exemple. Cet épisode relance le débat entamé en 2006–2008 où la hausse brusque des produits alimentaires avait engendré des émeutes de la faim dans nombre de pays du Sud et une crise alimentaire mondiale. A cette occasion, le combat des pays pauvres avait permis de légaliser certaines restrictions au libre-échange sur les denrées alimentaires et de promouvoir la souveraineté alimentaire. Ainsi, le débat sur la sécurité alimentaire s'est imposé en quelques années dans les arènes des organisations onusiennes, telles que la FAO et l'OMC. Au-delà, ce précepte est devenu une référence des politiques agricoles pour les pays du Nord, y compris pour la Politique Agricole Commune en Europe. Redevenu d'une actualité brûlante avec la crise sanitaire mondiale, ce slogan s'avère propice à la légitimation des nouveaux patriotismes économiques et protectionnismes au niveau mondial.

Comment comprendre ces nouveaux impératifs dans une période où la réduction progressive des obstacles tarifaires au commerce depuis la Seconde guerre mondiale a contribué puissamment à une extension continue des échanges ? L'Organisation Mondiale du Commerce (OMC), l'un des acteurs majeurs de cette progression a gagné de nombreux membres continuellement, en intégrant les puissances *a priori* les plus rétives à la libéralisation des échanges, telles que la Chine ou la Russie. La progression des échanges s'est également appuyée sur l'intégration continue de nouvelles marchandises dans le spectre des biens soumis à la réduction des droits de douane, grâce aux *rounds* successifs de négociation sur les produits agricoles, les médicaments ou encore les biens culturels et la propriété intellectuelle. L'institutionnalisation des objectifs de développement du commerce à travers la création du GATT, puis sa transformation en OMC, ont appuyé le développement continu et rapide du commerce depuis la Seconde Guerre Mondiale.

À travers 6 chapitres, cet ouvrage aborde une série de questions fondamentales que posent ces transformations : quel est le sens des discours publics sur la sécurité alimentaire ? La production agricole relève-t-elle d'un secteur particulier soumis à des logiques spécifiques d'échange ? Si le commerce est supposé assurer une meilleure efficacité productive et sociale comme le prévoit la théorie libérale, comment doit-on analyser les exceptions à ces préceptes ? Constituent-elles des modèles au sein de groupes de pays spécifiques, tels les émergents ? Quels sont, en outre, les discours qui les légitiment ? De quels acteurs émanent-ils ? Comment ont-ils réussi à faire de cet objet un thème du débat public ?

Les pages qui suivent abordent ces questions à travers l'évolution des échanges de biens agricoles, et plus particulièrement le blé. Elles montrent la cohérence de nouveaux régimes d'échanges où l'État joue un rôle majeur dans la régulation des marchés céréaliers. Au-delà, il s'agit de documenter comment s'impose une réflexion sur les limites du libre-échange, où l'agriculture est centrale.

Parmi les denrées agricoles, le blé jouit d'un statut particulier : de par son rôle dans l'alimentation animale et humaine, il est une céréale stratégique (Abis, 2015). Pour Arthur L. Stinchcombe (1983, p. 97) : « La diffusion des sociétés civilisées va de pair avec l'introduction de la culture des céréales ». L'ouvrage proposé au lecteur livre ainsi une réflexion originale dans son approche et son objet, en prise avec les enjeux alimentaires contemporains et appuyée sur une large enquête de terrain au cœur du monde céréalier russe.

1. Le commerce mondial post-COVID : vers un nouveau régime d'échange ?

De fait, l'irruption de la pandémie de COVID-19 dans le quotidien planétaire en 2020 a induit de nombreuses perturbations et incertitudes. Parmi les nombreux ébranlements intervenus dans nos vies, la crise sanitaire a questionné l'accès aux biens alimentaires, et ce, aussi bien dans les pays du Sud qu'au Nord. La fragmentation des chaînes de valeur au niveau international a fragilisé les approvisionnements et désarticulé des territoires auparavant agencés dans des chaînes de production industrielle. Ce bouleversement a précipité le débat public sur l'émergence de nouveaux régimes commerciaux. La mise en question du consensus sur la progression du libre-échange a ainsi restauré une place à la légitimité de la régulation publique.

D'un point de vue analytique, cette séquence a remis en question de manière profonde, trois champs de la gouvernance des sociétés modernes : le commerce, la régulation et les territoires. Les deux premiers éléments sont traditionnellement associés par la discipline de l'économie politique. L'ouvrage montre l'intérêt heuristique de la prise en compte du troisième élément, l'espace, dans ses interactions avec les deux précédents, dès lors qu'il s'agit d'analyser les interdépendances au niveau international. Au-delà d'une approche classique de l'économie politique, qui appréhenderait l'international comme un cadre donné, il s'agit de rendre compte d'un jeu d'échelles mouvant, observable à différents niveaux (locaux, fédéraux, régionaux) et appuyé sur des acteurs hétérogènes. Les pages qui suivent dévoilent les stratégies des acteurs publics, privés, des céréaliers et éleveurs, des consommateurs et producteurs, des agroholdings et fermiers, des syndicalistes agricoles et fonctionnaires entre autres. La concurrence est rude dans le monde des grains : les pays européens, la Chine et l'Inde sont les premiers producteurs de blé au monde. Au-delà, les positions à l'exportation ne recoupent pas ce tiercé de tête puisque la Russie émerge comme le premier exportateur mondial depuis 2016. A quoi correspond ce décalage ? Cet ouvrage emmène le lecteur dans le monde fascinant et mystérieux du commerce du blé.

Mondialisation, capitalisme et nouvelles vulnérabilités

Il nous faut tout d'abord faire un détour par le thème du commerce. En effet, la théorie économique libérale, appuyée sur l'économie politique classique, propose un horizon optimiste à la question du développement matériel des sociétés. Le problème de la rareté des biens face au caractère illimité des besoins humains, est supposé résolu grâce à deux éléments. Le premier, la rationalisation des processus productifs, est au cœur de la théorie économique. Grâce à la spécialisation internationale du travail, le commerce international est érigé en forme ultime d'efficacité économique. Le second élément concerne le transport tout aussi central et pourtant demeure sous-étudié. La production rationalisée implique pourtant une mobilité différenciée si l'on considère que l'hypermobilité des ressources naturelles, des marchandises et des capitaux constituent un substitut à l'immobilité des personnes. Le commerce s'appuie, en résumé, sur un présupposé sous-jacent mais implicite de disponibilité et d'accessibilité élargie des biens. Or cet impensé pose deux problèmes : ainsi que la crise sanitaire de 2020 l'a amplement démontré, la disruption d'accès et de disponibilité des biens présente des risques collectifs élevés. La rupture des chaînes de valeur globale a entraîné des pénuries à travers le monde entier. La dépendance aux flux commerciaux est alors apparue soudainement comme une vulnérabilité planétaire.

Cette hyper-disponibilité a également un coût environnemental important que la théorie économique standard continue de penser comme une « externalité », c'est-à-dire comme un élément externe aux échanges réalisés sur le marché. La régulation des externalités est un chantier politique qui se heurte aux problèmes d'action collective et de passager clandestin : chaque pays ayant intérêt à profiter des effets du comportement vertueux des autres, sans lui-même à avoir à supporter le coût de leur adoption.

La prise de conscience de ces dépendances collectives a donné une nouvelle actualité aux discours sur la relocalisation de la production, voire sa régionalisation. Certains observateurs ont été jusqu'à évoquer la fin de la globalisation. La raison d'être de cet ouvrage n'est pas de livrer des discours prophétiques ou divinatoires, mais d'examiner comment la contestation de la libéralisation des échanges commerciaux permet d'éclairer l'évolution des formes de capitalisme dans le monde contemporain.

De nouveaux impératifs de régulation ?

Parmi les slogans apparus dans les discours sur le commerce mondial, l'impératif de sécurité alimentaire figure en bonne place. Il se situe à la croisée des chemins entre objectifs de production, contraintes posées à la circulation des marchandises et nouveaux modèles de consommation. De ce fait, il questionne la régulation des flux commerciaux au niveau international. Or l'encadrement du marché par l'État a donné lieu à une littérature considérable, à la fois en science politique, en économie politique et en sociologie de l'action publique. Les céréales et plus précisément de blé ont, en outre, été traités par l'économie politique et l'histoire économique comme des objets courants de l'intervention publique, voire même un prisme d'analyse du consensus politique établi entre l'État et le peuple (Scott, 1998 ; Chatriot *et al.*, 2012 ; Kaplan, 2017). Autrement dit,

> En ce sens, le marché agroalimentaire est bien un marché spécial parce qu'il est chargé des représentations fortes liées aux conditions assurant la vie des individus et parce que le marché crée en même temps les conditions sociales – l'éloignement cognitif et pratique – de la production et de la diffusion des peurs alimentaires. (Steiner, 2008).

Les travaux de l'historien britannique Edward P. Thompson (1971) sur les émeutes populaires dans l'Angleterre de la fin du XVIIIe siècle ont ainsi donné lieu au concept d'économie morale, largement repris pour expliquer la régulation des marchés agricoles dans nombre de pays. L'originalité de cet ouvrage est d'examiner cette question dans le cas des pays émergents. Le postulat de départ est que les économies avancées et les pays émergents produisent des agencements différenciés. L'analyse de la régulation des marchés agricoles a été déployée à l'égard de nombreux pays, la Chine entre autres, mais peu a été écrit sur le cas russe (Augustin-Jean, Alpermann, 2014). Les pages qui suivent traitent de la renégociation du cadre du capitalisme contemporain par l'étude de la singularité russe.

La Russie a restauré une puissance céréalière mise à mal durant la période des années 1990, en rupture avec une histoire tsariste et soviétique de grenier à blé de l'Europe. D'une agriculture sortie ruinée de la transition économique, le pays s'est hissé en deux décennies au premier rang mondial des exportateurs de blé. En 2019, il est l'un des premiers producteurs mondiaux de graines de tournesol (2ème), de betteraves sucrières (1er), de pommes de terre et de viande de poulet (4ème), de lait de vache (6ème). Ce sont cette restauration agricole, ses ressorts, ses acteurs, et ses enjeux que l'ouvrage explore.

La période retenue (2000–2018) est un moment spécifique de l'histoire du pays, tant en termes économiques que politiques ou internationaux. Elle correspond à l'accession au pouvoir de Vladimir Poutine, à l'achèvement, avec la crise financière de 1998, d'une décennie de transition, et à l'amorce d'un processus de renforcement économique et international du pays. La fin de la décennie 2010 est, elle, marquée par le renforcement des sanctions économiques occidentales à l'égard de la Russie et le poids croissant des politiques protectionnistes dans le domaine agricole et ce, en dépit de son adhésion à l'OMC entérinée en 2012.

Matérialité et territoires

La pandémie de la COVID-19 souligne l'actualité de ces questionnements. L'adoption fin avril 2020 de mesures temporaires d'interdiction des exportations céréalières par quelques grands pays producteurs, tels que la Russie et la Chine, a ranimé le spectre de la pénurie alimentaire. La revendication de la sécurité alimentaire était l'étendard de la protestation contre l'élargissement du libre-échange depuis les années 2000 (OMC, 2020[2]). De fait, sur 80 pays ayant restreint les échanges au plus fort de la pandémie, 17 pays avaient adopté des restrictions alimentaires[3]. Ce contexte inédit met en lumière le rôle de l'État comme acteur majeur dans la définition des espaces commerciaux et leur articulation. Cet ouvrage démontre comment, par le biais de la politique commerciale, prérogative étatique par excellence, l'État fait territoire et articule de façon variée l'espace national à des espaces commerciaux plus larges. L'enquête de terrain effectuée documente la matérialité des céréales, en rendant visible les dimensions de stockage et de transport des marchandises que la sociologie du marché n'a que peu analysé.

Une autre illustration est fournie par le régime de sanctions internationales adopté à l'égard de la Russie en 2014 à la suite de l'annexion de la Crimée. La frontière, qu'elle soit interne, régionale, ou externe, joue un rôle essentiel dans la définition des territoires qui n'existent pas *in abstracto* mais sont rattachés à un ordre politique, économique et social souhaité par l'État. La politique commerciale dessine ce faisant des régimes divers de rapports à l'espace. Le régime libéral de développement du commerce international a eu ceci de particulier qu'il a bénéficié d'un effort d'institutionnalisation, incarné par l'OMC. Le renouveau du protectionnisme et du patriotisme économique, mais aussi le retour des souverainetés, dessinent un autre rapport au territoire et à l'identité nationale. Toutefois, il ne faudrait pas céder à la simplification. L'histoire de la régulation du commerce du blé depuis les années 1990

---

2 OMC, *Export Prohibitions and Restrictions,* Export Note, April, 23rd, 2020, accédé le 7 juillet 2020 at https://www.wto.org/english/tratop_e/covid19_e/export_prohibitions_report_e.pdf

3 L'OMC interdit prohibitions et restrictions à l'exportation dans le cadre de l'article XI de l'Accord général sur les tarifs douaniers et le commerce (GATT de 1994) mais il autorise exceptionnellement ses membres à les appliquer temporairement, pour prévenir une situation critique due à une pénurie de produits alimentaires ou d'autres produits essentiels.

révèle une image du rapport du territoire russe à la mondialisation évolutive dans le temps, parfois contradictoire et souvent hybride. Dans ce temps long, les récits nationaux de puissance céréalière d'une part et de sécurité alimentaire d'autre part se juxtaposent. Les débats autour d'une réarticulation régionale de certaines chaînes de valeurs projettent d'autres perspectives : celles d'un raccourcissement des mobilités des marchandises et des flux de capitaux et de ressources. Il reste à les documenter empiriquement.

2. Le blé, un objet d'étude protéiforme

Le lecteur peut se demander à bon droit comment saisir ces enjeux complexes. Ma démarche est originale en ce qu'elle mobilise les catégories fondatrices de l'anthropologie économique : la circulation, articulée à la production et à la consommation des produits. Ainsi, loin d'une lecture strictement économique, trop étroitement politique ou institutionnaliste, je m'attache à saisir la dimension plurielle des échanges. Cet ouvrage livre une économie morale du commerce, en saisissant au cœur des circulations, la valeur morale des échanges, les rationalités des transactions, et les récits de construction du bien commun (Kopytoff, 1986). Cette perspective singulière est la seule à donner à comprendre comment dans un espace économique qualifié de rationnel et impersonnel, les acteurs se positionnent dans l'espace économique en produisant des collectifs d'acteurs et des valeurs communes. Cette dimension émane des propos que j'ai recueillis sur le terrain : « nos partenaires », « nos clients », « notre stratégie nationale », « notre sécurité », émaillent les entretiens. Il importe alors de saisir comment sont produites les frontières entre le « nous » et le « eux », quelles rationalités appuient le patriotisme économique et le protectionnisme.

Pour ce faire, j'ai choisi de suivre une marchandise dans sa circulation, dans une perspective de « vie sociale des objets » (Appadurai, 1986). Il s'agit ainsi d'envisager la façon dont cette circulation est structurée par différents dispositifs politiques et techniques, comment ceux-ci contribuent à la valorisation de cette marchandise et quelles sont les valeurs collectives qui légitiment le travail de structuration des circuits de la marchandise. Cette perspective de sociologie ou d'anthropologie économique a été explorée à travers des travaux sur le lait (Vatin, 1996), le café en particulier (Daviron, Ponte, 2005) ou encore le coton (Çalişkan, 2010). Je propose au lecteur de la poursuivre avec le blé.

Pourquoi le blé ? Comme le maïs et le café, mais à la différence du coton, c'est une denrée alimentaire. Comme le maïs, mais à la différence du café, c'est une céréale de grande culture. Enfin, comme le maïs, mais à la différence du soja ou du colza, ce n'est pas un oléagineux. Le blé est en outre destiné à l'alimentation humaine et animale, tout comme le maïs et l'orge – à la différence du maïs ou du riz, le blé est une céréale destinée de façon prépondérante à l'alimentation humaine. Ces caractéristiques font du blé le fondement de la civilisation occidentale.

En circulant, le blé acquiert des significations multiples. Elle est tantôt stratégique et politique, tantôt marchande, tantôt intégrée dans une opposition entre nature et industrie, faisant de ce bien, soit un produit naturel, issu du sol au gré des conditions climatiques ou alors un produit industriel, fruit de plusieurs dizaines de transformations. Notre démarche implique donc de mêler des éléments sur les modalités de circulation des marchandises en centrant le propos non pas tant sur les processus de production, ou la consommation finale que sur les éléments de valorisation de cette marchandise entre production et consommation intermédiaire.

L'analyse des marchés du blé produite dans ces lignes exclut les enjeux agronomiques[4] et exagérément pointus pour un lecteur non spécialiste. Ainsi les questions liées aux techniques de production, aux OGM, à la chimie des sols, aux variables climatiques seront délaissées pour nous concentrer sur la circulation de la marchandise blé. Ainsi, nous pourrons mettre au jour les rapports de pouvoir entre acteurs des systèmes alimentaires : entre producteurs et consommateurs, entre consommateurs et négociants, entre secteurs de la consommation humaine et animale, ou export et consommation domestique.

Le lecteur l'a compris. La circulation des marchandises recèle une énigme : comment est surmontée l'incertitude multiple qui entoure l'échange, et qui concerne tant la qualification du bien transféré, sa valeur, que la qualité des parties, la nature intrinsèque du médium d'échange ou encore la temporalité de ce transfert ?

---

4 La recherche agronomique russe et soviétique a été de grande qualité et a comporté des noms éminents, tels que Vavilov. Elle a pâti du lyssenkisme et du démantèlement de la recherche dans la transition économique. L'amélioration de la recherche agronomique constitue un objectif des plans de soutien contemporains à l'agriculture (Hervé, Le Stum, 2021).

Or la théorie économique classique a répondu à cette question simplement : le prix de marché permet la rencontre des rationalités contraintes du consommateur et du producteur. Cet ouvrage propose une perspective alternative, appuyée sur la sociologie économique et l'économie politique : le marché est alors appréhendé non comme dispositif fondé sur des rationalités individuelles isolées comme le prétend l'analyse économique standard. Au contraire, il est une institution socialement située, qui véhicule des valeurs morales et des informations permettant d'organiser les pratiques des professionnels des transactions et ce faisant de coordonner leurs actions.

3. Genèse et méthodologie

Ce travail est le fruit d'une longue maturation, développée au fil de séjours de recherche de terrain réguliers menés en Russie depuis vingt ans. L'enquête de terrain qui documente cet ouvrage a été menée sur trois ans, à partir d'entretiens collectés en russe (sans traduction puisque je maîtrise couramment cette langue), et d'une littérature grise et académique publiée en russe, en anglais et en français. Elle s'est aussi appuyée sur une coopération académique de longue haleine, établie au fil des coopérations et des projets, avec des collègues issus de plusieurs institutions, parmi lesquels en premier lieu, Svetlana Barsukova (Higher School of Economics), mais aussi Marina Mchedlova (Université de l'Amitié des Peuples de Moscou), et Elena Morozova (Université de Krasnodar). Les phases principales de cette enquête de terrain ont été effectuées entre septembre 2015 et juin 2018. Au total, 31 entretiens exploitables ont été collectés en russe auprès de professionnels du secteur céréalier, tout au long de la circulation frumentaire : qu'il s'agisse de producteurs, de managers d'exploitations agricoles, de *traders*, d'économistes spécialistes des marchés céréaliers, de syndicalistes agricoles, de banquiers spécialistes de transactions céréalières, d'élus locaux de régions agricoles, d'agronomes, de formateurs en agriculture. Ces entretiens ont été organisés dans trois pays : la France, la Suisse et la Russie. Ceux collectés dans les deux premiers pays ont permis de resituer les flux céréaliers dans un ensemble européen plus vaste dans lequel la mer Noire est un pôle central. La diversité des territoires agricoles russes est extrême. Toutefois, mon choix délibéré a été d'organiser l'enquête de terrain par rapport au cœur de l'exportation céréalière, la mer Noire, à travers trois régions d'éloignement croissant : celle de Krasnodar, (région Nord Caucase, grenier à blé de la Russie et terre d'exportation), de Voronej (région des terres noires centrales et de production céréalière majeure) et enfin Moscou (région Nord-Ouest plus éloignée des zones portuaires). La région de Sverdlovsk, en Oural central a constitué un terrain pour la phase préliminaire de l'enquête. Ces recherches ont été soutenues par plusieurs programmes de recherche[5]. Elles ont par ailleurs tiré un large profit des commentaires de nombre de relecteurs auxquels j'exprime ma reconnaissance[6].

4. Plan de l'ouvrage

L'entrée en matière plonge le lecteur dans le monde foisonnant du blé et l'atmosphère de l'enquête à travers les photographies de terrain : des vastes plaines des terres noires aux paysages brumeux de la Russie centrale.

Le deuxième chapitre retrace l'historique de la conquête russe des marchés céréaliers internationaux à partir des années 1990. Le secteur des céréales a été touché dans de nombreux pays comme en Russie par la financiarisation, l'industrialisation, ou la concentration des terres. Toutefois, le rôle central de l'État dans la conduite du développement agricole est une des spécificités russes.

« Exporter ou pas ? » Tel est le dilemme auquel sont confrontés les producteurs céréaliers du chapitre 3. La circulation des grains suit deux processus simultanés et contradictoires. D'un côté, la différenciation des usages des grains permet de former des circuits d'échanges prévisibles réduisant l'incertitude. De l'autre, les bifurcations depuis ces usages anticipés sont toujours possibles, et favorisent la liquidité des marchés céréaliers. Ce chapitre montre que le transport et le stockage structurent

---

5 En particulier par un projet financé par la Région Aquitaine (l'économie morale des campagnes en Russie, Biélorussie, Ukraine), et le programme européen Marie Curie *EUropean Identity, Cultural Diversity and Political Change* PIRSES-GA-2013-612619. Enfin, cet ouvrage a bénéficié du soutien financier du Centre Emile Durkheim et de Sciences Po Bordeaux

6 Il s'agit en particulier d'Antoine Roger, Florence Weber, Pascale Trompette, Philippe Steiner, Vincent Tiberj, Matthieu Ansaloni, Antoine Bernard de Raymond, Olga Gille-Belova, Viviane Le Hay, Cécile Vigour, Ronan Hervouet, Delphine Thivet, Alice Sindzingre, Daniel Bach, Thierry Tirbois, Pierre Blanc et Armelle Jézéquel. Qu'ils et elles en soient remerciés. Je tiens également à remercier les relecteurs anonymes dont les commentaires attentifs ont permis d'améliorer cet ouvrage.

profondément la circulation et la valorisation des denrées agricoles, réalité largement négligée par la sociologie économique.

Le chapitre 4 montre comment *traders* et experts s'appuient sur la référence du marché pour construire la valorisation des transactions de blé. Si la littérature sur l'intermédiation marchande a fait l'objet de nombreux travaux, en revanche, elle a sous-estimé le rôle des experts dans la construction des conventions sur les prix. Ce chapitre contribue à combler ce manque.

L'État joue un rôle central dans la construction des prix, ce que montre le cas russe, et ce, alors que les grands pays producteurs ont renoncé aux interventions étatiques sur les marchés céréaliers. Pourtant, comme le montre le chapitre 5, la régulation publique est loin d'être cohérente et rationnelle, mais est en réalité hybride, erratique et contingente. En revanche, elle a pour effet de produire un collectif d'acteurs rassemblés autour de la régulation des flux des marchandises.

Enfin, le chapitre ultime propose une réflexion originale sur l'impératif de « sécurité alimentaire » dans le contexte russe pré- et post-sanctions. L'un des effets majeurs des politiques de sécurité alimentaire est de segmenter les espaces de circulation des céréales en distinguant marché interne et marché externe et en séparant un « eux » du « nous ».

***

Chapitre 1

Les marchés du blé : de quelques théories et méthodes

La tâche de ce chapitre est ardue : fixer un cadre théorique et méthodologique sans décourager la lecture. Pourtant, loin d'être superflu, le moment théorique qui ouvre cet ouvrage est essentiel : le propos est large, l'objet vaste, au confluent de trois sphères : l'agriculture, le marché et l'État. Pour le saisir, trois approches de sociologie économique ont été mobilisées : la sociologie des agencements marchands, la sociologie des filières de production et la sociologie des instruments de l'action publique. Telles des loupes, chacune d'entre elles ne le saisit qu'imparfaitement. Conjointes, ces perspectives permettent de brosser un tableau pertinent de la régulation des marchés de blé en Russie et d'aboutir à des conclusions fermes. Les lignes qui suivent les présentent. Une dernière partie clôt le chapitre par un précis photographique de l'enquête.

1. Comment saisir les marchés du blé et leur régulation

Sociologie des agencements marchands

La sociologie des agencements marchands constitue un courant central de la sociologie du marché. Elle est une référence majeure pour ce manuscrit, en particulier à travers son concept socle, celui de performativité qui irrigue l'ensemble de la démonstration. Toutefois, ce cadre théorique reste peu adapté pour saisir les marchés de biens spécifiques, tels que les céréales, et le rôle majeur de l'État dans l'économie.

L'auteure a saisi l'invitation lancée par Fabian Muniesa et Michel Callon qui font de la performativité de la science économique « non pas un énoncé ou un modèle » mais « une occasion d'enquête, une forme de questionnement qui attire l'attention sur le rôle des savoirs » (Muniesa, Callon, 2013, p. 295)[7]. L'attention fine portée par les animateurs de ce courant à la description du modèle marchand et à sa critique ont inspiré ce travail. De fait, la sociologie des agencements marchands vise à montrer l'irréalisme de la représentation des marchés telle que véhiculée par la théorie économique classique, celle qui est qualifiée de « marchés-interface » par Michel Callon (2013). Selon cette représentation, le marché est un lieu de confrontation entre l'offre et de la demande à l'égard de biens déjà existants ; demandes et offres exprimées par des agents dont l'identité est définie dans leur rapport à la marchandise, sur l'un des deux versants séparés, celui de l'offre ou de la demande. C'est cette confrontation qui permet de déterminer un prix. M. Callon propose d'y substituer une sociologie des agencements marchands dans laquelle ce qui compte réellement c'est plutôt de « capter les clients potentiels, de mettre en forme leur demande et de transformer ces clients potentiels en clients réels ». La concurrence est le processus central qui caractérise profondément le marché. Sur les marchés-interface, elle prend la forme d'une confrontation, en amont de la transaction, les relations sociales et la logique utilitaire assurent la coordination des agents et évitent les conflits. La sociologie des agencements marchands renverse cette représentation pour la substituer par une autre « la concurrence est la lutte pour l'instauration de transactions bilatérales… qui exige la production d'innovations » (2017, p. 46–48). En lieu et place d'une vision horizontale et atemporelle de confrontation de l'offre et de la demande s'impose une rencontre marchande structurée comme un processus à plusieurs étapes dont la finalité est d'attacher un bien à un consommateur. Dans cette perspective, l'agencement marchand est tout entier orienté vers la conclusion de relations bilatérales dans lesquelles le bien est singularisé[8]. Dès lors, la transaction bilatérale peut être effectuée si l'attachement est réussi et le bien singularisé.

---

7 Plus généralement, la performativité est définie par les deux auteurs comme « situations dans lesquelles l'objet sur lequel porte un travail scientifique n'est pas simplement constaté ou décrit mais modifié, voire appelé à exister » (Muniesa, Callon, 2013, p. 281).

8 Ces étapes sont la passivation des biens, l'activation d'agences "qualculatrices", l'organisation de rencontres marchandes et l'attachement marchand (Callon, 2013).

Ce renversement de la conception du marché a plusieurs implications fondamentales[9] : l'une d'elle est majeure pour notre propos en ce qu'elle induit une reformulation radicale de la théorie des prix par rapport à la microéconomie classique. Les prix ne sont plus déterminés *ex-post,* mais en amont, selon les éléments d'un rapport de force qui impliquent des calculs renforçant la singularisation des biens. Cette conception entend se substituer à tout autre : comme l'explique Callon « parler d'agencement c'est donner congé aux interprétations en termes de cités, de sphères, de modes de coordinations ou de régulation » (2013, p. 432).

Les critiques formulées à l'encontre de la sociologie des agencements marchands sont nombreuses[10]. Deux catégories sont essentielles pour notre objet : l'une est liée à la pertinence de ce cadre théorique pour le blé, l'autre à la sous-estimation du rôle de la puissance publique dans l'analyse. Dans un opus récent, Callon analyse de façon brillante et humoristique une série de nouveaux lieux du marché pour montrer que ce n'en sont pas : se côtoient pêle-mêle de nouveaux espaces de transaction, tels que les plateformes de rencontres et Meetic, le Site Amazon, Netflix, les salles de jeux de Las Vegas, avec des exemples déjà mentionnés dans des travaux antérieurs tels que les Sites des compagnies aériennes, les centres commerciaux et supermarchés, les marchés du coton, du gaz de l'énergie en Europe, les vins de qualité[11], les marchés à options, le marché des prestations funéraires ou encore celui de la viande pour la grande distribution (Callon, 2017). De tels objets peuvent justifier le recours à des concepts tels que ceux d'attachement au consommateur, d'addiction, le recours aux algorithmes, la réflexion sur la formation des goûts et préférences ou encore l'usage de l'innovation. Toutefois, l'architecture des marchés céréaliers examinée ici semble peu compatible avec ces concepts. Elle déplace l'attention du lecteur vers l'amont du processus de production, le commerce de gros, les biens standardisés et faiblement différenciables. La seconde critique porte sur le caractère qualifié

---

9 Elle réfute en outre la distinction entre humains et non-humains, entre biens et agents requalifiés agences.

10 La sociologie de la traduction a été largement critiquée pour son formalisme (Grosseti, 2006), pour sa dimension asociale, apolitique et anhistorique (Roger, 2014), pour sa perception des faits économiques en réalité éloignée de celle produite par la science économique et davantage tournée vers les sciences de gestion (Steiner, 2005).

11 Présentés comme un objet devenu central de la sociologie du marché, comme la drosophile l'est pour la génétique (Callon, 2017, p. 282).

d'anhistorique, d'a-social et d'a-politique de la sociologie des agencements marchands (Itçaina, Roger, Smith, 2016). De fait, cette dernière prend peu en charge la spécificité de l'État pour façonner le marché. Or, cette recherche accorde d'emblée à la politique commerciale un rôle essentiel dans la structuration des flux d'échanges au niveau international, surtout pour les biens stratégiques que sont les céréales. Dans le cas de la Russie, l'adoption des politiques de sanctions et de contre-sanctions, a permis à l'État d'adopter des mesures protectionnistes. Ce faisant, il a ainsi renforcé son rôle dans la différenciation des marchés intérieur et extérieur et l'articulation du marché national au marché global. Les droits de douane, la politique commerciale sont un instrument essentiel du rôle de l'État dans la modulation de l'espace de celui-ci.

Sociologie des filières de production

Les filières de production ont fait depuis longtemps l'objet de réflexion de la part des sciences agronomiques, tout particulièrement françaises. Dans le contexte de la mondialisation, la notion de filière a inspiré des approches théories élaborées, qui ont défini la filière à la fois comme un objet étudié au niveau international, comme une méthode, et enfin comme un cadre théorique usité dans les organisations internationales. La sociologie des filières de production, dans sa version anglo-saxonne (*Global Value Chain*) émerge au croisement de la sociologie rurale, de la sociologie du développement et de l'économie politique internationale. Elle naît au tournant des années 1980 dans un contexte de croissance des flux commerciaux internationaux. Ce courant théorique prolifique est nourri par deux écoles : la théorie de la régulation et la théorie du système-monde développée par Immanuel Wallerstein (Friedmann, 2005 ; Daviron, Ponte, 2005, p. 26–27 ; Magnan, 2012)[12]. Il fait de l'agriculture un objet d'économie politique internationale, mais aussi un construit historique (Friedmann, McMichael, 1989). Au cœur de la réflexion théorique proposée par les deux initiateurs de ce courant, H. Friedmann et P. McMichael, se situe la notion de "*food regime*" qui émerge à la fin des années 1980. Elle est définie par Friedmann comme « une structure gouvernée et régie de production et de consommation élargie à une échelle mondiale » (cité par McMichael,

---

[12] Les deux premiers étant le régime colonial de 1870 jusqu'à 1930. Les années 1940 à 1970 sont marquées par un régime plus axé sur le développement.

2009, p. 142). L'analyse décrit l'instauration au niveau mondial de *food regimes* successifs. Le troisième et dernier débute dans les années 1980, avec l'internationalisation des filières alimentaires, leur industrialisation, financiarisation et l'évolution des normes de consommation alimentaire (Jackson, Ward, Russell, 2006, p. 7). Les auteurs de ce courant sont attentifs aux tensions et crises qui traversent ces régimes. Les nouveaux débats et questionnements développés dans les années 2000–2010 sont centrés sur l'émergence d'un nouveau *food regime* fondé sur une préoccupation plus forte pour l'environnement, mais également la pression subie par ces régimes à travers les mouvements paysans, le développement du commerce équitable, les revendications nationales de sécurité et de souveraineté alimentaire, ou encore la montée en puissance des biotechnologies et des OGM (McMichael, 2009, p. 152). Un concept essentiel de l'approche des fo*od regimes* permet d'articuler production et consommation, celui de *commodity chains*, que les études des *food regimes* ont déployé dans nombre de secteurs agricoles. Quelques marchandises agricoles sont considérées comme emblématiques de la mondialisation des échanges : le café en particulier (Daviron, Ponte, 2005), le sucre, le cacao ou encore le coton (Sneyd, 2011 ; Çalişkan, 2010). Au-delà, de nombreux autres produits ont fait l'objet de monographies et de travaux empiriques poussés[13].

La richesse de cette approche tient à ce qu'elle appréhende tout à la fois les questions de production, de circulation et de consommation des produits agricoles dans un prisme international qui associe à chaque niveau d'échelle considéré un type d'acteur (Gereffi, 1994b, 2005, 2011). De fait, les pays ou nations seraient appréhendables essentiellement au niveau macro-institutionnel. La proximité explicite établie avec la sociologie des agencements, concerne en particulier les travaux consacrés aux "*food networks*" (Busch, Juska, 1997 et l'école de *Michigan State University*), par différence avec ceux portant sur les "*food regimes*"

---

13 Effectuée dans une perspective d'anthropologie économique, ou d'anthropologie du développement, et déployée principalement sur des terrains africains et latino-américains, l'analyse de ces flux relève le plus souvent d'une réflexion sur les liens entre pauvreté, développement et échanges (Sneyd, 2011 ; Daviron Ponte, 2005). À partir des années 1990, un courant concurrent inspiré par la théorie de l'acteur-réseau émerge sur la base de ces questionnements (Lockie, Kitto, 2000). Il développe la notion de "*food network*" pour saisir l'articulation entre consommateurs et producteurs dans le domaine agricole et alimentaire (Arce, Marsden, 1993, 1995), (Busch, Juska, 1997).

(Friedmann, McMichael, 1989). La parenté théorique entre sociologie des agencements et théorie des "*food networks*" naît de la notion de réseau qui permet de penser les relations entre producteurs et consommateurs. L'étude des organisations au niveau méso – utilisée par la sociologie des filières entre autres – permettrait de mettre au jour de façon privilégiée les réseaux transnationaux et les acteurs privés (Gereffi, 2005, Gereffi, Fernandez-Stark, 2011 et 2016). Enfin l'analyse micro serait la plus adaptée pour appréhender les résistances localisées à la globalisation, et l'action engagée des consommateurs (Gereffi, 2005).

Ce courant de recherche prolifique a décliné outils d'analyse et méthode sur nombre de terrains différents, notamment dans les secteurs agricoles (Skov, 2005). La visée programmatique de ces recherches a également permis d'établir une distinction centrale en fonction des secteurs, entre les filières guidées par le consommateur, et celles structurées par le producteur. Un troisième type a été identifié avec des filières structurées par les *traders* (Gibbon, 2003).

Cette lecture en termes de focalisation à des niveaux d'échelle variable a le mérite de la clarté. Son succès repose sur sa capacité à saisir la dimension mondiale des échanges et la localisation de la production de valeur dans les échanges internationaux (Daviron, Ponte, 2005, p. 26). Elle fournit une boîte à outils fort précieuse pour notre approche.

Toutefois, l'approche de filières de production est déterministe dans sa conception d'une articulation étroite entre modes de production et consommations associées, solidarisées dans une chaîne : les *commodity chains*. Issue de la géographie humaine, cette notion a permis de déployer de nombreuses études sectorielles sur la structure, la forme, la longueur des chaînes, aux dépens des formes de régulations ou des circuits de distribution des marchandises comme le remarque Çalişkan (2010). Les formes prises par la circulation des échanges sont dès lors conçues surtout comme un dérivé ou un effet pur des stratégies des entreprises (Bernard de Raymond, 2015). Or la perspective adoptée ici délaisse l'articulation entre consommation et production privilégiée par l'approche des *food regimes*, pour viser la circulation des objets et les modes de construction de leurs flux entre espaces sociaux et économiques distincts. Comme le montre le chapitre 3, la catégorie de marché est la catégorie pertinente : à la fois détermination et incertitude, fixité et souplesse dans la circulation des céréales. Elle organise deux processus concurrents : face au travail de spécification réalisé par certains professionnels, agronomes et autres, qui restreignent les productions à un usage particulier, segmentent le marché, cherchent à capter le consommateur, se joue simultanément un travail inverse de déspécialisation, de remise en marché des marchandises opérées par un certain nombre d'acteurs, intéressés à la substituabilité des espèces, à leur circulation et à la redistribution de leurs usages.

Ces conclusions impliquent la nécessité d'analyser l'articulation des stratégies des acteurs, mais aussi les effets de coalition, de détournements et de jeu que les marchés permettent. Le projet au cœur de cette démarche est d'analyser les rôles différenciés de l'État sur différents territoires et espaces sociaux, mais aussi les configurations variées d'acteurs et de règles qui s'imposent sur les marchés frumentaires. C'est précisément ce que permet la sociologie des instruments de l'action publique, mobilisée dans l'analyse des interventions d'État sur les marchés du blé.

Sociologie des instruments de l'action publique (IAP)

Branche de la sociologie de l'action publique, la sociologie des IAP saisit d'emblée l'objet de l'action publique par ses productions et non par ses intentions ou ses acteurs. Elle livre une analyse des modalités et de l'efficacité de l'action de l'État à travers un dispositif original les interventions publiques céréalières, développées dans le chapitre 5 et ce, même si elle surestime la place de l'acteur public, et sous-estime la spécificité de l'instrument marché.

La sociologie des instruments de l'action publique a accompli un travail considérable depuis le lancement des travaux initiés par Patrick Le Galès et Pierre Lascoumes en 2004. En une décennie, elle a enrichi son approche des instruments de l'action publique et s'est insérée dans le champ théorique du changement social et de ses outils en partant d'un questionnement fondateur : « comment s'organise l'action collective ? » (Halpern, Lascoumes, Le Galès, 2014, p. 16). Contrairement à une approche classique de l'action publique, l'instance première n'est plus la décision politique ou stratégique, mais la conception et l'utilisation d'instruments qui construisent des capacités d'action (Aggeri, Labatut, 2014, p. 64). La sociologie des instruments de l'action publique a conduit ce projet initial en mobilisant un objet particulier, celui des instruments, considérés comme une institution, et rendant compte de l'évolution des rapports entre gouvernant et gouverné, de la diversification des formes de pilotage des sociétés complexes (Halpern, Lascoumes, Le Galès, 2014, p. 17). Un instrument d'action publique, rappellent les auteurs, est « un dispositif à la fois technique et social qui organise des rapports sociaux spécifiques entre la puissance publique et ses destinataires en fonction des représentations et des significations dont il est porteur »[14].

Dans leur définition première, qui est « de mettre en action des intentions politiques », (Baudot, 2014, p. 208)[15], « les instruments apparaissent dotés d'un double rôle : un rôle cognitif (de découpage et de la catégorisation du réel) et un rôle normatif (de définition de modèles de comportements légitimes) ». Cette dernière dimension, au cœur du projet sur la gouvernementalité, implique une disciplinarisation des populations. Un champ de recherche large s'ouvre sur les stratégies de résistance à la gouvernementalité des instruments (Le Bourhis, Lascoumes, 2014).

L'approfondissement de la réflexion a conduit à une déprise par rapport au postulat d'intentionnalité des instruments ou de rationalité instrumentale[16] pour aboutir à la prise en compte de leur multiplicité, et de la pluralité des rationalités. De fait, dans cette perspective, ceux-ci sont des cristallisations permettant de reproduire dans le temps des cadres cognitifs et des normes[17]. Ce cadre conceptuel est pertinent pour étudier la régulation des marchés céréaliers. Toutefois, il comporte trois types de limites : il surestime la place des acteurs publics, néglige celle des représentations et de leurs effets performatifs (Baudot, 2011) et enfin ne propose pas de réflexivité sur la méthode de recherche utilisée.

---

14 Par ailleurs l'instrumentation est définie comme « l'ensemble des problèmes posés par le choix et l'usage des outils (des techniques, des moyens d'opérer, des dispositifs) qui permettent de matérialiser et d'opérationnaliser l'action gouvernementale » (toutes définitions du même ouvrage p. 17).

15 Pierre-Yves Baudot, dans cet extrait précise : « ils participent autant à la production de connaissances, (par prélèvement et mise en forme d'informations) qu'ils orientent les conduites (modèles de comportement, passages obligés et routines). Ils produisent de la connaissance sur le social, la mettent en forme et la diffusent. Ils stabilisent et normalisent des relations et les rendent prévisibles. Cela a permis d'éclairer de dynamiques de changement des instruments eux-mêmes par appropriation, hybridation, et transfert. Ainsi que les modes de résistance aux normes » (2014, p. 38).

16 Perspective très présente dans les travaux critiques sur l'usage des instruments dans les politiques publiques néolibérales, tels que dans les travaux de Béatrice Hibou par exemple.

17 La perspective des effets des instruments distingués selon qu'ils sont des *outputs* ou *outcomes* réintroduit la possibilité de mécanismes de politisation, de dépolitisation et de transformation de la régulation des problèmes sociaux.

Placer d'emblée l'État au principe de l'analyse pose problème méthodologiquement et théoriquement. Certes les techniques et les instruments concernent autant les acteurs publics que les acteurs privés (Aggeri, Labatut, 2014)[18]. Cependant, considérer cette symétrie comme un postulat de départ ne permet pas de rendre compte de la distinction radicale à établir entre les acteurs privés et l'État, et de la défiance que les premiers expriment à l'égard du second (Dufy, 2015). Les enquêtes déjà effectuées sur le terrain russe mettent en évidence des stratégies de contournement, de dissimulation, de reformulation des enjeux des politiques publiques ou d'influence sur elles, par le biais du *lobbying*. Les pistes de recherche lancées sur ce sujet n'apparaissent pour l'heure que marginales, et ce, de l'avis même des auteurs soutenant cette approche (Le Bourhis, Lascoumes, 2014). Cette recherche apporte une contribution à cette voie.

De ce premier décentrement, en découle un second : la sous-estimation de la place du marché dans l'analyse des IAP. L'approche des instruments les définit comme mêlés de technique et de social. Or, l'extension des récits de marchandisation du monde et des politiques publiques questionnent, à bon droit, la validité et le champ d'application de la sociologie des instruments : comme le formule Liz McFall : « les dispositifs de marché et les instruments d'action publique semblent ne pas avoir grand-chose en commun » (2014, p. 119). Par ailleurs, la sociologie des instruments ne prend pas en charge la raison pour laquelle les individus sont tellement attachés aux marchés (p. 123). Ces critiques fondées conduisent à rattacher celle-ci à une perspective occidentale et historiquement située : dans l'Europe d'après-guerre où l'État joue un rôle majeur. Or ce primat n'est pas le même dans les pays émergents : dans certains, la défiance des acteurs à l'égard de l'État se combine à une forte valeur morale accordée au marché. L'analyse de ces objets dans les pays émergents ou en développement nécessite d'autres outils et d'autres approches.

Enfin, la sociologie des instruments de l'action publique surestime la technicité, la cohérence de l'action publique et sous-estime singulièrement

[18] Franck Aggeri, Julie Labatut, 2014. De fait, selon les auteurs, « les instruments de gestion produisent des effets similaires dans les grandes organisations publiques et privées ».

les stratégies de résistance, de contournement, de défiance des acteurs du marché. Daniel Benamouzig propose d'introduire la notion de « motif cognitif » dans cette perspective (2014, p. 95). Il explique, que la notion d'instrument n'est pas neutre, elle porte « l'intention théorique d'une réduction des productions intellectuelles, du monde des idées et des abstractions vers le monde plus prosaïque des réalités sociales et matérielles » (p. 102).

Enfin, une autre critique portée à l'encontre de l'analyse des instruments de l'action publique est méthodologique. Le chercheur saisit mal où s'arrêtent et où commencent les instruments : il paraît cohérent de considérer les statistiques, les catégories sociales ou encore les radars automobiles comme des IAP et ce de par leur effet de gestion des gouvernés. Toutefois, la labilité de cette catégorie conduit à rassembler sous un même vocable des réalités de nature, de forme et d'effets différents au point d'en brouiller l'intelligibilité. Peut-on dire en effet que les voyages présidentiels, (Mariot, cité par Baudot, 2014) ou les fils de fer barbelés (Razac, cité par Baudot, 2014) le sont au même titre ?

La sociologie des instruments de l'action publique est un outil parmi d'autres dans la réflexion sur la construction des frontières entre l'État et le marché, entre différents niveaux d'échelle, entre territoires, entre « eux » et « nous », et ce même si certains chercheurs inspirés par la sociologie de l'innovation pensent que cette entreprise, dénuée d'intérêt, impose une redéfinition permanente du marché par l'État et inversement dans le processus de marchandisation (McFall, 2014, p. 123).

Qu'elles définissent le marché comme un champ, un réseau, une chaîne ou une plateforme, les approches théoriques présentées plus haut contribuent en réalité à le vider de son contenu. La perspective déployée dans ce travail vise à remettre le concept de marché au cœur de l'analyse de la circulation des céréales dans la période contemporaine. Toutefois, il ne s'agit pas de restituer une approche a-sociale et économiciste du marché. Au contraire, l'argument central de cet ouvrage est que le sociologue de l'économie se doit de tenir ensemble les significations multiples et les usages variés de la notion de marché : à la fois représentation, mais aussi marché concret, valeur morale et instrument de légitimation des politiques publiques, ou encore plateforme de coordination des acteurs et outils de rationalisation des pratiques.

Trois thèses essentielles sont dégagées de l'analyse de la circulation frumentaire dans la Russie contemporaine.

2. De quelques conclusions essentielles

1. Le marché est un référent central, à la fois normatif et cognitif, des transactions céréalières

Cette proposition ancienne formulée par la sociologie pragmatique autour de la performativité du marché (Callon, Latour, 1997) marque le travail de l'auteure depuis ses débuts. Les travaux antérieurs ont montré que même lors des crises économiques et monétaires telles que celles qui ont émaillé la transition, le marché n'a cessé d'être une référence centrale pour les professionnels des transactions (Dufy, 2007).

L'une des conclusions fortes de ce travail fait du marché un cadre cognitif structurant pour les acteurs. Parce qu'il oriente leurs activités, leurs stratégies et leurs représentations, il permet de palier l'incertitude et de garantir la coordination des acteurs. Comme souvent lors de travaux de terrain, cette idée est résumée de façon synthétique par un des enquêtés : « parce que tout le monde sait ce que vaut une tonne de blé »[19]. Au-delà, le marché permet la coordination des acteurs, entre les différentes scènes sociales qui ponctuent la circulation du blé. En outre, et comme établi dans de nombreux autres travaux, il est également un cadre moral synonyme d'efficacité et de rationalité économique. Cette proposition va dans le sens d'une intrication profonde de la morale et de l'échange au cœur des dispositifs marchands.

La sociologie des agencements dans ses formulations ultérieures a semblé se distancier de la référence au marché, comme cadre cognitif central, en développant la notion d'agencement. Ma conviction est que les tentatives de s'affranchir des « marchés-interfaces » ne sont pas tenables pour le chercheur travaillant sur les marchés de biens peu différenciés. Autrement dit, la catégorie de marché reste structurante pour tous les opérateurs des échanges sur les marchés du blé. Il importe précisément de leur donner une définition et des contenus précis, mais aussi de montrer comment ces construits moraux sont ancrés dans des politiques concrètes qui redistribuent des pouvoirs et des ressources entre les acteurs. C'est la démarche effectuée par le chapitre 6 qui met en évidence deux valeurs différentes du blé et les politiques céréalières associées. La première fait du blé, une marchandise stratégique, assurant la puissance d'exportation

---

19 Entretien 24.

du pays, et soutenant son intégration dans l'économie mondiale. Cette définition est congruente avec des politiques céréalières de subvention au transport et à la production. Une autre définition concurrente fait du blé, une céréale assurant la sécurité alimentaire domestique ; le produit est alors orienté vers la consommation nationale et fait l'objet d'autres politiques : restriction à l'export et quotas d'importation.

La façon dont ces acteurs contribuent au *design* de ces marchés constitue l'apport des chapitres 3 et 4 de cet ouvrage. À ce niveau, l'auteure de ces lignes se distancie de la sociologie des agencements marchands, tant cet ouvrage montre que l'État est un acteur central dans ces reconfigurations (proposition 3).

Une contribution majeure de ce travail doit être soulignée, elle est méthodologique. La recherche de terrain a montré l'intérêt de la méthode visuelle pour la sociologie du marché et la sociologie des mondes ruraux. La valuation des grains se fait simultanément à une progression géographique que la photographie permet de documenter.

2. Le rapport de force entre acteurs sociaux des marchés céréaliers est mouvant

La façon dont les intérêts privés s'agencent pour former le bien commun est l'un des sujets de cette recherche. Je montre comment les producteurs céréaliers sont parvenus à faire entendre leur voix et à produire un bien commun, la politique céréalière russe, qui soit compatible avec le référent marchand. Ce faisant, je mets au jour la complexité des rapports de forces superposés entre secteur de l'alimentation humaine et secteur de l'alimentation animale, entre éleveurs et céréaliers, entre exportateurs et producteurs locaux, entre producteurs des régions côtières du Sud et producteurs sibériens, entre consommateurs et producteurs. Ces rapports de force coalisent des groupes sociaux de façon plus ou moins stable, selon des critères identitaires fins dans la division sociale du travail : qu'ils soient territoriaux, sectoriels et infrasectoriels (agriculture/industrie ou élevage/production agricole) ou sociaux (producteur/*trader*), qu'ils concernent l'amont ou l'aval du circuit de production. Ces rapports de force s'expriment sur des scènes sociales plus ou moins articulées entre elles et autour desquelles les agents subissent des contraintes, déterminent des stratégies et négocient des marges de manœuvre. Le marché est l'une des plateformes qui permet d'articuler ces intérêts, l'équilibre qui en résulte est mouvant et instable. La disparition du mécanisme des interventions d'État en est une expression tangible.

3. L'acteur public est un pivot central autour duquel se nouent les stratégies de formulation du bien commun et de légitimation

Autour de l'acteur public se construisent des discours de production du bien public. Le chapitre 6 montre que ces discours de légitimation sont portés par des coalitions temporaires et hybrides mêlant public et privé. Cette conclusion s'éloigne du prisme habituellement considéré par la sociologie des agencements publics qui sous-estime la place de l'État par rapport à celle d'autres acteurs, en particulier privés. Si cette position est valable pour nombre de marchandises, elle n'est pas pertinente pour la politique agricole et céréalière particulièrement, secteur dans lequel l'État joue un rôle substantiel. Le corpus théorique des *food regimes* en revanche est davantage attentif à cette dimension (Friedmann, McMichael, 1989). En outre, cette recherche apporte une contribution originale à la question de la délimitation des frontières par la production d'une communauté économique, par-delà le travail politique. La légitimation des politiques céréalières est le résultat du travail de collectifs temporaires, qui contribuent à définir des frontières marchandes, à faire territoire en consolidant le « nous » face aux « eux » grâce aux politiques commerciales et agricoles. Les modalités de construction des frontières des marchés par ces collectifs émergent donc comme une perspective de recherche prometteuse pour la sociologie des marchés. Elle dresse des axes de recherche pour une sociologie du commerce international où marché global et protectionnisme sont deux extrêmes d'une large gamme de politiques commerciales, supportée par des jeux d'acteurs plus ou moins territorialisés, plus ou moins stables, œuvrant pour la définition et l'adoption de politiques agricoles.

Il nous faut reconnaître avec humilité que certains objets ont constitué des angles morts de cette recherche, et ce pour trois raisons principales. L'emboîtement des dynamiques territoriales a été envisagé, mais les entretiens organisés avec des responsables des politiques agricoles régionales ont donné lieu à une langue de bois assez pauvre[20]. D'autres objets ont été délibérément peu explorés car analysés par ailleurs : c'est

[20] L'expérience de l'auteure sur les enquêtes de terrain de la décennie passée confirme la fermeture progressive des autorités administratives régionales aux chercheurs

le cas des marchés de produits dérivés agricoles (Çalişkan, 2010), des questions agronomiques ou encore de celui de la consommation des produits alimentaires céréaliers. Ce dernier aspect est un objet central des *Global Value Chains*. Enfin d'autres aspects sont peu traités dans la littérature mais constituent des pistes dont pourront se saisir des recherches ultérieures : il s'agit tout particulièrement de la question du transport des marchandises. Ma conviction est qu'une sociologie de la distribution reste à effectuer, articulant enjeux de *valuation* et de distribution des ressources entre acteurs de la progression des marchandises.

4. La méthodologie aux champs : contribution à une sociologie visuelle de l'agriculture et du marché

L'enquête de terrain qui fonde le travail exposé dans ces chapitres commence en septembre 2015 et se termine en juillet 2018. Ce chapitre propose une exposition des principaux questionnements et choix méthodologiques qui m'ont permis de mener ce travail à son terme. La première partie détaille comment a pu être organisée matériellement l'enquête. La seconde développe les modalités de construction de son objet et de définition des limites du terrain de recherche, enfin la dernière partie donne à entrevoir au lecteur quelques infimes aspects de l'univers passionnant et si riche que constitue le monde des céréales. Ce faisant, elle constitue un plaidoyer pour une sociologie visuelle du monde agricole et du marché.

Une enquête de terrain multisituée dans le monde rural en Russie

Le choix de la méthode qualitative en sociologie, est celle du "*follow the thing*", telle que présentée par Arjun Appadurai et George E. Marcus, méthode justifiée plus amplement ci-dessous. Même s'il s'inspire de sa méthodologie et de son esprit, le travail effectué n'est toutefois pas pleinement anthropologique. L'immersion sur les terrains n'a pas permis

---

étrangers. Les tentatives menées pour obtenir des entretiens avec des responsables régionaux des politiques agricoles ont abouti à des résultats décevants et ce, en dépit de liens forts et proches établis avec les introducteurs. Peut-être faut-il y voir la conjugaison du statut de région pilote et d'origine d'un ex-ministre de l'Agriculture, et le statut d'Occidentale de l'auteure en pleine période de sanctions économiques.

d'effectuer d'observation participante ou de séjour long sur place. La mise en relation entre les matériaux des différents espaces a été faite par une analyse sociologique. Au cours de ces trois années, j'ai effectué plusieurs séries d'enquêtes sur différents terrains (voir annexe 1) :

Tout au long de ces séjours de durée variable dans trois pays (majoritairement en Russie, mais aussi en France et en Suisse), j'ai collecté 31 entretiens exploitables sur le sujet d'enquête, effectué trois visites d'exploitations dans différentes régions (Smolensk, Krasnodar) et collecté une documentation fournie sur Internet, mais également *in situ* (voir liste des entretiens). Cette littérature est pour une grande part scientifique, composée d'articles scientifiques écrits par des collègues russes, mais aussi d'articles de journaux permettant de relayer les propos publics sur la politique agricole en particulier. En amont et dans une phase préliminaire, des entretiens par Skype avec un *trader* céréalier et un responsable commercial céréalier en Russie avaient été effectués. Ont également été utilisés les matériaux récoltés sur les journaux de terrain, les observations effectuées et les photographies faites par l'auteure.

L'approche multisituée adoptée par cette enquête est la seule apte à suivre un produit. Théorisée par G.E. Marcus (1995) et A. Appadurai (1986), cette approche se nourrit également d'une anthropologie économique, centrée sur la circulation des objets, et illustrée par exemple par James Carrier (2005), Igor Kopytoff (1986) parmi d'autres.

Accéder au monde rural en Russie pose tout de suite le problème de l'accès physique au terrain pour le chercheur, et éventuellement le problème des conditions climatiques. Mon déplacement vers les exploitations agricoles n'a pu se faire que grâce à l'aide à mes hôtes russes qui ont mobilisé collaborateurs, amis, connaissances pour opérer ces déplacements aléatoires, parfois dangereux ou chronophages et avec une générosité qui semble difficile à imaginer ailleurs. Dans certains cas, les conditions climatiques sont difficiles, comme ce fut le cas dans l'*oblast'* de Smolensk en novembre 2015 à quelque 150 kilomètres de Moscou alors que le soleil brille sur le Kremlin.

J'invite le lecteur à cette exploration en photographies.

Photographie 1.1: La campagne de l'ouest de Moscou, *oblast'* de Smolensk, novembre 2015, photographie de l'auteure

Être « vraiment » étranger sur le terrain ou être une « étrange étrangère »

Le statut d'étranger au terrain, qu'est l'ethnographe, varie selon un certain gradient. Le domaine de la production agricole et des grandes cultures est un secteur masculin, éloigné des professions académiques. Sans être strictement représentatif, le fait qu'une seule femme compte parmi les enquêtés est révélateur de la faible féminisation du secteur. Pourtant, l'écart le plus patent entre mes interlocuteurs et moi a résulté de la période de fortes tensions entre la Russie et les pays occidentaux. En effet, j'ai été régulièrement prise à témoin par mes enquêtés, particulièrement concernés par les contre-sanctions russes visant les denrées agricoles importées des pays occidentaux. Le statut du chercheur est alors mouvant selon les situations et les interactions, entre celui d'un citoyen engagé, nécessairement suspect de véhiculer un discours général contre la Russie, celui du témoin, pris à parti pour constater les effets sur le commerce agricole russe, ou celui de porte-parole des décisions européennes, et sommé de s'expliquer sur les sanctions adoptées au niveau européen. Cette position inédite lors des enquêtes menées n'a pas constitué de difficulté majeure, mais elle a fait de l'auteure, le récipiendaire récurrent de discours hostiles à l'Union européenne.

Ma nationalité étrangère m'a en revanche fermé les portes de nombreuses administrations et en particulier celles du ministère de l'Agriculture.

L'éthique propre à l'entretien contraint à appuyer les demandes sur une garantie d'anonymat, tant sur le nom, la fonction de la personne considérée, que sur tous les éléments de présentation qui permettraient de l'identifier : institution, position, région d'appartenance.

Limites du terrain

Les différents terrains abordés dans cette enquête dessinent une géographie assez large, entre les zones de production, de négoce et décisionnelles. Si l'on considère la production, plus le regard s'attache à des zones précises, et plus la diversité apparaît : diversité des cultures céréalières, des types de blés, mais également des qualités concernées. Dès lors on peut se demander quelle est l'utilité de considérer des zones de production différenciées, tant la diffraction est infinie, tant dans les modèles de production, que dans les qualités des grains. En quoi les lieux considérés, les interlocuteurs interrogés constituent-ils une scène homogène, cohérente? Qu'est-ce que ces zones ont en commun ? Peut-on les articuler entre elles sous le vocable de marché ? À quelle condition ?

Dans ce travail, l'enquête a été menée sans unité de lieu de temps et d'actions, mais dans une diversité géographique. Les lieux de l'enquête sont Moscou et sa région, le Sud russe autour de Krasnodar, entre région de production, centres décisionnels et lieux de négoce.

Les acteurs de l'enquête ont des statuts, des fonctions et des rapports au produit différents. Les producteurs opèrent production et circulation première de la denrée, les négociants organisent des circulations locale, régionale et internationale.

Ce travail a donc posé un regard sur les étapes de progression de la marchandise. La prise en compte de la géographie et de la distance dans cette circulation implique de considérer deux variables négligées par la sociologie du marché : celle du stockage et celle du transport. L'enjeu théorique est d'envisager dans quelle mesure le transport modifie la configuration du marché et comment intégrer une analyse de la circulation des marchandises dans la sociologie du marché.

Trois lieux sont apparus pertinents pour rendre raison de la circulation du blé dans la Russie des années 2010 : le marché, la distribution par filière, l'État. L'enquête présentée ici a visé à déterminer quelles approches étaient les plus aptes à saisir l'évolution des céréales à un niveau mondial. Ce travail se situe à l'articulation entre ces trois notions. Or les approches sociologiques discutées en introduction, la sociologie des agencements marchands, la sociologie des filières de production (GVC) et l'approche des instruments de l'action publique, m'ont semblé peu à même de livrer ce dialogue. La sociologie des agencements marchands a peu considéré les biens peu différenciés et standards, ou peu technologiques. L'approche des instruments de l'action publique a placé l'État et les acteurs publics au centre de son analyse en négligeant leur interaction avec les acteurs privés. Enfin, la sociologie des filières a adopté une lecture rigide de la circulation des marchandises, centrée sur les acteurs et peu sur les marchandises en mouvement. Ce manuscrit organise une discussion entre ces trois approches et teste leur pertinence face aux résultats du terrain. Ce faisant, il rétablit la centralité du marché dans l'analyse de la circulation frumentaire. Il montre que le concept de marché, est indissociable des marchés multiples, à la fois instance de coordination des collectifs et norme de rationalisation de l'action, tant pour les acteurs publics que privés.

Montrer la matérialité du terrain : petit précis photographique de culture frumentaire à destination des néophytes

Dans ce travail, je donne à voir la matérialité du travail de terrain par la photographie. L' intention n'est pas illustrative ou récréative. Elle est inspirée par la sociologie durkheimienne des fondateurs. Pour Maurice Halbwachs, l'espace produit une matérialité, structure la circulation des hommes, des marchandises, des valeurs, de la même façon qu'il est profondément façonné par les dimension sociale et politique de l'activité. C'est donc à une réflexion *sur* les images mais aussi *avec* les images que ce chapitre invite le lecteur (Marescas, Meyer, 2014 ; La Rocca, 2007). Le postulat adopté dans ces lignes étant que « la seule communication verbale dans les sciences sociales n'arrive pas à exprimer tout ce que nous voulons dire : la qualité esthétique de l'image et sa composante documentaire enrichissent le texte et celui-ci enrichit l'image » (La Rocca, 2007, p. 35).

Seuls quelques éléments de cette profonde empreinte sociale sur le territoire et l'espace sont développés ici, un œil expert pourrait lire bien davantage, que ce soit dans la forme des sillons, l'apparence des graines, la texture du sol, ou encore la taille des plants.

L'analyse des photographies produit un matériau étonnamment riche, en partie invisible pour le sociologue au moment de l'enquête. Tout n'est pas photographiable et encore moins photogénique : les activités productives, qu'elles soient agricoles ou industrielles, sont plus photogéniques que les activités de service. La dernière partie de ce chapitre, en restaurant le contexte visuel de l'enquête pour le lecteur, donne à voir certains des principaux résultats du travail effectué. Toutes les photographies ont fait l'objet d'une autorisation préalable, et ne comportent pas d'humains, à mon exception près. Sur cet ensemble, on voit peu d'hommes, peu d'animaux, pour laisser le champ au végétal qui est ici l'acteur principal, capricieux, exigeant, en perpétuelle évolution, mais destiné à changer de mains.

Hors cadre(s) et en plein champ

Photographie 1.2: L'entrée du territoire de l'exploitation, *oblast'* de Smolensk, Russie occidentale, novembre 2015, photographie de l'auteure

Les bureaux où nous discutons avant d'aller visiter les champs sont les baraquements jaunes sur la droite de la photographie (1.2). Faible espace, le travail est dur, solitaire se fait à l'extérieur et essentiellement par des hommes.

Dans ces photographies se lisent tout d'abord les enjeux du défrichage, de l'extension de l'activité humaine dans des zones désertifiées et abandonnées depuis les années 1990. L'exode rural et l'effondrement de la production agricole de cette décennie se lisent dans le paysage (photographie 1.3).

Photographie 1.3: Défrichage, *oblast'* de Smolensk, novembre 2015, photographie de l'auteure

À certains endroits, seul le tracteur peut circuler m'explique le gérant de l'exploitation.

Le défrichage ne concerne pas que les broussailles, mais il implique également comme dans la photographie 1.3 la destruction de bosquets vieux d'une vingtaine d'années au moins, ceux qui datent de l'effondrement de la production agricole, au milieu des années 1990 et de l'abandon des campagnes analysé dans le chapitre suivant. L'histoire se lit ici dans le paysage.

Photographie 1.4: Le blé d'hiver est semé, *oblast'* de Smolensk, novembre 2015, photo de l'auteure

Notre revue des champs vise également à repérer si l'intrusion de tracteurs, de voitures ou d'animaux n'a pas abîmé les semis.

La photographie 1.4 permet d'évoquer les débats sur la propriété de la terre. La privatisation des terres agricoles a été rejetée par l'opposition communiste pendant une vingtaine d'années pour être finalement adoptée dans les années 2010[21]. L'exode rural, l'abandon des campagnes, l'effondrement de la production agricole sont visibles dans le paysage, ainsi que l'abandon des structures de propriété collectives de la période soviétique. Les paysages désertés de la photographie 1.5 et 1.6 suscitent chez le visiteur un sentiment étrange d'effroi, de tristesse et d'interrogation.

---

[21] Pour des éléments sur la politisation de ce débat se reporter à Olessia Kirtchik, 2017.

Photographie 1.5: Plaque d'entrée du sovkhoze Gagarine, district Gagarine, *oblast'* de Smolensk, novembre 2015, Russie occidentale, photographie de l'auteure

Un paysage lunaire de l'entrée du sovkhoze Gagarine, témoigne de la politisation et de l'encadrement du monde rural soviétique puis de son abandon depuis les années 1990. Sur cette photographie, deux régimes de rapport à la terre se superposent. D'une part, le régime soviétique d'encadrement des campagnes fait de l'agriculture un pilier idéologique et économique du système soviétique ; la stèle témoigne d'un monde techniciste et industriel. D'autre part, le régime de la transition des années 1990 est celui de l'abandon du monde rural. visible à travers les hautes herbes. L'affiche soviétique 1.1 témoigne du rôle central des grandes céréales et du blé dans la légitimation du système soviétique.

« Reçois cher pays, notre récolte abondante »

Illustration 1.1 Affiche soviétique « La hausse de la récolte est la principale mission du travail de la terre »

L'idéologie modernisatrice et mécanisatrice appliquée aux campagnes est incarnée par le tracteur.

Un sentiment de fin du monde saisit le visiteur contemporain face à des paysages qui ne sont pas sans évoquer la photographie des films d'anticipation de réalisateurs soviétiques tels qu'Andreï Tarkovski par exemple, et *Le Stalker.*

Photographie 1.6: Baraquements désaffectés d'une exploitation agricole, *oblast'* de Smolensk, novembre 2015, photographie de l'auteure

La transformation rurale et agricole depuis les années 2000 a produit une forte différenciation des campagnes en fonction des régions. En témoignent de nombreux indicateurs, tels que le taux de surfaces cultivées, ou encore le taux de pauvreté (Nefedova, 2013). Ces éléments sont développés dans le chapitre 2. Les régions les mieux dotées, sont celles du Sud, où la pression forte sur les terres arables a conduit à des phénomènes d'accaparement et de concentration des terres. Toutefois, même au Sud, où les deux terrains de recherche ont été effectués en mars et en juillet, et où l'atmosphère est printanière et ensoleillée, l'effondrement de l'élevage a été massif dans les années 1990.

Photographie 1.7: Machines agricoles, *oblast'* de Smolensk, novembre 2015, photographie de l'auteure

La diversité des paysages ne découle pas seulement de la variété des conditions climatiques. La structure agricole se lit dans l'horizon de ces champs immenses au Sud, qui font parfois jusqu'à 80 hectares d'un seul tenant. D'autres auteurs parlent d'exploitations s'étalant parfois sur plus de 120 km de long dans la région.

Les variations multiples sur un champ peuvent lasser, mais elles comportent une très forte dimension esthétique (Photographie 1.8 et Illustration 1.2).

Photographie 1.8: Horizontalité et linéarité des grandes cultures, région de Kuban, mars 2016, photographie de l'auteure

Horizontalité qui rappelle le magnifique tableau de Kasimir Malevitch et fait de la conquête agricole une variante de la conquête militaire.

Illustration 1.2: *La charge de la cavalerie rouge*, (1928–1932), Malevitch, Musée russe de Saint-Pétersbourg (source Internet)

Le blé est un objet graphique, les sillons sont photogéniques (Photographie 1.9).

Photographie 1.9: Photographie d'un champ de blé, sur démonstration d'un producteur céréalier, région de Krasnodar, mars 2016, photographie de l'auteure

L'observation révèle une terre sombre gorgée d'alluvions qui font la renommée et la fertilité de la région de la mer Noire (Photographie 1.10).

Photographie 1.10: Les mythiques terres noires, région de Krasnodar, mars 2016, photographie de l'auteure

La concentration horizontale entre production céréalière et élevage résulte en particulier des soutiens publics. C'est un axe de la politique agricole menée en Russie depuis les années 2010. Le résultat a été une réduction significative de la dépendance du pays aux importations alimentaires, comme le détaille le chapitre 2.

La matérialité du blé et la prise en charge de la conservation et du stockage sont révélées dans le paysage par nombre d'installations, par les silos, et hangars qui parsèment les exploitations (Photographie 1.11 et 1.13).

Photographie 1.11: Un silo, région de Krasnodar, mars 2016, photographie de l'auteure

Le blé est de la matière : dimensions matérielles, concrètes, physiques qu'il faut donner à voir, la distance, la matérialité, le poids, en sont des qualités qui comptent pour beaucoup pour ce bien peu différencié (Photographie 1.12).

Photographie 1.12: Grains de blé, *oblast'* de Smolensk, novembre 2015, photographie de l'auteure

La présence de pierres, de poussières, le degré d'humidité, sont des variables essentielles afin d'évaluer la qualité du blé qui est une denrée vivante. Stockage, séchage et aération sont nécessaires pour éviter toute fermentation qui le rendrait impropre à la consommation.

Photographie 1.13: Stockage du blé de qualité frumentaire, *oblast'* de Smolensk, novembre 2015, photographie de l'auteure

Stockage et transport sont des étapes essentielles de valuation des grains. Ces dimensions peu développées par la sociologie du marché sont un argument essentiel que met en avant ce travail de recherche.

Le blé est un objet esthétique et politique : de nombreuses photographies de l'enquête de terrain montrent comment l'histoire a consigné à diverses périodes l'importance du blé pour la stabilité politique et sociale en Russie et en URSS. Concomitamment il a constitué un élément de la puissance stratégique et internationale du pays. Comme l'expose le chapitre 4, l'iconographie soviétique regorge de références au blé, dans le métro, sur les bâtiments publics… un exemple en est le pont face au Kremlin (Photographie 1.14).

Photographie 1.14: Gerbes de blé sur le parapet du pont Kammenyj (de pierre), Moscou, juillet 2016, photographie de l'auteure

Cette importance stratégique est perceptible à travers le soutien porté aux académies agraires, dotées d'une longue tradition d'indépendance dans le système académique russe prérévolutionnaire et soviétique (voir Photographie 1.15).

Photographie 1.15: Maïs et blé, grains emblématiques des grandes cultures soviétiques, mur du jardin botanique de l'Académie, région de Krasnodar, mars 2016, photographie de l'auteure

Ce petit précis ne se prétend ni exhaustif ni représentatif, mais vise davantage qu'une simple illustration. Il a eu pour visée de plonger le lecteur dans le monde riche, et complexe du blé. L'enquête a été imprégnée de cette atmosphère. J'espère que le lecteur a pu y percevoir ce qui a fait le corps et le souffle de ce travail.

Chapitre 2

La mise en marché des grandes cultures (1990-2018)

Comment l'agriculture russe est parvenue en une vingtaine d'années à se hisser en tête des pays exportateurs de denrées agricoles au niveau mondial après l'effondrement productif des années 1990 ? Telle est l'énigme que résout ce chapitre qui propose trois clés d'analyse.

La première concerne le contexte mondial de bouleversement structurel à l'œuvre depuis une trentaine d'années. Le renouvellement important des études rurales a mis en évidence des évolutions majeures intervenues depuis les années 1990, et tout particulièrement la dualisation des modèles productifs (*Études rurales*, 2012 ; Hervieu, Purseigle, 2013 ; Goulet, de Raymond, 2014 ; Purseigle, Nguyen, Blanc, 2017). L'agriculture conventionnelle a été remise en question, dans certains espaces, entraînant la construction d'un nouveau rapport à la nature. En même temps, d'autres territoires et cultures ont subi une intensification productive, une financiarisation et une concentration sous la forme de filières. Ces évolutions ont eu des conséquences sensibles sur les politiques agroalimentaires : paradoxalement, la mondialisation des grandes cultures a conduit à légitimer la nationalisation des politiques agroalimentaires dans nombre de pays du globe. C'est ce que montre la première partie de ce chapitre. La seconde clé évoque les politiques publiques en Russie. Elles ont visé depuis les années 2000 à faire du secteur agricole tout à la fois un garant de la sécurité alimentaire et de la puissance commerciale du pays. Enfin, la dernière clé mentionne les évolutions structurelles du secteur agricole et l'émergence de nouveaux acteurs à la charnière entre production et export céréaliers. Au terme de ce parcours de trois décennies, l'agriculture russe évolue entre modèle d'exportation, pleinement intégré aux flux commerciaux mondiaux et modèle de production autocentré, fondé sur une consommation domestique, articulant culture céréalière et élevage. À travers le cas russe, il s'agit de comprendre comment les agricultures contemporaines s'intègrent dans la circulation internationale des marchandises agricoles.

1. Mondialisation des enjeux alimentaires et nationalisation des politiques agroalimentaires

La socio-anthropologie de l'agriculture fait de la mondialisation le phénomène le plus marquant des vingt dernières années. Une approche alternative se focalise sur la modernisation productive et sociale de la production. Je montre dans cette première partie que dans le cas de la Russie, les deux processus sont interdépendants : la mondialisation a été le moteur de la modernisation productive, tout comme cette dernière a permis une accélération de l'intégration internationale des flux céréaliers en provenance de Russie.

1.1 Modernisation agricole et dualisation productive dans les pays émergents

La modernisation des agricultures des pays avancés est un changement majeur intervenu à partir des années 1950. Elle a été menée au sortir de la Seconde Guerre mondiale, transformant le monde paysan en un monde d'agriculteurs professionnalisés, et en prise avec une modernité technologique promue par l'agronomie, autant aux États-Unis, qu'en France, en Grande-Bretagne ou encore en Allemagne (Bernard de Raymond, Goulet, 2014 ; Abis, 2015).

Une évolution similaire intervient depuis les années 2000 dans nombre de pays émergents (Hervieu, Purseigle, 2009 ; *Études rurales*, 2012 ; Purseigle, Nguyen, Blanc, 2017), à une époque où l'industrialisation de la production est portée par l'ouverture des échanges. La modification des systèmes productifs a conduit à une polarisation des structures agricoles, étudiées sous l'angle d'une part de la construction d'un système agroalimentaire globalisé, prenant la forme de chaînes d'approvisionnement intercontinentales, mêlant multinationales des intrants chimiques, du négoce et du transport, et d'autre part de systèmes alternatifs, de circuits courts ou d'approvisionnements locaux articulés à des petites structures agricoles. L'opposition produite ici est celle entre « l'agriculture de firme » et « l'agriculture de ferme » (*Études rurales*, 2012).

L'objet choisi pour cette recherche, le blé, est un produit spécifique des « grandes cultures » ; système productif caractérisé le plus souvent par la financiarisation, l'industrialisation et la modernisation technique (Bernard de Raymond, Goulet, 2014, p. 6).

Toutefois le blé est à distinguer d'autres céréales dont les caractéristiques matérielles et techniques ouvrent des trajectoires différentes de valorisation et de circulation sur les sein des marchés. Le blé est la source la plus importante de protéines végétales au monde, elle est la base de nombreux produits alimentaires comme le pain, les pâtes, le couscous, c'est aussi la céréale qui fait l'objet du plus gros volume de transactions au monde. À la différence du maïs, dont 60 % est destiné à la consommation animale, le blé fait à 70 % l'objet d'une consommation humaine[22].

À la différence du riz consommé en Asie, mais aussi du maïs, sa production est moins gourmande en eau. Enfin le blé, contrairement à d'autres céréales telles que le maïs et surtout le colza, ne donne pas lieu à la production de biocarburants. De fait, les biocarburants ont conduit à une modification importante des processus de production, de circulation et de distribution des céréales. En choisissant de se concentrer sur la marchandise blé, ce travail se situe d'emblée au cœur du modèle productif industriel, en laissant de côté l'analyse des marges, des systèmes alternatifs de production et de distribution tels que le commerce équitable, les circuits courts analysés largement par ailleurs (Le Velly, 2017 ; Chiffoleau, 2012).

1.1.1 Mondialisation et filières productives agricoles

La modernisation productive et sociale des grandes cultures dans les pays émergents est indissociable d'un processus simultané de mondialisation des flux d'échanges et de marchandisation des denrées agricoles. Cette concordance constitue le fonds de l'analyse portée par le courant des chaînes globales de valeur, ou *Global Value chains* présentées en introduction. Si les présupposés théoriques qui soutiennent l'analyse sont contestables, en revanche l'apport descriptif des études GVC est réel : elles font office ici de boîte à outils conceptuelle.

---

22 En moyenne au niveau mondial, en 2017–2019, le blé est à 70 % destiné à la consommation humaine, son usage est plus mixte dans les pays développés, alors que le maïs est à 60 % destiné à la consommation animale, le reliquat étant partagé entre alimentation humaine et biocarburants. (OECD-FAO, *Agricultural Outlook* 2020–2029, p. 127).

La modernisation portée par la financiarisation et l'industrialisation de la production agricole a permis en maints secteurs la constitution de filières décrites par la littérature sur le monde agricole comme l'un des bouleversements majeurs de ces vingt dernières années (Bain, Busch, 2004 ; Konefalhs, Mascarenas, 2005 ; McMichael, Schneider, 2011) à travers les *global value chains* ou *global supply chains* (GSC). L'attention que la tradition de sociologie rurale française a portée aux groupes sociaux est ici déplacée vers les systèmes techniques de production et de circulation des marchandises perçus comme déterminants dans l'évolution des formes des structures sociales agricoles. Cette approche théorique a été nourrie de plusieurs phénomènes : l'industrialisation du monde agricole depuis les années 1980, le retrait de l'État et la mondialisation des échanges (Temple, *et al.*, 2011 ; Abis, 2015). Elle est alimentée par des traditions disciplinaires différentes : les sciences de gestion, l'approche institutionnaliste et la sociologie du développement.

Cette littérature, qui articule étroitement production, distribution et consommation, décrit la succession de plusieurs systèmes agroalimentaires. Il est question d'un renversement d'un système fordiste productiviste post-Seconde Guerre mondiale centré sur la production et régulé par l'État à un système néolibéral tiré par la consommation, les normes de qualité et dans laquelle les distributeurs ont gagné en pouvoir grâce aux phénomènes de concentration financière, à la modification des normes de consommation et à l'attention plus grande des consommateurs portée à la qualité des produits (Busch, Lawrence, 2005 ; Neilson, *et al.*, 2014). L'exemple paradigmatique est celui de la chaîne nord-américaine Wall-Mart qui tire sa puissance de son monopole sur sa double fonction d'approvisionnement par des produits de marque et de distribution de ses propres produits. Dans ce système post-fordiste, la construction de standards portés par des acteurs privés devient l'un des dispositifs de nouvelle structuration de la circulation des marchandises. La régulation se déporte vers les acteurs extra-étatiques, la consolidation du pouvoir se fait à l'extérieur de l'État, et accorde un pouvoir prépondérant aux distributeurs sur les fournisseurs et les producteurs (Busch, Bain, 2004, p. 18). Une partie de la littérature consacrée aux filières de production décrit le rôle crucial de la certification dans un monde où seule la différenciation des produits permet l'essor de la consommation, face à l'épuisement de la consommation de masse (Busch, Bain, 2004 ; Konefal, Mascarenhas, 2005). L'agriculture et le secteur céréalier ne restent pas en marge du primat accordé aux biens différenciés, puisque les produits agricoles incorporant des avancées technologiques, tels que le maïs ou le soja génétiquement modifiés sont concernés par cette évolution vers un troisième âge du système agroalimentaire (Busch, Bain, 2004).

Toutefois, cette analyse, qui articule étroitement consommation – production et distribution – construit des filières de production par trop rigides et laisse peu de place à des modifications de trajectoires, aux bifurcations aléatoires ou aux usages et destinations alternatives pour les marchandises. Par ailleurs, elle fournit peu d'éléments à la fois sur les modalités de construction de ces filières, mais aussi sur les spécificités liées au produit que ces filières peuvent comporter (Çalişkan, 2010, p. 9). C'est précisément cette fluidité et ces bifurcations que ce travail se propose de mettre en évidence à travers l'analyse de la circulation du blé.

1.2 La crise des denrées alimentaires liée à la mondialisation fait de la régulation des prix un enjeu politique

Le milieu des années 2000 a vu la modification des consensus sur l'efficacité et la légitimité des modèles de production agricole et de circulation en vigueur. La libéralisation de la circulation des marchandises agricoles assurée par les négociations multilatérales au sein de l'OMC était supposée promouvoir la réduction de la pauvreté, de la précarité alimentaire et des famines. La perspective défendue par les négociateurs était que la libéralisation du commerce des denrées agricoles, en favorisant la compétitivité et la réduction des barrières douanières, améliorait l'alimentation humaine et réduisait la pauvreté, la malnutrition et le mal-développement. C'est ce consensus qui a été brisé par l'échec du cycle de Doha à Cancun en 2003. Les coups d'arrêt porté aux négociations ont concerné divers secteurs, parmi lesquels l'agriculture a été l'un des plus substantiels, avec l'arrêt de la réduction progressive des droits de douane suite à l'échec des négociations de Cancun. Il est intéressant de comprendre les facteurs de cette révolution des savoirs.

De nombreux facteurs ont contribué à ces échecs ; la crise alimentaire mondiale de 2006–2008 a cristallisé cette évolution. La forte hausse des prix alimentaires suivie par une baisse importante dans le sillage de la crise financière ont conduit à des émeutes de la faim et à une forte instabilité politique et sociale dans nombre de pays du Sud (Lerin, Louafi, 2009). Le tableau de l'évolution des prix mondiaux ci-dessous montre la volatilité des prix céréaliers : une forte hausse du cours du blé intervient entre 2006 et 2008, puis une hausse plus progressive marque les années 2009–2014. Le débat sur l'alimentation de 9 milliards d'individus à l'horizon 2050 (Evans, 2009 ; Goulet, 2012) devient alors un enjeu public.

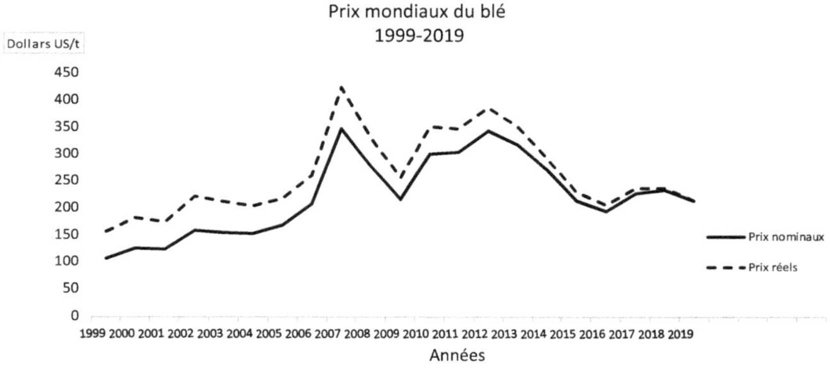

Tableau 2.1: Les prix mondiaux de blé (référence : US wheat n° 2, Hard Red Winter, fob Golfe). Source : OCDE/FAO (2020), p. 124 stat link https://doi.org/10.1787/888934142045

Cette forte volatilité s'inscrit dans un contexte de variations des prix des denrées de base, reporté dans le tableau 2.2 ci-dessous. Les prix énergétiques connaissent la plus forte fluctuation.

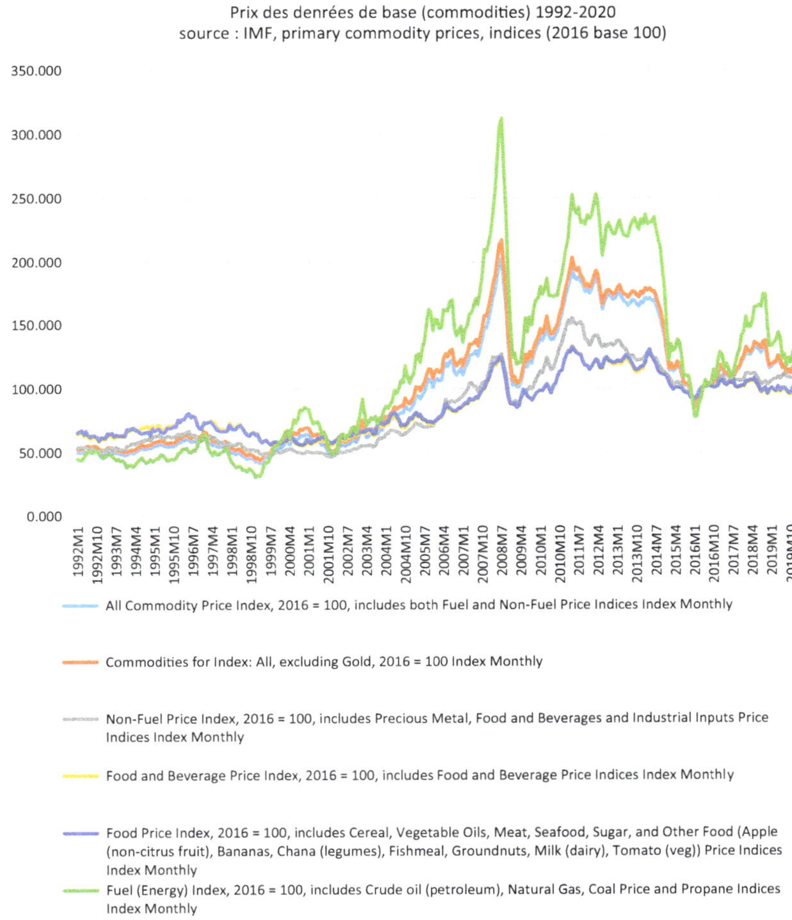

Tableau 2.2: Indice des prix des denrées de base (1992–2020)

Dans cette crise de la négociation multilatérale, s'observent le retour au protectionnisme et la réhabilitation de la régulation des marchés. Les capitalismes asiatiques font figure de modèles, comme la Chine, ou les puissances agricoles ayant conservé une protection des systèmes productifs agricoles (Dufy, Sindzingre, 2016 ; Augustin-Jean, Alpermann, 2014). Dans un cas, il s'agit de la diffusion d'un nouveau modèle de politique publique, dans un autre de résistance et de repli face à la progression jugée excessive du libéralisme et de l'abaissement des barrières douanières. Ces résistances alimentent la promotion d'une régulation publique. Cette tendance est illustrée par l'apparition de nouveaux concepts promus par les organisations internationales : la souveraineté alimentaire, la sécurité alimentaire (à la fois au sens de *food security* et *food safety*) présentées par les organisations internationales (FAO, mais aussi OCDE) comme un moyen de restaurer un rôle actif des États dans la libéralisation de la finance et du commerce, en faisant de l'agriculture, non pas un pilier de la croissance économique, mais un support d'un développement social et environnemental soutenable (McMichael, Schneider, 2011).

L'émergence de *food policies*, des préoccupations de sécurité alimentaire font alors de la maîtrise de la circulation des céréales, de leur production et consommation un enjeu stratégique dans le monde entier (Abis, 2015). Le doute émerge face à la capacité du commerce international à garantir un accès général et stable aux denrées alimentaires. Au contraire, les fluctuations erratiques de prix intervenues à partir de 2006 et les émeutes de la faim qui les ont suivies sont vues comme facteurs de déséquilibre potentiels et d'instabilités néfastes. Ces évolutions provoquent un changement de paradigme dans le mode de circulation des produits agricoles. Plus que le niveau absolu des prix à la hausse ou à la baisse, c'est la volatilité du cours des denrées alimentaires qui apparaît comme une anomalie et un problème à résoudre pour les organisations internationales (FAO, *et al.*, 2011 ; Evans, 2009). Le cahier des charges formulé à l'égard de 10 organisations internationales (l'OCDE, la FAO, le FMI, l'IFAD, l'UNCTAD, le WFP, la Banque mondiale, l'OMC, l'IFPRI et l'UN HLTF) par le G20 en novembre 2010 était de :

> développer des options pour le G20 pour savoir comment atténuer et mieux gérer les risques associés à la volatilité des prix des denrées agricoles et alimentaires sans distordre les comportements de marchés et de façon ultime pour protéger les plus vulnérables (traduction de l'auteure, FAO, *et al.*, 2011).

Dans cette lecture collective de la crise exposée par le rapport *Price Volatility in Food and Agricultural Markets, Policy Responses*, publié le 2 juin 2011, seules les situations de volatilité excessive des prix perturbent les mécanismes d'allocation optimale par les marchés. Dans ce contexte, la volatilité est porteuse d'incertitude et donc de risques pour les décideurs économiques et politiques :

> Mais les variations de prix deviennent problématiques quand elles sont importantes et ne peuvent être anticipées et par conséquence créent un niveau d'incertitude qui accroît les risques pour les producteurs, les négociants, les consommateurs et les gouvernements, de telle sorte que cela puisse conduire à des décisions sous-optimales Les variations de prix qui ne reflètent pas les fondamentaux sont aussi problématiques car elles peuvent conduire à des décisions incorrectes. (Traduction de l'auteure, FAO, *et al.*, 2011, p. 6).

Ce rapport témoigne d'un revirement net dans la confiance accordée aux marchés et tout particulièrement dans leur capacité à donner accès à une alimentation abondante et accessible en prix. Plusieurs facteurs sont identifiés comme étant à l'origine de ces fortes variations : tant du côté du volume de l'offre, de son prix, que de la demande. Outre la volatilité, la prévision de la hausse soutenue de la demande dans un contexte de croissance démographique fait craindre une montée de risques et a modifié le consensus sur la libéralisation nécessaire des marchés agricoles en ouvrant la nécessité de promouvoir une « sécurité alimentaire » élevée au rang de bien public mondial (Lerin, Louafi, 2009).

Le rapport établit plusieurs recommandations. La création du système AMIS (*Agricultural Market Information System*[23]) est supposée garantir une meilleure diffusion de l'information sur la demande, l'offre et les stocks disponibles, mais aussi sur les politiques de réserves de denrées agricoles mal connues (FAO, *et al.*, 2011). Renforcer la résilience des systèmes agricoles par la diffusion et le soutien à l'innovation fait partie des préconisations. Toutefois l'inflexion la plus nette concerne les politiques de libéralisation commerciale et la reconnaissance de la possibilité d'adopter des mesures restrictives temporaires dans le commerce international. En effet, l'article 95 du rapport établit que[24] :

> Dans le cadre de la discipline de l'OMC, les restrictions quantitatives sont généralement interdites par l'article XI de l'accord de 1994 du GATT mais une exception permet aux gouvernements d'interdire ou de restreindre l'export à la condition que ces mesures soient « temporairement appliquées pour prévenir ou soulager des pénuries critiques de biens alimentaires ou autres biens essentiels au pays exportateur concerné » (FAO, *et al.*, 2011)

---

23 Voir precisions à <http://www.amis-outlook.org/>, consulté le 31 décembre 2018.

24 Voir precisions à <http://www.foodsecurityportal.org/sites/default/files/g20_interagency_report_food_price_volatility.pdf>, consulté le 31 décembre 2018.

Les recommandations n° 7 du rapport accordent enfin la possibilité aux pays de constituer des stocks nationaux de réserves alimentaires. Ces dispositions qui leur reconnaissent la nécessité de garantir « une sécurité alimentaire » et donc d'introduire des restrictions à la libre circulation des biens doivent être encadrées par l'OMC.

La compatibilité de ces deux principes : libre circulation des marchandises et « sécurité alimentaire » est analysée par de nombreux travaux de recherche (Díaz-Bonilla, Ron, 2010 ; Anania, 2013). L'objet de la partie suivante est d'examiner comment cette compatibilité est ménagée dans le cas de la Russie.

2. La Russie : le retour de la puissance céréalière dans les années 2000

Depuis une vingtaine d'années, la Russie illustre pleinement le renouvellement agricole, lié à la modernisation et à la mondialisation des productions agricoles, tout particulièrement céréalières. Après deux décennies d'effondrement de la production agricole, durant la transition des années 1990 et les années 2000, et l'adoption d'un modèle libéral d'importations massives et de faibles taxes destiné à nourrir le pays (Wegren, 2012 ; Hervé, 2007, 2011 ; Cordonnier, Hervé, 2003), la Russie est redevenue en quelques années l'une des premières puissances exportatrices de blé dans le monde[25], retrouvant le rôle de grenier à blé occupé jusqu'à la Première Guerre mondiale où le pays fut exportateur net de blé (Nefedova, 2013 ; Rada, Liefert W., Liefert O., 2017 ; Liubimtseva, Dronin, Kirilenko, 2015 ; Crumley, 2013 ; Schmitz, Meyers, 2015 ; Visser, Spoor, Mamonova, 2014).

Simultanément, le pays adopte une politique agricole et commerciale tournée à la fois vers le développement national en même temps que l'export. L'enjeu de la deuxième et troisième partie est d'éclairer respectivement les facteurs et les acteurs de ce changement : quels facteurs ont permis ce retour si rapide au statut de puissance céréalière : sont-ils

[25] La campagne 2015–2016 a été particulièrement bonne et a fait du pays, sur fond de mauvaises conditions climatiques en Europe, le premier exportateur mondial de blé. Production et export doivent être considérés séparément dans la mesure où les États-Unis, l'un des 5 producteurs mondiaux réoriente sa production vers le marché national.

internes, externes, politiques ou économiques ? Par ailleurs, les acteurs de cette filière ont-ils soutenu cette croissance productive ? Quel impact a-t-elle eu sur la structuration et l'articulation des opérateurs des marchés céréaliers ? Telles sont les questions auxquelles la fin de ce chapitre a pour ambition de répondre.

2.1 Le retour d'une puissance céréalière fondé sur l'industrialisation de la production et l'export

L'objet de cette partie est de donner une idée de l'ampleur, de la rapidité et des aspects des changements intervenus dans le monde agricole russe depuis les années 1990.

Le potentiel agricole du pays est considérable. La Fédération de Russie est le plus grand pays de la planète en territoire, occupe la 9e place pour sa population, et la 5e pour la surface cultivée (Rosstat, 2015). L'histoire du monde rural prérévolutionnaire et soviétique est marquée par des périodes sombres, qu'il s'agisse de la collectivisation des années 1920 et de la dékoulakisation, mais aussi celle de la famine des années 1930[26]. (Voir annexe 3). Néanmoins, le secteur céréalier constitue un pilier structurel de l'économie russe.

La transition à une économie de marché dans les années 1990 a durement touché le monde rural : programmes de privatisation, démantèlement des structures productives collectivistes, kolkhozes et sovkhozes, abandon des subventions au secteur agricole. Ces évolutions entraînent un effondrement brutal de la production agricole, un exode rural massif et une chute brutale du revenu des populations des campagnes, les condamnant à la pauvreté et à des stratégies de survie. La chute de la production agricole s'inscrit durablement dans le paysage rural russe, et documentée par exemple par les photographies 1.13 et 1.14 reproduites dans le chapitre 1 : pour de nombreux produits, les indices de production atteints au début des années 1990 sont tout juste retrouvés au début des années 2010 (Nefedova, 2015). Simultanément, les citadins font face à des pénuries de produits alimentaires de base, une inflation galopante, et une dégradation majeure du contenu nutritionnel (Wegren,

---

[26] Pour une histoire de l'agriculture russe soviétique et postsoviétique, en français, se référer à Yefimov (2003) et Kirtchik (2007) et en anglais aux nombreux travaux de Stephen K.Wegren (2009), et en russe à ceux de Tatiana Nefedova entre autres.

2010). L'alimentation de la population est alors garantie majoritairement grâce à l'aide alimentaire, en priorité américaine, au rationnement et aux importations massives. Dans les villes et selon des données publiques, quelque 70 à 80 % de la consommation de viande du citoyen russe sont alors assurées par les importations, quasiment exemptes de droits de douane (Wegren, 2010, p. 193). La Russie devient à cette période le premier client des États-Unis pour les exports en viande.

Les années 2000 sont celles de la renaissance du secteur agricole, devenu l'un des axes majeurs de la politique de développement du pays : le secteur céréalier étant l'un des piliers de l'agriculture russe (Wegren, 2010).

La chute de la production céréalière au début des années 1990 s'inscrit dans le contexte de désintégration de l'agriculture à l'heure des politiques de transition économique. L'alimentation du pays se fait alors grâce à des importations massives, y compris dans le secteur céréalier. La chute de la production entamée en 1992[27] à partir d'un niveau de 107 millions de tonnes de céréales produites ne s'inverse qu'en 1998, à partir d'un plancher de 47,8 millions de tonnes[28], un niveau inédit depuis 1950–1951 (Gordeev, Butkovskij, 2009, p. 20)[29]. À partir de 1998, la production, quoiqu'avec des inflexions, notamment lors de la sécheresse de 2010 et de 2012, repart à la hausse (voir tableau 2.1 ci-dessous et graphique 2.1). Ce rebond notable suit la dévaluation du rouble qui créée un avantage comparatif considérable pour les céréales russes par rapport à leurs concurrentes européennes. En 2015, la récolte s'est élevée à plus de 104 millions de tonnes de céréales, dont presque 60 millions de tonnes de blé, contre respectivement 65 millions et 34,5 millions 15 ans plus tôt en 2000 (*Rosstat*, 2015)[30]. Les données du ministère de l'Agriculture établissent une récolte de 113 millions de tonnes en 2018, dont quelques

---

27 Sur les modalités de l'effondrement de la production agricole et en particulier le rôle de la désintégration des structures de gouvernance, voir O. Kirtchik (2007).

28 *Annuaire statistique Rosstat*, 2015, p. 80, tableau 4.7.

29 La chute de la production constatée au début des années 1990 est expliquée par la disparition de la planification impérative et l'organisation agricole soviétique, qui contrairement à l'industrie était fondée sur la souveraineté alimentaire des régions. La division du travail est donc limitée dans l'agriculture et la disparition de la planification entraîne une forte désorganisation.

30 *Rosstat*, 2015. Tableaux 4.8 et 4.7 pour un aperçu séculaire des volumes de production de céréales <http://www.gks.ru/free_doc/doc_2015/selhoz15.pdf>, consulté le 30 décembre 2018.

72 millions de tonnes pour le blé (Ministère de l'Agriculture de la Fédération de Russie, p. 6). En 2019, 20 % du blé exporté dans le monde est russe, et le pays se situe au second rang mondial des pays exportateurs de céréales (Ministère de l'Agriculture de la Fédération de Russie, 2019, p. 6).

Toutefois, il faut signaler qu'en dépit de la croissance de l'export, la Russie reste un importateur net de produits agroalimentaires, même si l'on constate une réduction significative du déficit du commerce agroalimentaire, divisé par 4 depuis 2014.

Contrairement à certaines analyses, la croissance moyenne de la production n'est pas due à une hausse des surfaces cultivées, ce qui est le cas au Kazakhstan, et en Ukraine en revanche, mais à la hausse de la productivité. En Russie, après une chute rapide des surfaces cultivées pendant la décennie 1990, causée par l'effondrement du cheptel, une stabilisation des surfaces cultivées est à l'œuvre (Liefert W., Liefert O., 2017)[31].

La croissance de la production russe se fait dans un contexte mondial de concurrence accrue entre pays producteurs. En 2018, les quatre positions de tête se répartissent 60 % de la production totale : l'Union Européenne et la Chine, (environ 18 %) l'Inde (13 %) et la Russie (10 %).

Si la standardisation des modes de consommation de la population fait pression sur la demande mondiale de blé, en Russie la croissance de la demande s'appuie également sur le facteur « *feed* ». En effet, 50 % des blés sont destinées aux minoteries : le secteur de l'alimentation animale ayant subi un fort développement ces dernières années, dans le cadre de la stratégie de substitution aux importations. Ainsi, la consommation de ce secteur est-elle passée de 12 millions de tonnes en 2000 à presque 30 millions en 2018 : la plus grande partie étant destinée à l'élevage de porcs, de volailles et à l'aquaculture.

---

[31] Le pic historique dans la surface cultivée est atteint en 1961–1965 avec 80 millions d'hectares cultivés.

Tableau 2.3: *Annuaire statistique Rosstat*, 2015 et 2020, production agricole, chiffres extraits par l'auteure du tableau 4.8, p. 81, (Rosstat, 2015) et tableau 17.4, p. 365 et 366 (Rosstat, 2020) « Récolte des productions végétales, exploitations de toutes catégories, en millions de tonnes » (moy. par an)

	2000	2000| 2005	2006 2010	2010	2011	2012	2013	2014	2015	2016	2017	2018
Céréales (Total après transformation)	65,4	78,8	85,2	61	94,2	70,9	92,4	105,3	104,7	120,5	137,5	113,3
Dont Blé	34,5	45	52,3	41,5	56,2	37,7	52,1	59,7	61,8	73,3	86	72,1

a Certaines données statistiques, notamment celle de USDA ou encore de *l'International Grain Council* (IGC) produisent des statistiques annuelles d'été à été. Ce n'est pas le cas de l'Institut russe des statistiques ici. <http://www.gks.ru/wps/wcm/connect/rosstat_main/rosstat/ru/statistics/publications/catalog/doc_1138718713500>, consulté le 30 décembre 2018.

b Pour un aperçu de l'état parcellaire des données statistiques officielles disponibles sur l'agriculture <http:// www..gks..ru/ wps/ wcm/ connect/ rosstat_ main/ rosstat/ ru/ statistics/ enterprise/ economy/ >, consulté le 31 décembre 2018.. En revanche, les données fournies par IGC proposent pour les campagnes 2016– 2017, 2017– 2018 et estimation pour 2018– 2019, respectivement les valeurs de production de 114, 125 et 105 millions de tonnes, dont 72, 84 et 69 millions de tonnes de blé, <https:// www..igc..int/ downloads/ gmrsummary/ gmrsumme..pdf>, consulté le 30 décembre 2018.

Quel est alors le lien entre la croissance de la production et celle de l'export ? De nombreux experts voient dans le renforcement des positions exportatrices russes, l'ouverture d'un débouché commode à une production excédentaire. Pourtant, les données d'export mettent en évidence une hausse irrégulière mais tendancielle en valeur absolue des volumes de blé exportés. En valeur relative, cette part de l'export représente entre 24 % en 2006–2007 de la production en 2015–2016, contre 37 % en 2015–2016[32].

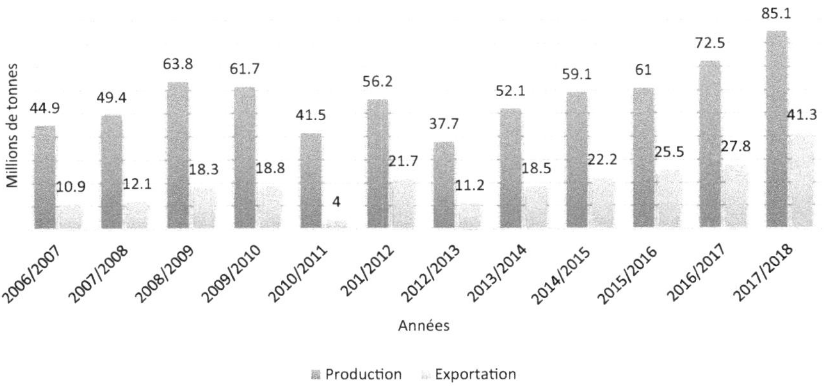

Graphique 2.1: Production et exportation de blé en Russie entre 2006 et 2018 (en millions de tonnes). Pour une présentation des données et évolutions sur les marchés du blé 2016, voir (Dufy, 2016)
Sources : Dufy, 2016 à partir des statistiques IGC

L'année 2015–2016 est celle d'un record qui fait de la Russie le premier exportateur mondial de blé, devant les États-Unis et l'Union européenne. Si pour certains observateurs, cette position d'exportateur *leader* est ponctuelle et tient pour beaucoup aux mauvaises conditions climatiques dont a bénéficié l'Europe orientale – la croissance de la production de céréales et l'augmentation des volumes exportés – c'est une tendance régulière observable depuis le début des années 2000. De fait, le pays est

32 L'année 2010 fait figure d'exception car elle a été marquée par un embargo sur les exportations de blé, décidé par le gouvernement russe, suite aux sécheresses de l'été et à la faible production nationale. L'année 2019 et marquée par des mesures similaires dues à la pandémie de COVID-19.

un importateur net de grains jusqu'en 2000 où cette position s'inverse (Kiselev, 2013 ; Crumley, 2013, p. 139). Le graphique ci-dessous tiré d'une publication de l'USDA qui suit de près la production céréalière dans la région montre que le potentiel d'export de la zone Kazakhstan-Ukraine-Russie dépasse celui des États-Unis dès 2012.

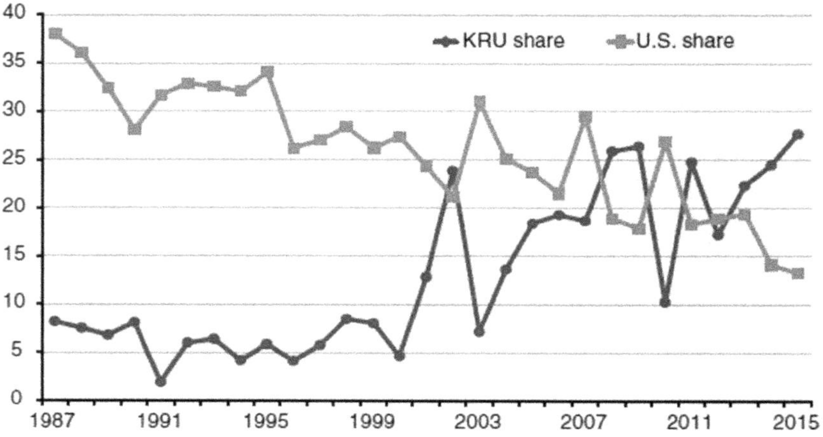

Note: Exports are gross. Years are grain-marketing years, each of which starts in July and ends in June of the following year. KRU = Kazakhstan, Russia, and Ukraine.
Source: USDA, Production, Supply and Distribution Online.

Graphique 2.2: Part des exportations mondiales de blé pour les régions KRU (Kazakhstan Russie Ukraine) et États-Unis, %
Sources : Rada, Liefert W., Liefert O., fig. 1, 2017, p. 15

Cette croissance nette et simultanée de la production et de l'exportation de blé a modifié les flux de marchandises. Dans ce contexte de changements majeurs, il s'agit d'analyser comment a été organisée la circulation de ces denrées, quels effets elle a entraîné dans le rapport de force entre les acteurs, comment ce dernier a été modifié et quelles médiations institutionnelles en ont résulté. Ces éléments seront développés dans la suite de l'ouvrage et tout particulièrement dans le chapitre 2. Le lien de causalité entre hausse de la production et croissance de l'export peut être inversé, certains experts faisant du renforcement des exportations le dérivatif d'une production domestique difficilement absorbée par le marché national (entretien 7).

Comme le montre le graphique 2.3, les céréales russes vendues sur les marchés internationaux sont destinées principalement aux pays du Proche-Orient et d'Afrique du Nord, gros importateurs mondiaux (Égypte, Algérie, Turquie pour le blé), et aux pays asiatiques (Chine pour le maïs en particulier). Le Moyen-Orient absorbe 60 % des exports russes (Riabko, 2014). La montée en puissance des destinations asiatiques est remarquable : les ambitions du gouvernement russe visent en particulier l'Indonésie, la Corée du Sud ou encore le Vietnam (Ministère de l'Agriculture, 2019).

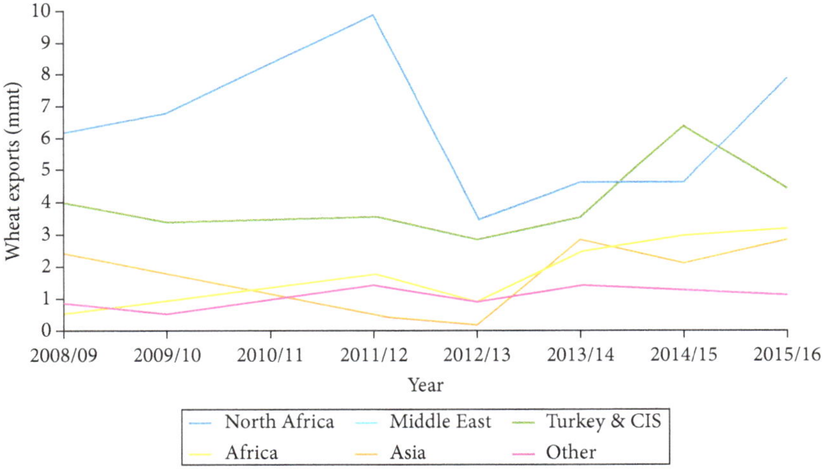

Graphique 2.3: Profil d'exportation de blé de la Russie
Sources : *Australian Export Grain Innovation Centre*, "Russia's Wheat Industry Implications for Australia", fig. 12, September 2016, p. 25

Dans l'ex-Europe de l'Est, comme en maints endroits du globe, la globalisation s'est accompagnée d'un processus simultané d'intégration régionale qui loin d'en restreindre ou d'en limiter la portée a conduit à approfondir, démultiplier l'effet de la globalisation. Dans l'ex-URSS, le développement de la régionalisation avec la création de l'Union douanière eurasiatique (avec le Bélarus, le Kazakhstan et l'Arménie) a poursuivi le mouvement d'ouverture des échanges et de baisse des tarifs douaniers avec des pays dont la production agricole était compétitive, en particulier le Bélarus.

Comme rappelé précédemment, la Russie demeure un pays importateur net structurel de denrées agricoles et accroît son déficit commercial dans le domaine agricole à un rythme rapide : entre 2005 et 2010, la croissance annuelle des importations de denrées agroalimentaires a été toujours supérieure à 15 % (sauf en 2009). Ce déficit dans ce segment est poussé par la hausse de la consommation domestique et la faible compétitivité des produits russes à l'export (Kiselev, 2013 ; Kiselev, Romashkin, 2012 ; OCDE, 2016). Les contre-sanctions décrétées à l'égard des produits alimentaires par le Premier ministre Dmitri Medvedev en août 2014 en représailles aux sanctions adoptées par les pays occidentaux ont toutefois réduit le déficit de biens agroalimentaires.

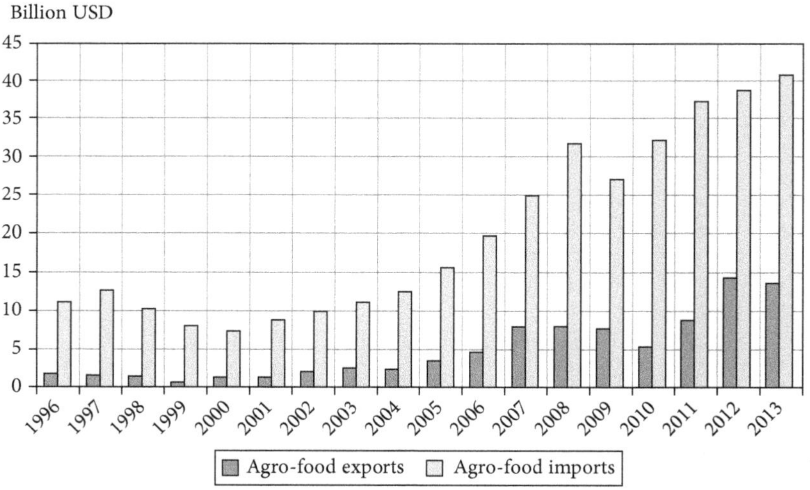

Graphique 2.4: Importations et exportations agroalimentaires entre 1997 et 2013 (milliards de dollars US)
Sources : Russia : Agro-food trade, 1996–2013. Graph 13.3, OCDE, 2015

Quelle est la part des politiques publiques dans la restauration de la puissance céréalière ? Les ambitions affichées sont élevées. La croissance de l'export céréalier devient un objectif de politique publique dans la perspective de l'adhésion à l'OMC, la Russie ayant vocation selon le président Poutine à devenir un pays nourricier au niveau international (Visser, Spoor, Mamonova, 2014). L'agriculture dans son ensemble et les céréales font dès lors l'objet de politiques volontaristes de soutien public et de développement. L'agriculture russe a-t-elle profité ou pâti de ce processus ? l'État a-t-il compensé ou pas les concessions effectuées par les milieux agraires ? C'est ce que discute ce paragraphe.

2.2 Politiques agricoles, politiques commerciales et légitimité réaffirmée de l'État

L'adhésion de la Russie à l'OMC finalisée en 2011 après 17 ans de négociation a permis au pays de bénéficier de l'accès à de nouveaux marchés[33]. La contrepartie en est la réduction des barrières protectrices. Or, le plus long processus d'adhésion qu'ait connu l'organisation a achoppé principalement sur la question agricole (Barsukova, Korobkova, 2014 ; Wegren, 2012). Les obstacles au flux des marchandises sont tarifaires, non tarifaires, mais également toutes les mesures contribuant à rompre la symétrie des conditions de marché pour les concurrents, en particulier ce qui est qualifié de « mesure de distorsion commerciale ». En moyenne, les droits de douane doivent être abaissés à 10,8 %, à partir d'un niveau de 13,2 % atteint en 2013, ce qui met le secteur plus à l'abri que le secteur manufacturier dont les droits de douane ne doivent pas excéder 7,3 % mais il sera moins protégé que dans les années 2000.

En revanche, une analyse du ministère de l'Agriculture citée par Wegren, (2012, p. 303) suggère qu'en 2009 pas moins de 70 % des mesures de soutien à l'agriculture pourraient être considérées comme étant créatrices de distorsions, relevant des mesures de la « boîte orange »[34], et amenées à être réduites dans le cadre de l'OMC (Sedik, Lerman, Uzun, 2013). Les exports ne devront pas être subventionnés, car proscrits par l'OMC (Wegren, 2012, p. 299). L'utilisation de contingents tarifaires (*tarriff-rate-quotas*) reste autorisée pour nombre de denrées alimentaires (bœuf, poulet, sucre, porc) (Wegren, 2012, p. 299).

---

33 Dans une déclaration, V. Poutine assignait ces deux objectifs à la politique agricole : « Notre premier objectif est d'augmenter les volumes de production alimentaires aux niveaux qu'ils atteignaient à la fin des années 1980 – début des années 1990 et de réduire notablement la dépendance du pays vis-à-vis de l'export ». (*Krest''ânskie vedomosti*, n° 7, 2000, p. 2) souligné par Wegren.

34 Les mesures de la boîte verte, autorisées, sont-elles centrées sur le développement des zones rurales, ou celui de la formation agricole par exemple.

De fait l'entrée de la Russie à l'OMC est vecteur de modernisation agricole. Le développement des débouchés céréaliers contribue à la croissance des exportations du pays. Toutefois, les mesures d'ouverture commerciale s'accompagnent d'une politique agricole volontariste, appuyée à partir du milieu des années 2000 sur une autonomisation accrue des importations et le développement de la consommation interne. En rupture avec les années 1990 d'importations massives, la politique commerciale affichée du nouveau millénaire est orientée à la fois vers un objectif de restauration de la puissance agricole passée, et vers la réduction de la dépendance à l'import. Les contre-sanctions internationales occidentales ne modifient en rien un cap adopté depuis les années 2000.

En 2006, l'agriculture est définie comme l'un des quatre secteurs prioritaires du *Programme national*, doté de 50 milliards de roubles de subventions, reconduit en 2008–2012 puis pour 2013–2020 avec des financements abondés. Le développement du complexe agro-industriel s'inscrit dans le cadre principal de la politique agricole, et est largement inspiré de la *Doctrine sur la sécurité alimentaire* adoptée en 2010 (OCDE, 2016, p. 236). Des objectifs d'autonomie alimentaire définis à un niveau de 80–95 % ont été fixés pour la production de nombreuses denrées alimentaires, telles que les céréales, le sucre, les produits laitiers et la viande, l'huile végétale, le poisson et le sel (OCDE, 2016, p. 236 et voir chapitre 6).

Les conflits politiques de la Russie avec l'Occident à l'occasion de l'annexion de la Crimée ont accentué le virage vers la voie du développement autocentré. Les sanctions décrétées par les pays occidentaux sont suivies d'une politique de rétorsion de contre-sanctions qui touchent précisément les produits alimentaires importés en provenance des pays européens. Cette mesure a impulsé le développement de la production de certaines denrées agricoles. Certains secteurs ont fait l'objet de programmes de soutien particulier : c'est le cas de ceux de la viande et du lait, considérés comme particulièrement vulnérables et faibles du point de vue des critères d'autonomie alimentaire. Ainsi s'amorce en Russie au milieu des années 2010 un virage dans une politique agricole qui, appuyée sur un modèle d'export, évolue vers un modèle autocentré, fondé sur la polyculture et l'élevage.

Le volet de la politique agricole soutenant l'objectif de substitution aux importations, est orienté tout particulièrement vers les secteurs de la viande, du lait, vers les pommes de terre, les fruits et les légumes. Des moyens supplémentaires aux prévisions ont été alloués au programme dont les objectifs ont été révisés fin 2014. Outre les 19 milliards alloués initialement sur cette période 2013–2020, 9 milliards supplémentaires ont été accordés au financement de l'agriculture (OCDE, 2016, p. 237). Les mesures de soutien sont composées à 38 % de crédits concessionnels financés aux ¾ par la Fédération et pour le quart restant par les régions (OCDE, 2016, p. 237).

Selon d'autres données, 50 % de cette aide est perçue directement par Rosselbank (la banque publique de l'agriculture), au titre de la subvention des crédits et par Rosagrolizing (*leasing* pour l'outillage et le bétail) (Nefedova, 2013). Toutefois, la majeure partie de cette aide est financée par les budgets des régions, en charge du développement économique et ce, par un mécanisme de décentralisation des budgets de soutien à l'agriculture, adopté conformément à la loi de 2003–2004. Cette nouvelle disposition a eu des effets importants en particulier dans le développement agricole des régions situées en dehors des terres noires, en Sibérie par exemple. Les zones traditionnellement non céréalières ont vu leur production augmenter grâce à ce soutien régional. Cependant, ce mécanisme a conduit les régions à calquer les programmes de développement agricole sur ceux adoptés au niveau fédéral et ce même si ceux-ci étaient inefficaces et coûteux (Nefedova, 2013). Les limites de ce financement extensif des exploitations agricoles sont patentes. La profitabilité des grosses entreprises agricoles serait de 10 %, subventions incluses entre 2008 et 2010, selon une déclaration du Premier ministre V. Poutine en mai 2011 devant la Douma fédérale (souligné par Wegren, 2012, p. 304). Toutefois, hors subventions, elles seraient déficitaires[35].

Les interventions d'État sur le marché des grains ont été également actives à partir en 2012–2014 dans le but de stabiliser les prix du grain sur le marché national (voir chapitre 5). Toutefois, dans un espace de comparaison international, l'agriculture russe reste une agriculture moyennement subventionnée, comme le montre le graphe ci-dessous appuyé sur des données de l'OCDE qui regroupent dans un indicateur global, le *Total Support Estimate* (TSE) à la fois le soutien apporté aux producteurs et celui apporté aux consommateurs. L'effort national russe de soutien du secteur se situe à un niveau similaire à celui de l'Union européenne, ou des États-Unis (OCDE, 2016)[36].

---

[35] Cette remarque implique de ne pas surestimer la rationalité financière de la politique agricole, comme celle de toutes les politiques publiques en général.

[36] Les produits laitiers pourront atteindre 14,9 %, les produits céréaliers 10 %, les produits oléagineux 7,1 % (Wegren, 2012, p. 299).

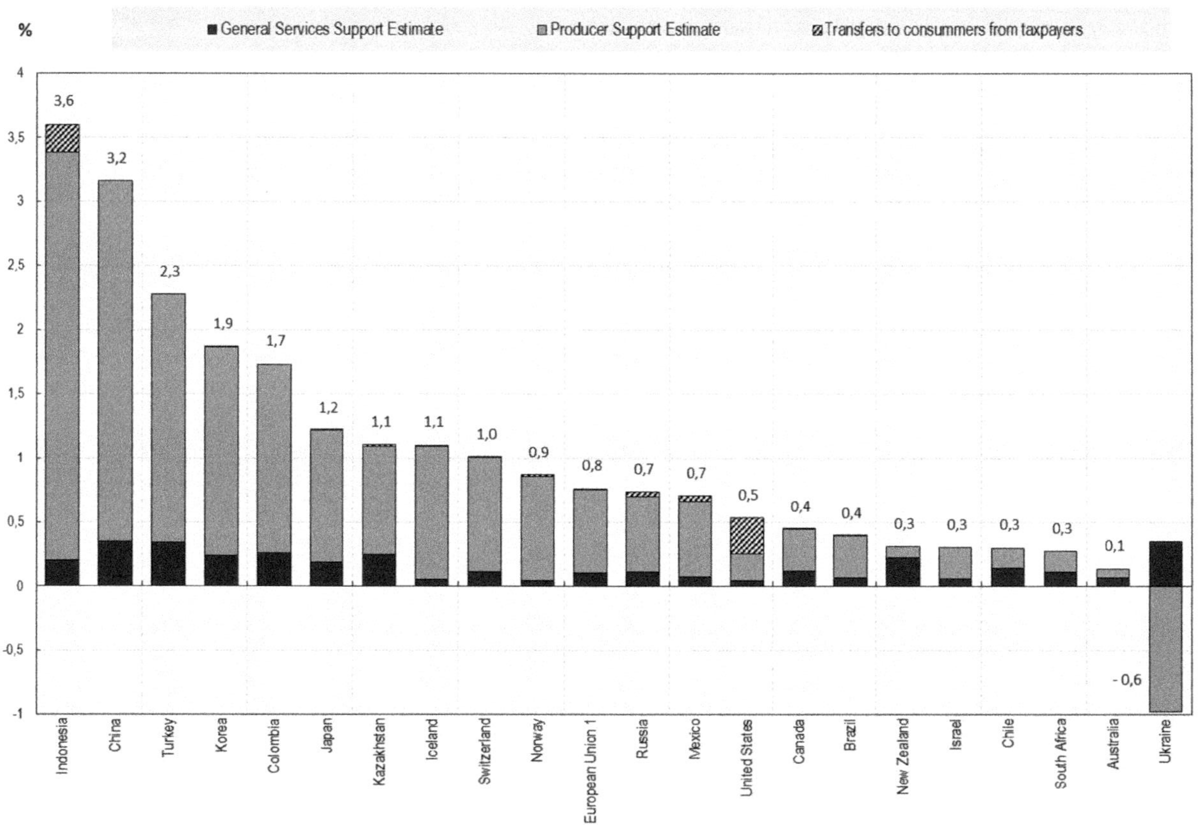

Graphique 2.5: Composition du soutien total estimé (TSE) par pays (% du PIB)
Sources : OECD, 2016, "Producer and Consumer Support Estimates", OECD Agriculture statistics (database)doi: 10.1787/agr-pcse-data-en

Si le soutien de l'agriculture constitue un effort national comparable à celui des autres pays, il faut relever toutefois la part de l'agriculture dans l'affirmation de la puissance étatique, en même temps que son rôle dans l'intégration internationale du pays. Outre l'effet sur les discours publics, l'abaissement des barrières douanières et la libéralisation commerciale ont eu un effet important sur la constitution des acteurs du secteur céréalier. La partie suivante décrit la construction de filières d'approvisionnement transcontinentales et leur articulation avec les acteurs nationaux. La hausse de la production et de l'export céréaliers résulte également de la réforme d'un modèle productif, dont la financiarisation, la concentration et l'industrialisation sont pensées comme les fers de lance d'un secteur céréalier tourné vers l'export.

3. À hauteur de filière : acteurs du secteur frumentaire et internationalisation des flux

La croissance du commerce agricole s'est accompagnée de modifications structurelles profondes de l'agriculture au niveau mondial, impliquant un nouvel équilibre entre agriculture de ferme et agriculture de firme (Dufy, Hervouet, 2017) dans lequel de nouveaux acteurs ont renforcé leur pouvoir, à travers la construction de filières productives. Cette évolution n'est pas spécifique à l'ex-URSS. Elle existe dans l'ex-Europe de l'Est, en Ukraine (Hervé 2011 ; Grouiez, 2012), en Roumanie (Roger, 2014), mais aussi dans nombre de pays émergents (Purseigle, Nguyen, Blanc, 2017 ; Bernard de Raymond, Goulet, 2014, p. 18). La réindustrialisation de la production, a supplanté la petite production vivrière, dont le modèle était valorisé au tout début des années 1990 par les organisations internationales et tout particulièrement la Banque mondiale (Visser, Spoor, Mamonova, 2014). Ces bouleversements structurels particulièrement sensibles dans les grandes cultures ont créé de nouveaux modes de production, et de circulation des produits agricoles.

Ces évolutions générales prennent un tour particulier en Russie. Le développement d'un capitalisme agricole longtemps contenu par le rejet de la privatisation des terres agricoles a accru la stratification des revenus dans les campagnes et la pauvreté rurale (Wegren, 2011 ; Kalugina, 2014). Paradoxalement, le report pendant près d'une décennie du débat sur le statut des terres agricoles, sous la pression des députés agrariens[37] n'a empêché ni la constitution de gigantesques *agroholdings* fondées sur des stratégies d'accaparement des terres (Visser, Spoor, 2011 ; Visser, Spoor, Mamonova, 2012 ; Grouiez, 2012) ni la paupérisation rurale (Wegren, O'Brien, Patsiorkovski, 2003 ; Wegren, 2011).

3.1 *Production et poids des* **agroholdings** *: la concentration en marche*

Rosstat recense plus de 76 000 producteurs de blé en Russie. Les unités de production sont regroupées par la statistique russe en trois catégories : les organisations agricoles (*sel'skohozâjstvennye organizaci*), l'activité agricole de la population (*hozâistvo naseleniâ*), qui recoupe l'autoconsommation et les fermiers (*fermerstvo*) qui exploitent des terres louées ou détenues. La part des organisations productives agricoles s'est accrue en 15 ans pour représenter désormais la moitié des exploitations, les fermiers représentant 10 % et la production de la population 40 % (*Rosstat*, 2015, p. 52). Une évolution notable concerne la production de céréales, monopolisées par les organisations agricoles à 90 % en 2000 et qui désormais, en 2014 engendrent quelque 75 %, laissant aux fermiers les 25 % de la production totale (tableau 4.1, *Rosstat*, 2015, p. 83).

Les *agroholdings* qui ne constituent pas une catégorie statistique à part entière sont la partie la plus visible des évolutions structurelles intervenues dans l'agriculture depuis le tournant du siècle. Les *agroholdings* sont des entités hybrides à la fois héritage structurel d'une agriculture soviétique industrialisée, expression d'un capitalisme oligarchique post-soviétique et illustration de dynamiques internationales de concentration dans le secteur agricole. Ils naissent d'exploitations agricoles renforcées par la crise financière de 1998. La dévaluation du rouble crée une barrière à l'importation d'une part des denrées alimentaires et favorise la consommation locale, en même temps qu'elle constitue un fort avantage comparatif sur les marchés à l'export. Simultanément, les capitaux investis dans les secteurs pétroliers ou gaziers ou dans les titres de la

37 Voir sur ce point O. Kirtchik qui souligne l'exceptionnalité du modèle de transition au marché dans le secteur agricole où la libéralisation a été reportée suite à la victoire des stratégies des économistes agrariens, partisans de la spécificité de l'agriculture et de la nécessité de la préserver de la libéralisation économique, suite à l'échec des réformes modérées de la perestroïka (Kirtchik, 2007, 2016).

dette publique cherchant une occasion de diversification s'investissent dans l'agriculture. (Grouiez, 2012 ; Grouiez, 2018 ; Gataulina *et al.*, 2005 ; Serova, 2007). Ces exploitations industrielles ont des stratégies d'accumulation de terres agricoles, faisant du tissu productif agricole un tissu déséquilibré entre une profusion de petites exploitations de très faible surface agricole d'un côté et de l'autre d'un faible nombre de mégafermes concentrant une grande partie des terres arables.

Ces structures, au capital parfois mixte, parfois privé, ont été largement soutenues par les autorités publiques qui y ont vu l'opérateur de la modernisation de l'agriculture (Gataulina, *et al.*, 2005). Selon les données du ministère de l'Agriculture, les grosses exploitations captent presque 90 % des crédits publics de soutien à l'agriculture comme souligné par Stephen Wegren, (2012, p. 303), dans une politique qui suivant les déclarations des ministres de l'Agriculture successifs (Alexey Gordeev et Elena Skrynnik) est explicitement orientée vers le soutien des grosses exploitations et des régions productives (Wegren, 2012, p. 304)[38].

Les capitaux étrangers ne sont pas absents de cette évolution reproduisant à travers maints exemples, les mécanismes qui s'opèrent au niveau international dans le secteur céréalier. Un rapport publié par l'ONG britannique Oxfam restitue les traits essentiels du capitalisme financier investi dans les céréales (2012). L'installation d'*agroholdings* internationales dans le secteur des grains s'est effectuée dans le courant des années 2000. Les quatre acteurs majeurs du secteur ABCD, ainsi désignés par la première lettre de leur nom, Archer Daniel Midland, Bunge, Cargill, Louis Dreyfus, sont globaux. Ceux de second rang comme le Suédois *Black Earth Farming*[39] se sont également installés dans le sud du pays, en particulier sur le pourtour de la mer Noire (Lander, 2019). D'autres opérateurs asiatiques, comme le Chinois COFCO (voir le graphique 2.3) montent en puissance sur le territoire russe. Ces opérateurs étrangers sont venus conforter la concentration à l'œuvre dans le secteur agricole russe. Toutefois, le marché russe reste pour l'heure dominé par des opérateurs nationaux (Lander, 2016). La concentration

---

[38] Une grande partie de ce soutien qui consiste en prêts d'intérêts bonifiées est considéré comme des mesures distorsives du commerce par l'OMC et donc voué à être réduit (Wegren, 2012, p. 304).

[39] La cession du groupe agricole *Black Earth Farming* à un groupe russe du secteur pétrolier en février 2017 marque à la fois la consolidation à l'œuvre dans le secteur en même temps que la valorisation de l'agriculture comme débouché à la chute de profitabilité des matières premières.

industrielle et la construction d'un complexe agro-industriel, le fameux APK (*Agropromyšlennyj komplekc*) – *alter ego* du VPK (complexe militaro-industriel) soviétique – dont l'essor est souhaité par le président V. Poutine ne signifie pas la reconstitution d'un héritage immuable, mais signale davantage des stratégies d'acteurs efficaces constituées dans le sillage des bouleversements post-transition (Roger, 2014 ; Lander, 2016 ; Grouiez, 2018). La contribution de l'industrialisation et de la concentration des exploitations à la hausse de la production est un débat ancien, dont les réponses varient en fonction des produits considérés et de l'intensité de leur production en main-d'œuvre.

L'approche structurelle de ces organisations donne quelques éléments de compréhension. L'intégration est horizontale ou verticale (Davydova, Francks, 2015, p. 135). L'étude menée sous l'égide de la Banque mondiale met en évidence des structures financières et juridiques, distinguant agrofirmes et *agroholdings*, où plusieurs activités productives sont exercées au sein de différentes entités, et où sont cumulées des fonctions de production et de service comme le négoce.

Comme le montre le graphique 2.6, l'agrofirme est une structure intégrée qui comprend différents départements internalisés, alors que l'*agroholding* exerce des activités similaires mais avec une structure organisationnelle filialisée.

En termes territoriaux, les *agroholdings* ont des parcelles très étendues qui peuvent s'étendre sur plusieurs dizaines de kilomètres (Davydova, Franks, 2015). La concentration des terres par ces structures s'accentue. Le groupe Agrokompleks détenu par l'ex-ministre de l'agriculture Alexandre Tkatchev[40], exploite en 2017 quelque 640 000 hectares de terre, contre 36 155 en 2005–2007. Il est dans le quatuor de tête pour le volume de terres arables exploitées, le leader détenant 790 000 hectares de terre. Initialement spécialisée dans la viande, Agrokompleks a diversifié horizontalement ses activités vers les céréales, en même temps qu'il a développé en aval un réseau dense de distribution, bien implanté dans la région de Kuban[41], selon le classement BEFL qui répertorie annuellement les exploitations agricoles les plus importantes en surface cultivée.

---

[40] Située dans les terres les plus fertiles et les plus riches de Russie, la structure a été créée en 1993 par le père de son dirigeant actuel. <https://www.zao-agrokomplex.ru/agrocomplex/istoriya/>, consulté le 31 décembre 2018.

[41] Voir sur ce développement, <http://newvz.ru/info/94474.html> ou <https://www.rbc.ru/business/10/06/2015/557810df9a794700c8049e8d>, consulté le 31 décembre 2018.

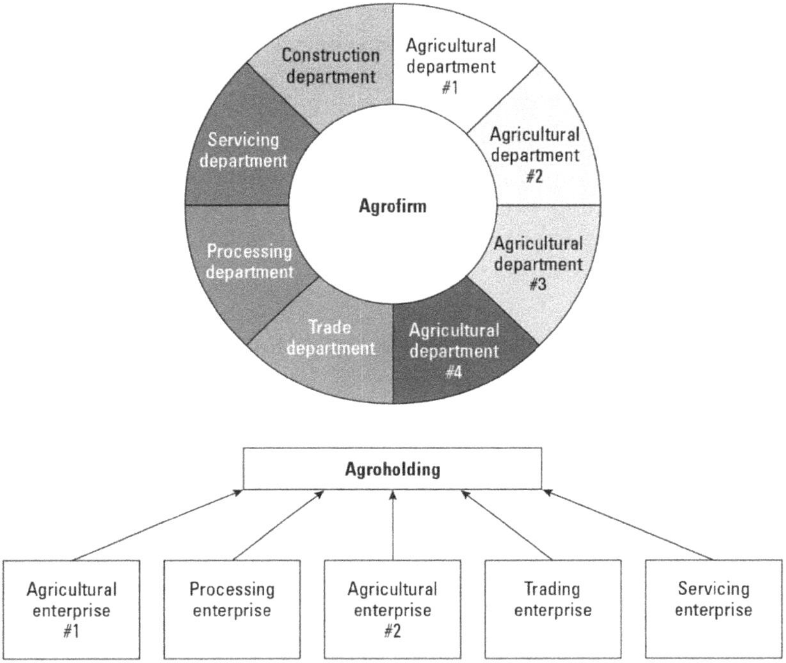

Graphique 2.6: Structure organisationnelle des agrofirmes et des *agroholdings*
Sources : Gataulina, *et al.*, fig. 3.2, 2005, p. 51

Tableau 2.4: Classement des propriétaires terriens agricoles (exploitation en hectares)

Classement 2015	Classement 2016	Nom	Terres contrôlées en 2015 (En milliers d'hectares)	Terres contrôlées en 2016 (En milliers d'hectares)
1	1	Prodimex+Agrokultura	790	790
3	2	Rusagro	594	670
2	3	Miratorg	594	644
6	4	Agrokompleks	456	640
5	5	Ak Bars	505	505

Sources : BEFL, 2017 (extrait). BEFL, 2017. *Russia's Largest Agricultural Landowners in 2017*, Moscow, <http://www.befl.ru/upload/iblock/631/63151eb9df07b1abd893973567da769a.pdf>, consulté le 31 décembre 2018.

La productivité de ces structures est discutée, leur taille occasionnant des coûts de gestion et de contrôle importants. Selon certains analystes, sur les quelques 700 agroholdings comptabilisés, qu'ils soient d'envergure fédérale, régionale ou locale (Barsukova, 2016), seulement 150 seraient capables de survivre dans des conditions de marché. La raison d'être du fort soutien étatique à ces structures tiendrait à leur capacité plus grande que les petites exploitations à répondre aux défis de la politique de substitution aux importations lancée en 2014–2015 après la guerre de Crimée (Barsukova, 2016).

3.2 La filière, une boîte à outils, plus qu'une théorie pertinente pour le terrain

La dernière partie de ce chapitre analyse les effets des changements sur les acteurs du marché du blé. Les processus de modernisation et de transition au marché ont profondément bouleversé les équilibres sociaux et les modes de production (Dufy, Hervouet, 2017). Les dynamiques de modernisation ont été impulsées par des acteurs adossés à différentes stratégies de légitimation (Roger, 2014 ; Barsukova, Dufy, 2017). À ce titre, il convient d'analyser ces évolutions, non comme des héritages immuables, mais comme des reconfigurations d'acteurs qui ont pris place dans le sillage des bouleversements dus à la transition (Hervé, 2001 ; Grouiez 2018).

L'approche par filières permet d'identifier les différentes étapes de la chaîne de production. Les travaux consacrés aux chaînes de valeur sont menés par deux types d'acteurs : les professionnels de la logistique et les spécialistes des filières. Pourtant, les écrits produits sont synthétiques et ont l'intérêt de présenter les principales étapes par lesquelles transite les marchandises (AEGIC, 2016 ; Ghada, *et al.*, 2017). Certaines font l'objet d'une analyse plus détaillée que d'autres dans ces lignes.

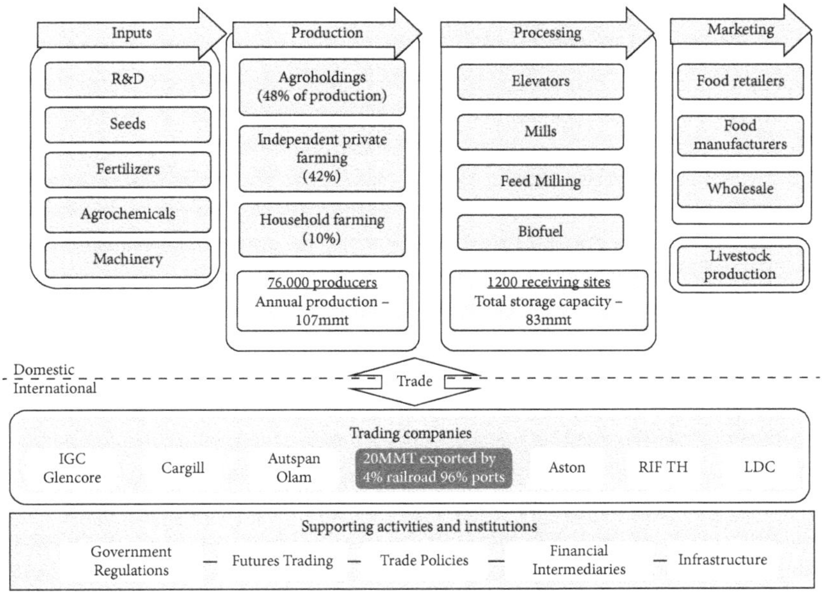

Graphique 2.7: Présentation synthétique de la chaîne globale de valeur du blé en Russie
Sources : Ghada, *et al.*, fig. 4, 2017, p. 14

Le graphique 2.7 identifie les différents acteurs intervenants directement dans la chaîne de transformation des céréales. La phase d'amont organise les intrants, qui sont peu discutés dans ces lignes, même si la question de la qualité des semences reste essentielle pour l'amélioration des rendements en Russie. La phase de production évoquée plus haut est la seconde. La transformation constitue une phase majeure de la valorisation des grains, discutée ci-dessous. Enfin la distribution (colonne 4) achemine la marchandise vers les consommateurs finaux. Certains acteurs cumulent plusieurs fonctions, par concentration horizontale ou verticale : c'est le cas du groupe Demetra, holding du secteur de la logistique, qui contrôle les ports de Novorossisk, de Taman, détient des participations dans des opérateurs du transport ferroviaire et dans des agroholdings telles de United Grain Company.

Les fonctions support que sont les activités financières, portées par les « institutions » et les activités de négoce (*trading*) semblent en marge de la circulation et valorisation des céréales. Or les financements bancaires, les aides étatiques, attribuées par l'intermédiaire des banques publiques comme la VTB constituent de puissants outils d'orientation de l'activité agricole. Enfin, certains acteurs sont absents de ce schéma, telles les instances de certification et de contrôle de la qualité, qu'ils soient publics comme le puissant organe étatique, Rosselnadzor ou privés. Ce graphique constitue donc une cartographie sommaire et statique, à partir de laquelle l'invitation faite au lecteur de suivre le grain est mieux à même de saisir la construction des rapports de pouvoir entre les acteurs.

3.3 Le stockage : un acteur si mal connu

La forte saisonnalité du blé a ses contraintes. Le processus de transformation des céréales est complexe, long et varié selon les usages. La masse céréalière est une masse vivante qui nécessite un travail rapide après récolte, dans les deux à cinq jours, pour éviter de lourdes pertes évaluées à 10 % environ et concentrées statistiquement dans la phase de l'immédiat transport après récolte et avant traitement. Les opérateurs du stockage ont un positionnement spécifique sur les marchés céréaliers, ils ne doivent pas seulement assurer la circulation des grains depuis le producteur jusqu'au consommateur, mais doivent également garantir une qualité satisfaisante pour le consommateur. La transformation du blé ne requiert pas moins de 24 étapes minimales en fonction de ses usages, parmi lesquelles le nettoyage et purification des grains, le contrôle de leur homogénéité, le séchage, la ventilation, le nettoyage, la purification, (Gordeev, Butkovskij, 2009, p. 367).

Ces processus sont évoqués ici à travers le rôle des silos et du stockage dans la valorisation des grains. Selon une pratique répandue au niveau mondial, les capacités de conservations sont divisées selon leur caractère fonctionnel et leur localisation : les silos locaux, liés aux bases portuaires et industriels. En URSS, ils étaient divisés en fonction de leur propriété juridique : agricoles ou étatiques (Gordeev, Butkovskij, 2009, p. 231)[42].

[42] L'histoire du stockage céréalier est fascinante, elle comporte bien des spécificités pour la Russie. A la veille de la première guerre mondiale, il y avait en Russie, 122 élévateurs d'une capacité totale de 950 000 tonnes ; majoritairement en bois. La période soviétique accroît cette capacité, avec la construction en 1926 du premier élévateur en béton. Le premier élévateur portuaire est lui construit en 1930. Dans les années 1940, ces élévateurs sont remplacés par des élévateurs en béton armé et mécanisés, dont les capacités augmentent jusqu'à 100 000 tonnes ; les premiers élévateurs métalliques sont construits à la fin des années 1970 (Voblikov, 2010).

La transition a l'économie de marché a modifié l'ancienne répartition en fonction d'un positionnement dans la filière blé et qui désormais en distingue 5 catégories : la première est constituée par les élévateurs céréaliers des producteurs céréaliers, des centres agronomiques ou des coopératives agricoles. Généralement situés près du lieu de production, ils constituent la première structure de cession et de traitement des céréales après récolte. Ces opérateurs fonctionnent pour leur propre compte ou revendent la production qu'ils ont acquise. Ils effectuent les transformations essentielles et ont des capacités de stockage limitées. Ces derniers constituent près de la moitié des capacités de stockage du pays sur les 156 millions de tonnes comptées en 2020 (Ministère de l'Agriculture, 2019). De ce fait, ils sont territorialement concentrés dans les régions de production : les 2/3 sont localisés en Russie centrale, dans les régions de Sibérie, de la Volga et du Sud (Voblikov, 2010). Ils sont par ailleurs datés, puisque seuls 60 % d'entre eux répondent à des standards techniques satisfaisants.

La deuxième catégorie est constituée d'opérateurs régionaux localisés à la fois dans un rayon plus large de la zone de production et sur des infrastructures soit fluviales, soit ferroviaires. Ils opèrent le transfert de volumes céréaliers livrés par camion vers des wagons ou des bateaux. Nombreux sont ceux qui dans cette catégorie achètent eux-mêmes aux producteurs pour revendre aux négociants. La troisième catégorie est constituée de structures centrales capables de réceptionner, de transformer et de conserver les céréales. Ces opérateurs concentrent les livraisons, agrègent des volumes susceptibles d'être livrés à des industriels ou exportés. Ils sont donc mandatés par des grandes villes ou des commanditaires commerciaux qui les utilisent pour garantir un approvisionnement sûr des grands acteurs de la transformation industrielle. Ils sont également en charge de la conservation des céréales pour les fonds céréaliers régionaux et nationaux et constituent des opérateurs mandatés pour la conservation du fonds d'intervention étatique (*cf.* chapitre 5). Ils sont localisés, autant dans les zones de production, que dans les zones de consommation mais à l'intersection d'infrastructures de communication et de transport. Ces opérateurs se doivent de disposer d'importantes capacités de stockage, en même temps que de technologies avancées pour traiter les céréales. La quatrième catégorie concerne les élévateurs portuaires et maritimes dont la plus grande partie des unités s'est trouvée à l'étranger à partir de la chute de l'URSS. Les opérateurs de cette catégorie font l'objet d'un important programme de développement et soutien de la part de l'État. Leur unité de référence est localisée dans la ville de Novorossisk, sur la mer Noire.

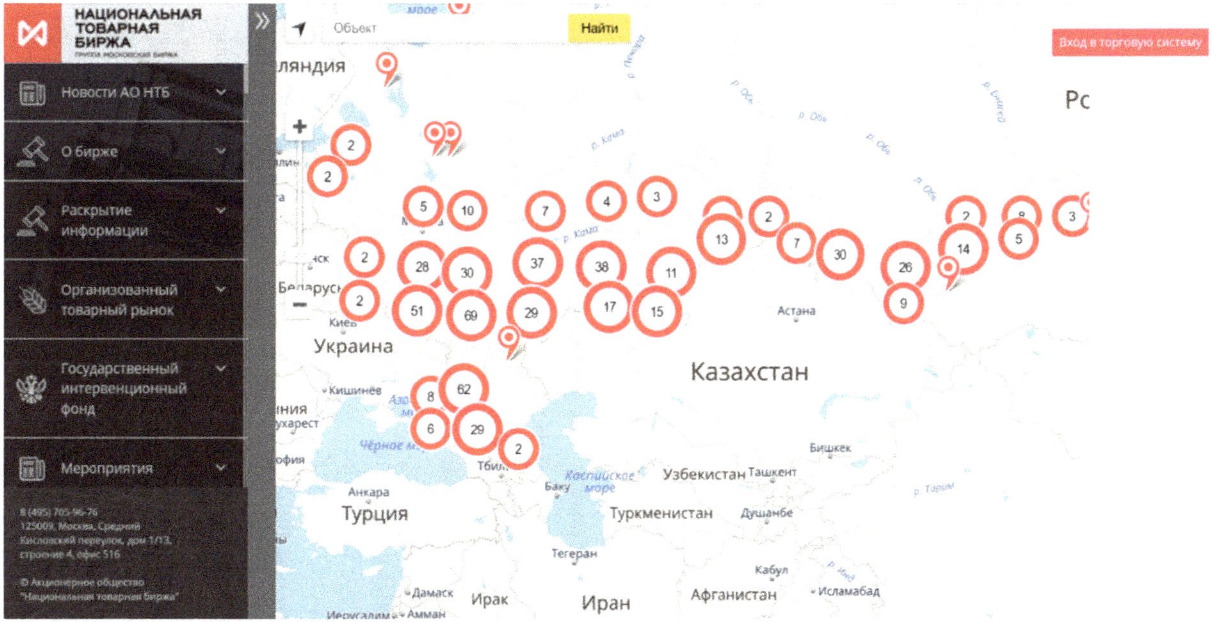

Carte 2.3: Carte interactive des capacités de stockage de blé accréditées par la Bourse nationale des matières premières agricoles (capture d'écran)
Sources : Nacional'naja tovarnaja birža, <http://www.ntb.moex.com/ru/map_all_elevators>, consulté le 30 juillet 2018

La cinquième, les silos industriels, est située près des usines de transformation, qu'elles soient minoteries, usines de l'industrie agroalimentaire. Leur fonction est de réceptionner une production qui va être transformée, maintenir sa qualité en vue d'une utilisation précise et de la mettre en production.

La carte interactive constituée par la Bourse nationale des matières premières agricoles présentée ci-dessus sous (Carte 2.3) forme de capture d'écran permet de localiser les structures de stockages le long des voies de chemins de fer, entre la partie orientale et occidentale du pays. L'opérateur d'échange des matières premières agricoles a lancé un important travail d'accréditations des silos. Dans ce paysage, les multinationales du grain ABCD disposent de capacités de stockage mais elles ne dominent pas le marché (Lander, 2016). Par exemple, le plus gros d'entre eux, l'Américain Cargill est présent sur le sol russe depuis 1991, initialement à travers la commercialisation d'aliments pour animaux. Le trading céréalier à l'export et sur le marché russe a débuté en 1993, grâce à des capacités de stockage acquises dans la région de Krasnodar et un terminal fluvial en propre localisé à Rostov sur le Don (Lander, 2016, p. 11).

3.4 Transport et logistique face à l'immensité russe

Le rapport *Russia's Wheat Industry, Implications of Australia* de l'organisme *Australian Export Grains Innovation Centre* restitue la structure comparée des deux segments logistiques en Russie et en Australie. Cet effort de comparaison signale que la concurrence est internationale. Cette étude montre des similitudes nombreuses dans les segments de la logistique et les distances parcourues entre les deux pays. Des différences importantes concernent toutefois l'acheminement aux terminaux portuaires : le transport routier est prédominant en Russie, alors que la part du rail est plus importante en Australie.

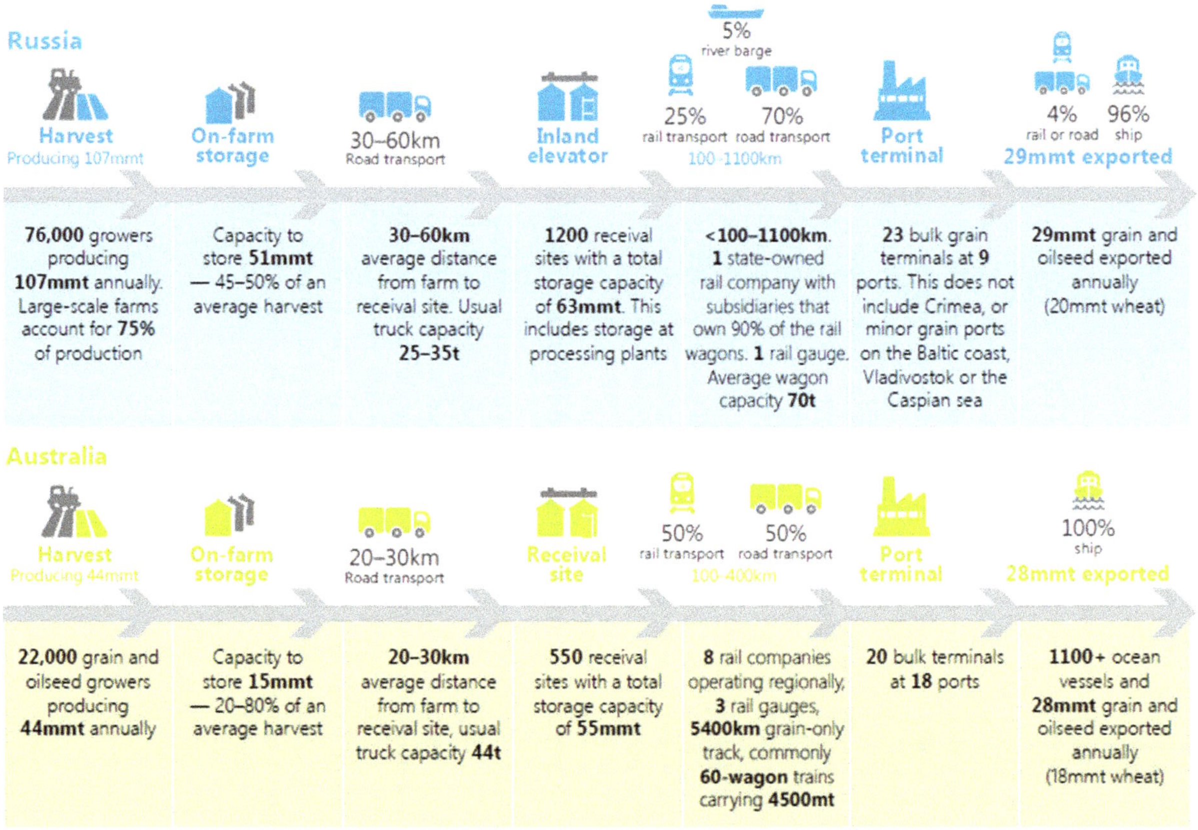

Graphique 2.8: Comparaison entre la chaîne céréalière d'exportation de la Russie et de l'Australie

Sources : AEGIC, "Russia's Wheat Industry", Implications for Australia, fig. 1, September 2016

De fait, le transport prépondérant pour la consommation domestique est la route pour 86 % de la production. A l'export, le transport maritime domine, avec une part écrasante de la mer Noire et du bassin de la mer d'Azov, qui réalise en 2018, 84 % du volume exporté. La mer Baltique vient en seconde place, très en-deçà, avec quelques 8 % des volumes exportés, alors que l'Extrême Orient, et la mer Caspienne n'occupent que respectivement 1 % et 2 % du trafic total (Ministère de l'Agriculture, 2019)[43].

3.5 Traders et *négociants : le rôle des intermédiaires*

Identifiés dans les études citées (AEGIC, 2017 ; Ghada, *et al.*, 2017), les négociants sont évalués à quelque 560 entités opérant sur le territoire russe. Ils recouvrent des réalités différentes en termes de taille, d'activité, de fonction et d'identité : les grands opérateurs internationaux côtoyant de petits *traders* locaux.

Les quatre multinationales globales qui totalisent à elles seules 90 % du négoce des transactions mondiales sont représentées en Russie. Elles partagent des traits communs : la concentration verticale vers la production et la logistique, mais aussi horizontale croissante par des fusions et acquisitions, la financiarisation de leurs activités, et un investissement actif dans l'évolution de la régulation du secteur céréalier (Oxfam, 2012). Certains travaux mettent toutefois en évidence une adaptation de leurs pratiques et fonctionnement au contexte russe post-sanctions, en particulier pour Cargill (Lander, 2018). La montée en puissance des acteurs asiatiques est remarquable au niveau international, et également sur le territoire russe comme le suggère le tableau 2.3 ci-dessous.

---

43 Selon ces mêmes prévisions gouvernementales, la plus grande partie de la croissance du trafic maritime de céréales d'ici 2035 devrait profiter aux bassins de l'Extrême-Orient et de la mer Baltique qui devraient voir leur capacité augmenter fortement, jusqu'à occuper respectivement 12 % et 15 % du volume total exporté, grâce à la construction de terminaux céréaliers. Les marchés asiatiques sont importateurs nets de céréales. Une partie des chantiers de la route de la soie sont destinés à favoriser la construction de l'ouverture de cette fenêtre céréalière sur l'Asie.

Table 4. Overview of the Top Commodity Traders

Company	Type	HQ Location	Activities	Role in Chain
IGC (Glencore)	Private	Switzerland	Agricultural products, metallurgy energy, logistics	Production, Processing, Trading, Marketing
Outspan (Olam)	Private	Singapore	Food and agricultural products, logistics and finance	Input, Production, Processing, Trading, Marketing
Cargill	Private	Wayzata, MN; Minneapolis, MN, USA	Agricultural products, energy, logistics and finance	Input, Production, Processing, Trading, Marketing
LDC	Private	Netherland	Agricultural products and metallurgy	Processing, Trading, Marketing
Cereals, Oils and Foodstuffs Corporation (COFCO)	Public (state-owned)	Beijing, China	Agricultural production, trade, processing, agro industries, logistics, real estate and hospitality	Production, Processing, Trading, logistics and Marketing
RIF Trading House	Private	Rostov-on-Don, Russia	Agricultural products	Trading
Yug Rusi	Private	Rostov-on-Don, Russia	Food and agricultural products	Production, Processing, Trading, Marketing
United Grain Company (UGC)	Public (state-owned)	Moscow, Russia	Grain exports, marketing, infrastructure, logistics and regulation.	Processing Trading Marketing Infrastructure Market regulation
Aston	Public (state-owned)	Rostov-on-Don, Russia	Food and agricultural products, shipbuilding	Production, Processing, Trading, Marketing

Source: Authors based on interviews and organizations' websites

Tableau 2.5: Négociants les plus importants au niveau international
Sources : Ghada Ahmed, Nahapetyan Sona, Danny Hamrick, Jonathan Morgan, "Russian Wheat Value Chain and Global Food Security", *Working paper*, May 2017, p. 14.
Source : https://www.imf.org/en/Research/commodity-prices, accédé le 20 décembre 2020.

Le tableau ne présente pas les critères sélectionnés pour établir le classement. Toutefois, un nombre important de négociants sont russes : le *trading* russe est internationalisé. En outre, le *trading* céréalier est également effectué en Russie par des opérateurs internationaux qui recherchent une intégration verticale vers l'amont de la chaîne de la production.

Au terme de cette présentation des enjeux principaux et acteurs du secteur céréalier russe, il apparaît que mondialisation et modernisation sont intimement mêlées dans la reconfiguration de l'agriculture russe depuis le tournant du siècle dernier. Cette caractéristique est commune à nombre d'agricultures de pays émergents. Toutefois, la Russie est un cas spécifique de deux points de vue. D'une part, le redressement productif des grandes cultures s'y est opéré en moins de deux décennies, ce qui est rapide à l'aune du temps long des modèles productifs. Au-delà, la Russie a accédé depuis le milieu des années 2010 aux premiers rangs mondiaux des pays exportateurs de blé. Ces deux évolutions mettent en évidence l'articulation complexe entre production et circulation, thématique centrale de ce chapitre.

L'enjeu de l'intégration internationale des grandes cultures en Russie s'inscrit toutefois dans des espaces sociaux où s'agencent diverses stratégies d'acteurs, où sont renégociés sans cesse leurs rapports de force. C'est pourquoi, l'analyse ne s'arrête pas à cette cartographie surplombante des acteurs. Elle n'est que le prélude à une ambition plus originale et plus vaste : montrer aux plus près des acteurs, de leurs rationalités, de leurs discours comment la circulation des grains produit des collectifs, et des concurrences, créé des espaces sociaux, des valeurs communes et soutient des formes de légitimation de l'action publique.

C'est à cette tâche que s'attèlent les chapitres qui suivent.

Chapitre 3

La circulation des grains : entre circuit et marché

Le commerce organise à distance la circulation de marchandises ; il naît de la division du travail social et de l'écart entre espaces de production et de consommation. Dans le secteur agricole, la réflexion sur l'approvisionnement en denrées alimentaires a pris une importance particulière liée à l'enjeu de l'alimentation humaine et animale, où le besoin est constant et régulier face à une offre saisonnière, soumise à des aléas climatiques. Il n'est pas jusqu'aux céréales, par nature stockables, qui ne puissent se dégrader suite à de mauvaises conditions de conservation, à la surchauffe, à la fermentation, à l'insuffisante aération. L'action de micro-organismes peut les rendre toxiques et impropres à la consommation, qu'elle soit humaine, animale et encore plus à l'utilisation en semences[44].

L'histoire de l'alimentation est guidée par l'amélioration des techniques de distribution et de conservation des aliments. À partir de la Révolution française, l'urbanisation fait des conditions de transport des marchandises alimentaires un enjeu crucial. L'après-guerre voit l'amélioration de l'approvisionnement en produits alimentaires périssables, qu'il s'agisse des fruits et des légumes (Bernard de Raymond, 2013), du lait (Vatin, 1996) ou encore de la viande (Bourdieu, Piet, Stanziani, 2004).

Dans le cas de la Russie, l'écart entre production et consommation n'est pas seulement temporel et social, mais également géographique. Les distances sont importantes entre les zones de consommation, concentrées dans la partie européenne du pays, et la production localisée dans le Sud et l'Est du pays. L'enjeu de ce chapitre est donc de déterminer comment les conditions de production et de consommation des grains structurent leur circulation et comment cette dernière prend forme. Il s'agit de comprendre quelles sont les étapes de progression du produit, comment s'effectuent les différentes opérations qui permettent de changer un produit de la terre en marchandise et quelles sont les phases de valorisation qui y sont associées. Ce suivi des grains (voir chapitre 1),

---

44 La moitié de la production russe nécessite entre deux et cinq jours de transformation (Gordeev, Butkovskij, 2009, p. 224).

s'inscrit dans l'approche de la vie sociale des objets (Appadurai, 1986 ; Kopytoff, 1986)[45].

Pour surmonter ces distances multiples et conformément au projet théorique défini en introduction, ce chapitre se propose de dépasser le grand partage, pour établir que la circulation du blé est appuyée sur un double mouvement simultané : à la fois intégration au marché d'une part, et différenciation des grains d'autre part. L'analyse déployée s'appuie sur deux référentiels précis de la constellation théorique que représente la sociologie des marchés : l'approche des transactions effectuée par V.A. Zelizer et l'étude qu'elle a élaborée des « circuits d'échange » d'une part, et d'autre part la thèse de la performativité du marché, construite par la sociologie de Michel Callon.

Ces deux approches peuvent sembler incompatibles à bien des égards. Ce chapitre montre que cette combinaison théorique permet de saisir, à la fois le travail continu des professionnels dans la qualification et la valorisation de la marchandise, tout en faisant du marché une référence normative centrale pour la circulation de la marchandise indifférenciée et homogène qu'est le blé. Dans cette perspective deux outils conceptuels sont mobilisés pour comprendre l'organisation de ces flux : différenciation d'une part et intégration de l'autre. Notre objectif ici est de démontrer comment les professionnels des échanges effectuent simultanément des opérations variées de différenciation et d'intégration des flux de marchandises en s'appuyant sur des bases telles que : dispositifs de régulation publique, stratégies économiques ou encore outils de rationalisation.

Différenciation des marchandises en circuits distincts et intégration marchande sont le résultat d'efforts constants effectués par les différents professionnels qui organisent la circulation des produits. Le travail de différenciation des grains s'appuie sur des dimensions techniques intégrant mode de production et mode de transformation du blé. Il tend à spécifier, en amont du processus de production des grains, des usages, des destinations, des circuits restreints, voire exclusifs. Ce constat ne revient pas à accepter un déterminisme technique, qu'il soit géographique, climatique ou agronomique, mais à considérer, en suivant F. Vatin, que

---

[45] Kopytoff I., « Qu'est ce qui fait d'une chose une marchandise [*commodity*] ? Une marchandise est une chose qui a une valeur et peut être échangée dans une transaction contre une contre-partie, la notion d'échange implique que la contre-partie a dans ce contexte immédiat une valeur équivalente », (1986, p. 68, traduction de l'auteure).

conditions techniques et sociales ne sont pas antinomiques (1996). Au contraire, ces dernières constituent pour les acteurs une contrainte qui façonne profondément les modes de circulation des grains et orientent les stratégies des professionnels en modelant un espace social, économique et technique des possibles.

Simultanément s'opère un processus d'intégration qui résulte d'un travail des professionnels assurant la commensurabilité entre différents grains, par la certification de la qualité permettant leur valorisation sur un marché. La sociologie économique a documenté ces différentes opérations à travers des travaux sur la production de standards, labels qui ouvrent la possibilité de l'échange (Dubuisson-Quellier, Neuville, 2003). Dans le domaine agricole et agroalimentaire, la réduction de la diversité et de l'incertitude sur la qualité a fait l'objet de recherches menées dans le domaine du vin (Garcia-Parpet, 2004 ; Chauvin, 2011), de la viande (Stanziani, 2005), ou des fruits et légumes (Bernard de Raymond, 2013). Toutefois, la réflexion sociologique a peu abordé des notions que la science économique a faites centrales pour la marchandisation des biens, telles que celles de substituabilité des biens ou de liquidité. Le travail présent tend à combler ce manque en insistant sur les bifurcations, les usages alternatifs, la multiplicité des circulations possibles pour les marchandises. Les développements qui suivent documentent ces deux mouvements simultanés.

La différenciation relève à la fois du vocabulaire du sociologue et de l'économiste, spécialistes des marchés et des marchandises. Elle implique un processus de production de différences continues, qu'elles soient intrinsèques aux biens ou externes. Ce processus, qui affecte les biens contribue à les faire cesser d'être jugés similaires, jusqu'à conduire à la création de marchés distincts. L'intégration suppose un processus symétrique inverse de résorption de ces différences, concourant à les réintégrer dans un flux de circulation indifférencié, qui permet la remise en marché de biens désormais commensurables et comparables. Ce chapitre montre que ces deux processus affectent profondément le fonctionnement du marché, défini en introduction comme référent cognitif et normatif structurant pour les représentations et transactions des céréaliers. Ce référent est profondément structuré par la science économique, selon un processus et par des acteurs qui seront évoqués ultérieurement. Ce chapitre met au jour le travail simultané et symétrique de différenciation et d'intégration mis en œuvre par les professionnels du secteur des céréales, ainsi que les outils qui équipent ces opérations.

Ces deux processus permettent de déboucher sur la notion de circuit pour penser la progression des marchandises. Ceux-ci sont multiples, en construction et reconstruction permanente. La métaphore du circuit de marchandises est ancienne en économie politique, puis en sociologie économique. Dans le domaine plus particulier de la sociologie du marché, les circuits de commerce ont été considérés par les économistes et les anthropologues dans une conception faible comme des solutions à « l'imperfection des marchés, au cadre institutionnel des transactions de marchés, ou comme des systèmes non marchands d'échange » (Zelizer, 2005). Toutefois, la définition du circuit adoptée ici n'est pas la conception forte proposée par V. Zelizer, de « structure sociale distincte animée d'une dynamique qui lui est propre » et structurée à la fois par des relations sociales distinctes de celles du marché, par des médiums d'échanges alternatifs à la monnaie vernaculaire et des valeurs morales distinctes (2005). Celle adoptée ici est davantage inspirée de la géographie économique et sociale, en suivant Peter Jackson et Neil J. Thrift (1995, p. 205) qui définissent les circuits de marchandises comme des flux interconnectés non seulement matériels, mais également de connaissances et de discours (1995 ; Leslie Reimer, 2005).

Le circuit doit être appréhendé comme une notion à différents niveaux d'échelle où les alternatives sont multiples à chaque segment. Ces bifurcations peuvent être pensées moins sous forme géographique, ou technique que sous forme de combinaison, de concordance entre trajectoire physique et modèle économique. La sociologie du marché gagnerait à développer l'analyse de ces interdépendances.

Pour le coton, Çalişkan propose de penser ces articulations entre local et global sous forme graphique.

> Les agents locaux et globaux sont toujours locaux quelque part. La relation entre les agents locaux et globaux est une relation non pas de rencontre, mais de dérivation. […] C'est en ce sens que le global peut être vu comme un univers de possibilités d'indexations depuis Izmir. Le lieu du marché global n'est pas géographique mais graphique (2010, p. 18, traduction de l'auteure).

À la notion « d'indexation graphique » qui évacue la dimension géographique et spatiale, je privilégie la notion de bifurcation qui restitue à la fois la pertinence de la notion de circuit et souligne l'importance de la progression des marchandises grâce à une succession de traitements et d'opérations successifs dont les supports sont des « outils documentaires, technologiques et d'indexation » (Çalişkan, 2010, p. 18).

Les deux parties qui suivent traitent successivement de ces deux opérations à travers l'exemple de la circulation frumentaire dans la Russie contemporaine.

1. Filière ou circuit : la différenciation des grains

Les étapes de traitement du blé, ainsi que les différents acteurs du secteur sont présentées dans le chapitre 2. Ce traitement fait intervenir quatre grandes phases distinctes : l'approvisionnement, la production, la transformation, la distribution. À chaque étape se produisent des processus de différenciation des grains. Sur le socle des qualités techniques ainsi acquises s'ouvrent différents circuits possibles de progression des marchandises. Le choix entre ceux-ci ouvre pour les professionnels des échanges des espaces de maximisation de leurs gains et des stratégies de jeu pour accroître leur marge de manœuvre propre et réduire celle de leur contrepartie. Différencier la marchandise rompt l'équilibre initial fantasmé entre offre et demande et permet de capter l'acheteur, de contraindre l'aval et d'indexer la distribution sur un circuit particulier, d'opérer une bifurcation dans la progression de la marchandise. La différenciation des grains s'opère à trois moments essentiels : le choix du modèle productif ("*business model*") détermine un mode spécifique de valorisation économique (blé fourrager/meunier), la seconde étape est celle de la différenciation dans la circulation (exportation/consommation domestique), enfin la transformation permet d'opérer un choix dans les usages du produit (segmentation des usages par la qualité). Ces dimensions seront successivement examinées dans cette première partie.

1.1 « La terre des doux rêveurs, la terre des rentiers, la terre des entrepreneurs »[46]

La sociologie économique invalide le déterminisme technologique et géographique pour comprendre la production et la circulation des marchandises. Elle met en évidence le rôle d'un ordre social, économique et politique désirable produit par des politiques économiques. De la même façon qu'il l'a été démontré pour la production laitière, le rôle de la géographie est médié, structuré par l'économie politique (Vatin, 1996).

---

[46] Entretien 29.

Dans cet exemple, le marché du lait est organisé en cercles concentriques autour de Paris, que François Vatin appelle les « cercles laitiers » en fonction de leur éloignement par rapport au principal débouché que constitue la capitale. Cette géographie détermine à la fois la distance d'acheminement et son coût à la destination finale, mais aussi les types de produits qui vont pouvoir accéder au consommateur, et leur qualité en fonction de la périssabilité de la marchandise et de sa transportabilité.

Sur le territoire russe, les zones de production céréalières sont extrêmement concentrées dans le Sud de la Russie sur une large bande qui s'étend des frontières de l'Ukraine, de la mer Noire à celles du Kazakhstan, en passant par la Sibérie occidentale. La carte 3.1 montre la densité de la production et sa correspondance avec la zone des terres noires, gorgées d'alluvions, et qui sont caractérisées par une fertilité légendaire. Toutefois, cette géographie initiale se décline à l'infini, tout d'abord en fonction du type de céréale considérée, car les terres à blé sont différentes des terres à maïs qui requièrent beaucoup plus d'eau et sont plus exigeantes que les terres à seigle ou à orge par exemple.

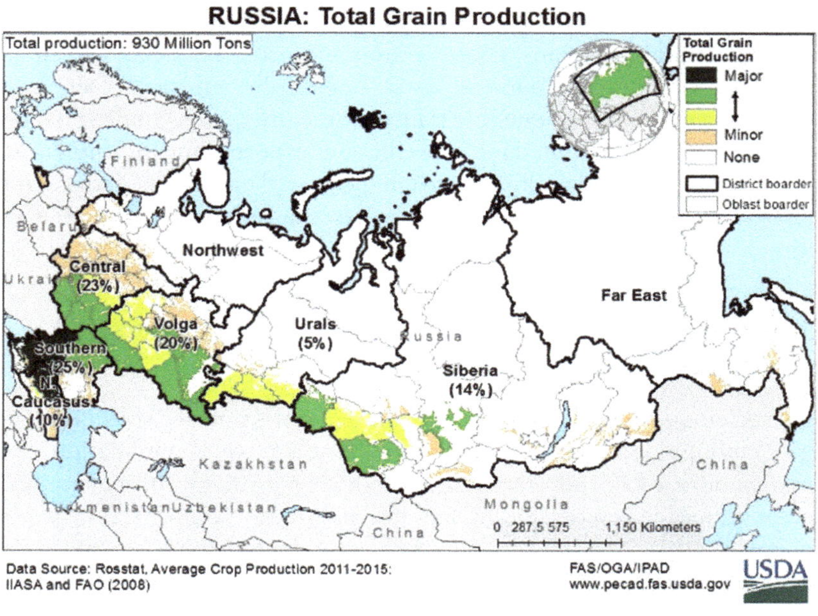

Carte 3.1: Russie, production totale de céréales

*Sources :*US Department of Agriculture, <https://ipad.fas.usda.gov/rssiws/al/crop_production_maps/Russia/Russia_Total_Wheat_Production_Oblast.jpg> accédé le 7 juillet 2021.

Les catégories de blé elles-mêmes donnent lieu à des schémas de production divers. C'est en particulier le cas pour le blé d'hiver dont la production, qui représente entre 50 et 55 % de la production totale de blé, est concentrée dans la partie occidentale de la Russie, alors que les terres à blé de printemps sont davantage localisées dans la partie orientale du pays, partie orientale de la Volga, Oural et Sibérie, comme le montre la carte 3.2. La comparaison de ces deux cartes illustre le rôle de la géographie sur les activités sociales et est à apprécier de façon fine et précise ; les zones de production céréalière étant diversifiées en fonction des grains considérés. Au-delà, la localisation géographique ne doit pas être appréhendée de façon déterministe, mais est un construit social. L'évolution des zones de production en est une preuve matérielle indubitable. Le changement climatique tend à déplacer vers le Nord la limite de production des blés en Russie centrale, de la même façon qu'il étend les zones cultivables en Sibérie occidentale. A terme, le potentiel additionnel permettrait de doubler la superficie cultivable de la Fédération de Russie (Hervé, Le Stum, 2021).

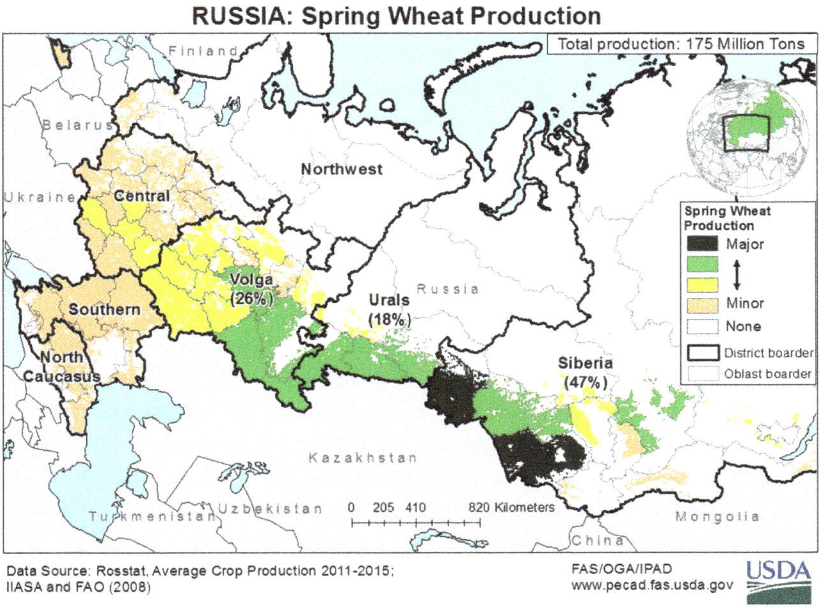

Carte 3.2 : Russie, production totale de blé de printemps
Sources : US Department of Agriculture, 2017a, p. 17.

Les conditions géographiques ne sont pas à considérer selon un déterminisme strict et rigide, mais sont à intégrer selon un gradient, complexe où s'articulent conditions liées au sol, au climat mais aussi aux structures économiques renvoyant à un ordre économique jugé désirable, par les politiques publiques. Par ailleurs, la fertilité s'apprécie finement en fonction de la position dans la région de production, conjuguant fertilité de la terre et situation climatique. Comme me l'expliquait un producteur de blé de la région de Krasnodar, lors d'un entretien recueilli en mars 2016, en parlant des conditions de production des régions situées à quelque 200 km au Nord (région de Rostov et de Stavropol qui constituent le cœur de la région des terres noires).

> « Chez nous, les conditions climatiques sont bonnes, chez nous, le rendement à l'hectare chez nous il est de 6,5 par hectare, c'est la norme moyenne pour moi. Pour moi, 6 c'est faible, mais pour l'*oblast'* de Rostov et même de Stavropol c'est un très bon chiffre. Pour moi un bon rendement, c'est 7–7,5 tonnes par ha, ça c'est un bon rendement à pas moins de 7. 8 c'est génial, mais ça arrive rarement dans la région (*kraï*) et surtout au Nord de la région (*kraï*) où il y a moins de récoltes. »[47]

La production agricole est une activité sociale résultant d'un ensemble de facteurs, tels que le climat, la conduite agronomique, les stratégies économiques, mais aussi les politiques publiques. C'est ce que montre parfaitement l'évolution de la moyenne des surfaces cultivées par district en millions d'hectares entre la fin de la période soviétique et le début des années 2010, telle que représentée sur le graphique 3.1 ci-dessous. Entre les décennies 1990 et 2010, le lecteur constate un effondrement de moitié de la surface de terres cultivées dans la région la plus cultivée, la région centrale. Les autres régions, quoique moins intensément cultivées dès les années 1990, la période de départ, subissent une réduction beaucoup moins significative de la surface de terres cultivées. Cet abandon massif de terres cultivées dans le Centre s'explique par la fin du système de subventions agricoles et de soutien massif de l'agriculture soviétique, ce qui rend désormais cruciale la variable de la profitabilité pour le maintien des cultures agricoles. De fait, la chute de la surface de terres cultivées intervient dans les zones, surtout la région centrale, où le coût de production est trop élevé pour permettre le maintien des terres cultivées en l'absence d'aides, mais

[47] Entretien 20.

assez faible pour permettre une rentabilité dans des conditions de soutien étatique à la production (Liefert W., Liefert O., 2017), et ce contrairement aux régions du Nord. Cette grande labilité des surfaces cultivées plaide pour une prise de compte des effets conjugués de la géographie physique et des politiques publiques pour comprendre la production céréalière et les flux qu'elle engendre.

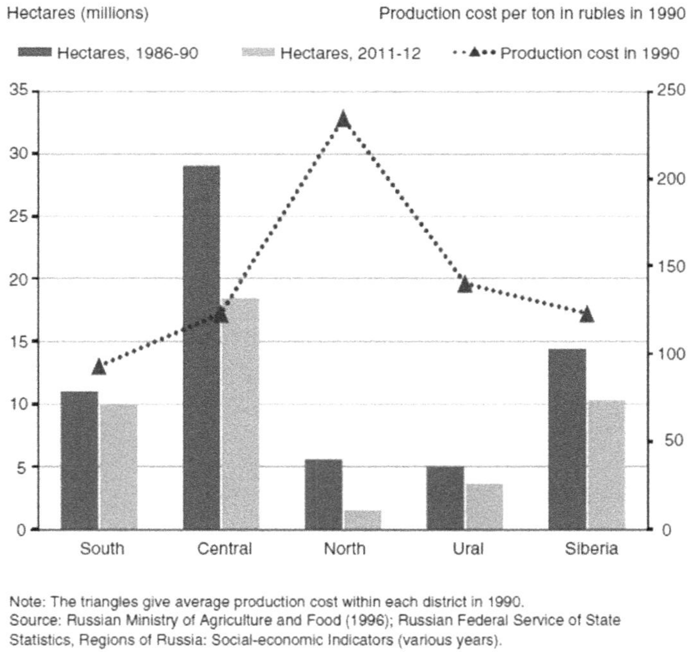

Graphique 3.1: Évolution de la surface moyenne céréalière par district en Russie entre 1986–1990 et 2011–2012 (en ha)
Source : Liefert W., Liefert O., fig 13. 2017, p. 17.

Le graphique 3.1 confirme les conclusions récentes de la sociologie des sciences, et de l'agronomie (Barbier, Goulet, 2013). Les conditions géologiques, climatiques sont un construit social qui exprime un certain rapport humain à la nature. Dans la relation construite par la modernisation agricole, ces conditions sont un facteur limitant, à la fois un « support » et une « contrainte », alors que dans d'autres types de rapports, comme celui de l'écologisation, la nature est fonctionnelle et utile (Barbier, Goulet, 2013)[48]. Ces contraintes fixent un cadre d'action pour les acteurs, comme l'exprime ce gestionnaire d'une *holding* céréalière[49] rencontré à Moscou. Les stratégies définies par les investisseurs, les exploitants agricoles déterminent non seulement l'implantation mais au-delà, le modèle des affaires. Les biens que sont les céréales sont intégrés dans des espaces divers de rationalisation économique et de stratégies par rapport auxquels, les marchandises prennent leur sens, font l'objet de différents modes de valorisation, et suivent différents circuits.

> « Il y a plusieurs catégories de terres en fait : il y a la terre des rentiers, celle qui permet de gagner sans rien faire, mais cela conduit au mal du rentier ; il y a la terre du doux rêveur, celle qui rend difficile à rembourser les capitaux initiaux... celle-là, on ne sait pas si les investisseurs vont jamais pouvoir récupérer leurs billes ; et puis il y a la terre de l'entrepreneur qui est entre les deux, qui a des qualités et qui est aussi bien gérée, avec un management de qualité et qui permet de rembourser ce qui a été investi ».

Les conditions techniques sont une contrainte, un support sur lesquels s'appuient des stratégies économiques diversifiées, qui leur donnent un sens et une valeur : « la terre des entrepreneurs », « la terre des doux rêveurs », et « la terre des rentiers ».

---

48 L'écologisation des pratiques agricoles fait en revanche de la nature (terrains, sols et climats), des objets utiles et fonctionnels dans la transformation des pratiques agricoles (voir Barbier, Goulet, 2013).

49 Entretien 29.

Photographie 3.1: Enquête de l'auteure, « la terre des rentiers » ou photo-topographie des terres noires dans la région de Krasnodar, mars 2016, photographie de l'auteure.

Le mythe de la fertilité des terres noires, souvent relaté dans les entretiens menés au Sud de la Russie est un récit de naturalisation des conditions de production (Photographie 3.1). L'enjeu de notre réflexion face à ce discours est d'établir quelles pratiques sociales contribuent à configurer les flux de marchandises, comment ces dernières varient dans le temps et dans l'espace, et quels équipements ou valeurs accompagnent ces modifications. Ces éléments varient considérablement en fonction, non seulement des marchandises considérées, mais également des pays et des régions étudiés (Deborah, Reimer, 1999).

1.2 « À chacun son business » : exporter ou pas

Dans le secteur céréalier, de nombreux jeux d'acteurs peuvent être identifiés (voir description de la filière, chapitre 2), ils s'organisent autour de la construction de stratégies appuyées sur les « contraintes » mentionnées dans la section précédente. Des divergences radicales se font jour entre professionnels : au sein des producteurs tout d'abord, entre ceux tournés vers l'export et ceux valorisant leur production sur le marché national, entre céréaliers du Sud et des régions sibériennes. Par ailleurs, les industriels, intermédiaires et transformateurs des secteurs de l'amont ont intérêt à vendre cher, alors que les secteurs de l'aval (minoteries, industrie agroalimentaire et secteur de l'élevage) ont intérêt à acheter à bas prix. C'est aussi le cas des producteurs-éleveurs nourrissant leur bétail, à la différence des producteurs commercialisant leur production. La diversité de situations se traduit donc par des clivages multiples. Elle implique pour le chercheur de s'éloigner d'une approche trop rigide par champs, peu sensible à la variété interne des configurations d'acteurs aux positions mouvantes se coalisant sur certains enjeux, mais pouvant s'opposer sur d'autres. Appréhender ce panorama d'acteurs en termes de rationalités multiples est plus pertinent. Cela a l'avantage de positionner les acteurs non en fonction d'une profession donnée, mais en fonction de leur relation à la marchandise.

Dans les entretiens collectés sur le terrain, je me suis attachée à déterminer les critères prévalant dans la circulation des marchandises. Les extraits produits ci-dessous montrent que cette dernière n'est pas le produit de critères géographiques de localisation de la production, de critères politiques de frontières distinguant l'économie domestique du commerce international, ou encore de variables d'économie agricole relatives à la taille des exploitations et des volumes de production. La circulation des marchandises résulte en premier lieu des réseaux de distribution et d'échange. Cette conclusion convergente avec les présupposés de la sociologie des filières est faussement tautologique. Elle suppose que la circulation des céréales est au cœur du processus d'identification et de valorisation des marchandises.

Ainsi, les frontières nationales constituent moins une barrière et un obstacle, qu'un espace d'opportunités nouvelles, et un marchepied vers une circulation accélérée et efficiente des grains. Cette perception du commerce international est peu commune en économie politique, mais rejoint toutefois certains travaux effectués en relations internationales sur les flux d'échanges matériels et humains (Bach, 2016). D'un point de vue méthodologique, ce résultat souligne l'apport des travaux de terrain et des recherches micro sur la circulation matérielle des marchandises.

L'effet de la frontière nationale est donc médié par la rationalité productive des agriculteurs, par « le *business model* ». La lecture pragmatiste attribue deux fonctions à ce dispositif marchand, qui raconte un récit et prépare un calcul (Doganova, Renault, 2008). Au cœur de cette rationalité se situe une variable centrale le coût de production. Appréhendée par les économistes comme une donnée, elle est en fait le résultat de choix politiques, sociaux propres à une configuration socio-technique saisie à un moment précis. Ainsi, le coût de production du blé tendre russe est considéré comme plus faible que celui de ses concurrents européens[50]. Cet écart est intrinsèquement lié à la conduite agricole moins intense en intrants en Russie, et à des coûts énergétiques et du travail plus faibles.

Mon analyse met en évidence un effet supplémentaire : dans cette construction narrative et dans cette rationalisation productive, *le « business model »* crée une géographie spécifique, des territoires singuliers séparés par des frontières de nature différente. En effet, frontières nationales et climatiques ne sont pas superposables. Le gestionnaire rencontré à Moscou et mentionné plus haut montre précisément où se trouve la frontière de la zone d'exportation du blé dans la région du Sud. Il établit une correspondance étroite entre zone climatique et modèle économique[51] :

> « Il faut faire attention là où on se place… il me montre sur la carte ;… vous voyez là, plus on se déplace vers l'Est, et plus il pleut … Voronej, c'est déjà beaucoup trop le marché local et c'est déjà vraiment le début de l'intérieur ».

La distinction majeure rencontrée sur le terrain sépare les exportateurs des producteurs orientés vers le marché domestique[52] La distinction entre ces deux catégories n'est pas fonction de seuils de production – les gros producteurs exportant plus souvent – mais de la localisation des régions de production. Les petits producteurs peuvent vendre à l'export, si la zone de production se situe près des ports de la mer Noire. Au-delà d'une certaine distance de ces ports, le marché intérieur est privilégié, quelle que soit la taille des exploitations. Cette spécificité géographique permet de définir un gradient à partir des zones du Sud qui oriente les grains vers l'export ou le marché intérieur. Cette stratégie est exposée par

---

50 Ce coût est évalué à environ 70 à 80 euros par tonne, alors que le coût de production des blés européens serait supérieur à 100 euros.

51 Entretien 29.

52 « La région "Kazakhstan Russia Ukraine" a réussi à concurrencer avec succès les États-Unis dans ses exports céréaliers vers des marches spécifiques et plus précisément en Afrique, au Moyen-Orient et en Asie. L'Ukraine a étendu ses exportations vers la Chine (maïs et orge), la Thaïlande, la Corée, les Philippines et l'Indonésie. La Russie a étendu ses exportations vers le Bangladesh et le Nigeria (blé) […] L'Égypte est actuellement le plus gros importateur de blé et de maïs au monde » (Liefert W., Liefert O., 2017).

un négociant d'une *holding* agricole de surface importante de la région de Krasnodar. La construction de circuits de distribution différenciés s'appuie sur une distinction radicale dans la qualité des blés, entre blé de fourrage de qualité inférieure et blé meunier, de qualité supérieure et donc plus onéreux. Le blé dur constitue une variété spécifique de blé. La question de la différenciation par la qualité est précisée plus loin. Comme l'explique ce *trader* :

> « À chacun son *business*, c'est pour cela que nous on ne vend qu'à l'export. Parce que on a pas de fourrage et qu'à l'export on vend mieux., [...] il vaut mieux vendre plus cher, et produire mieux et de meilleure qualité que de vendre à l'intérieur moins cher (pour le fourrage). »[53]

Les politiques publiques tentent d'influer sur les stratégies des producteurs et leurs arbitrages entre différents usages et destinations. Toutefois, elles doivent également composer avec la contrainte de valorisation des grains, et le marché. Ce même interlocuteur continue, en se référant à la situation d'embargo sur l'export des grains adopté par le gouvernement central à la suite des incendies et de la sécheresse de 2010 :

> « Il y a deux ans, il y a eu cette interdiction d'importer[54], alors les prix ont augmenté, alors on a vendu à la compagnie d'intervention et les stocks de l'État, mais de toutes les façons cette société, elle n'a pas d'intérêt à acheter ici car les prix sont les plus élevés de tout le pays, elle n'achète pas ici, elle achète où c'est moins cher. En règle générale, plus on est proche du port, plus les prix sont élevés, la logistique est plus courte alors on peut vendre plus cher ».

La localisation géographique, les politiques publiques contribuent à façonner ces bifurcations, mais la structure même de la distribution est un facteur déterminant. Comme l'explique un petit producteur de la région de Krasnodar[55] :

> « Cette année on a produit 1 500 tonnes, blé et 1 500 tonnes de maïs de production. Il nous reste 600 encore qu'il nous reste à décharger... Ça

---

53 Entretien 22.

54 Les incendies massifs qui frappent les environs de Moscou à l'été 2010, combinés à une grande sècheresse poussent le gouvernement à adopter un embargo sur l'export de céréales pour éviter une hausse jugée excessive des prix des grains sur le marché intérieur. Cette mesure d'interdiction a laissé la place à des mesures plus incitatives durant la décennie 2010. Ce point fait l'objet du chapitre 5.

55 Entretien 19.

dépend, on envoie à l'export ou sur le marché intérieur. Ça dépend mais aujourd'hui, on envoie presque plus rien sur le marché intérieur et on s'y oriente pas. On vend de grands volumes 1 000, 500 tonnes alors que les moulins, il leur faut 30–50 tonnes et de toutes les façons, ils ne payent pas plus cher, ils s'adaptent au prix de marché, alors ce n'est pas commode de travailler avec eux. Donc c'est pourquoi on vend à l'export. »[56]

Cet entretien montre la labilité des circuits de production, et invalide une approche rigide, telle que celle proposée par la sociologie des filières de production. Le volume produit importe mais ne détermine pas *a priori* une bifurcation : consommation domestique ou export. En revanche, c'est la structuration des circuits de distribution en aval de la production qui modèle les débits et bifurcations par lesquels les grains circulent. Au-delà, elle donne sa signification à l'échange et permet de qualifier la marchandise.

« À l'export c'est qui ce qui est intéressant, c'est que les gens, tu leur transfères ta production, ils te payent tout sur ton compte direct et voilà. Alors que sur le marché intérieur (il emploie le terme local plutôt), les moulins locaux tout ça, ils prennent 100, 200 tonnes et après quand tu te retrouves avec 500 tonnes, [et ça] c'est difficile de vendre à l'export. »[57]

Dans cet exemple, la structure de la distribution détermine largement l'usage et la destination des grains. Selon ce principe, la réalité est tout autre dans les régions centrales très éloignées des capacités logistiques des ports de la mer Noire. Dans les régions centrales, comme dans l'*oblast'* de Smolensk à 150 kilomètres à l'ouest de Moscou, les conditions sont différentes et la consommation interne apparaît comme l'option la plus rationnelle. Comme l'explique le gestionnaire de cette exploitation céréalière de quelques milliers d'hectares :

« On a réfléchi à la question de l'export, mais le volume minimal qu'il faut exporter c'est des barges de 3 000 tonnes. J'ai calculé : nous on a pas de train. Il faut charger des camions et ensuite charger des wagons. En réalité c'est plus intéressant de vendre ici. Les régions du Sud, elles leur logistique est moins coûteuse. »[58]

---

56 Entretien 20.

57 *Ibidem supra*.

58 Entretien 9. Smolensk, la société a commencé à fonctionner en 2013 avec 1 500 hectares : « on a construit des silos depuis, ça nous permet de garder 12 000 tonnes à la fois ».

Le modèle du transport détermine le modèle économique adopté : export contre consommation locale. Cette orientation pour un producteur de la région centrale concerne également les cultures sibériennes. Les distances d'acheminement sont longues et coûteuses, surtout pour la production sibérienne : 5 900 km depuis la zone de production centrale jusqu'à Vladivostok, 4 100 jusqu'à Novorossisk, 3 300 km jusqu'à Zabaïkalsk (vers la Chine). L'USDA calcule un écart de coûts de transports entre deux zones de production : l'équivalent de 50 à 67 dollars par tonne, contre 17 dollars pour l'acheminement du même volume depuis les plaines de la Volga (USDA, 2016). Il convient de remarquer que cette estimation est dépendante à la fois des possibilités techniques existantes en un lieu et moment donné, mais aussi de la formation des coûts, qui demeure une variable pleinement économique et politique.

Cet interlocuteur poursuit :

> « Dans l'ensemble, c'est les régions voisines qui nous achètent notre production, la région de Pskov, de Leningrad, de Briansk, de Vladimir. Elle est achetée pour les usines de fourrage. Le blé meunier, on le vend pas encore parce que pour l'instant le prix monte. à cause des sanctions. Géographiquement, nous pour l'export, on est perdants. Mais c'est plus intéressant d'acheter chez nous pour la région Nord-Ouest, que dans l'*oblast* de Koursk. Moscou aussi, c'est pas loin et ça nous arrange ».

La conclusion essentielle de ces entretiens est que la distance ne doit pas être considérée comme un facteur unidimensionnel, préexistant, ni comme un dérivé pur des stratégies économiques des céréaliers (Bernard de Raymond, 2015). L'espace est l'une des dimensions qui structure les relations entre opérateurs au sein du circuit de progression des marchandises. En outre, il ne peut être considéré indépendamment de la structuration matérielle des réseaux façonnée collectivement par les opérateurs des transports. Les circuits d'échange construisent l'espace, qui n'est pas une donnée brute préalable. Les modalités du transport ont une influence structurante essentielle sur les flux de marchandises : ils configurent les choix productifs, définissent les modèles économiques et dessinent des frontières géographiques propres.

Cette influence ne se limite pas à un effet de seuil (exporter ou pas), à la prise en compte de la longueur variable des chaînes d'approvisionnement en termes de distance, mais elle produit une différenciation des circuits d'échanges en fonction de critères cumulés que la sociologie économique se doit d'étudier finement en fonction des biens considérés. Cette recherche montre que les circuits de marchandises, loin d'être des réseaux rigides directement structurés par les capacités techniques des infrastructures de transport, comme l'estime la sociologie des filières, sont en suivant P. Jackson et N.J. Thrift (1995) le produit d'ensembles de relations dynamiques, en constante négociation entre différents agents, qu'ils soient individus, firmes, organisations ou groupes sociaux. Les modes de transport ne sont qu'une des composantes de ces circuits qui définissent la marchandise, son usage et sa valeur sociale[59].

Plusieurs options sont offertes aux producteurs à l'export : la route/mer et la voie ferrée/mer. Comme précisé plus haut, l'écrasante part du blé russe est exportée par la mer Noire. Toutefois, à ce niveau encore de nouvelles possibilités de différenciation des flux céréaliers interviennent : trois catégories d'options sont disponibles : trois ports en eaux profondes permettent désormais d'accueillir des navires de jusqu'à 40 000 tonnes : Novorossiysk, Taman et Touapse. Sur les ports de la mer d'Azov, s'effectuent des chargements de bateaux à plus faibles tirants d'eau, de 3000 à 8 000 tonnes, (Yeysk, Azov, Taganrog), alors que les ports fluviaux-maritimes du Don et de la Volga chargent de plus petits tonnages (de 3 000 tonnes)[60] (voir Carte 3.3).

D'autres variables sont également à prendre en compte. Selon le rapport de l'USDA, les ports russes sont contraints davantage par la capacité de chargement des silos portuaires, que par les capacités de chargement des grains sur l'eau. Ces procédures requièrent de nombreuses formalités administratives et procédures chronophages.

Les infrastructures de transport sont des ressources pour l'organisation des diverses bifurcations de mode de transport : entre transport terrestre et ferroviaire, ou au sein des options mêmes procurées par le transport, maritime et/ou fluvial. Comme l'explique le manager d'une *holding* productrice de céréales :

---

[59] Le coût des distances et la concurrence entre différents modes de transport fait l'objet de notes régulières des cabinets d'experts qu'ils soient régionaux ou internationaux comme ceux de l'USDA, de la Banque mondiale (Guadagni, *et al.*, 2015), qu'ils soient publics ou encore privés (AEGIC, 2016).

[60] L'importance de ce trafic souligne l'enjeu stratégique pour la Russie du contrôle du détroit de Kertch qui relie la mer d'Azov à la mer Noire et par lequel transite le trafic maritime est provenance des ports fluviaux maritimes du Don et de la Volga.

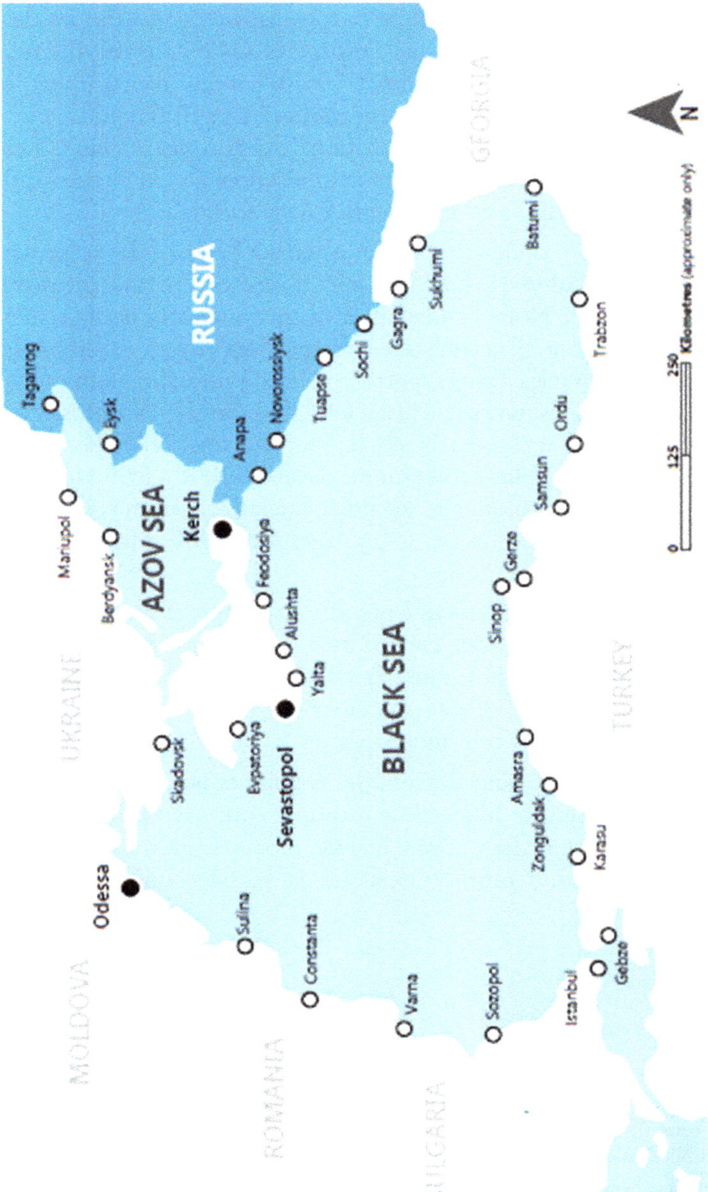

Carte 3.3: Les ports de la mer Noire
Sources : AEGIC, fig. 27, 2016, p. 52

> [Ce blé], il part en Afrique[61], y a de tout en fait, vers le proche Caucase aussi ça dépend. La Géorgie, elle produit pas de blé du tout et ils ont une grosse consommation... donc on prend des petits bateaux de 5 000, on peut charger dans la mer d'Azov, c'est vraiment une flaque d'eau ça, les petits bateaux, ce sont les seuls 3–5 000 à pouvoir y aller. Et par la mer Noire, on va livrer en Géorgie. Par Temriuk mais dans la mer d'Azov, c'est moins de 10 000 sinon après pour les 35 000 à 100 000 ça passe par la mer Noire et le détroit de Kertch et ce qu'on fait maintenant c'est que l'on charge de plus sur de gros *tankers* à Taman à partir de Kertch en faisant convoyer plusieurs petits depuis la mer d'Azov ou alors depuis Temriuk… on va en Géorgie, alors on va livrer à Poti ou Batumi.[62]

Ces flux d'échanges ne sont pas déterminés en dernière instance par la géographie et les contraintes physiques, mais sont intégrés dans un espace de décision et de stratégies professionnelles, ce manager poursuit :

> On charge pas trop non plus, parce que si on exporte beaucoup, sur un tanker de 50 000, on a deux chargements à faire et puis voilà. En réalité, ça dépend de capacités portuaires et des capacités des bateaux. Le Caucase c'est bien pour Rostov, on charge 3 000–5 000 tonnes et ensuite on envoie par Poti pour la Géorgie ou l'Arménie, c'est compétitif.

Le choix d'une logistique recourant aux capacités ferroviaires ou au transport routier ne détermine pas seulement un choix entre deux modalités techniques distinctes de circulation du produit. Il implique différents calculs économiques, des intermédiaires distincts, mais aussi une qualification différenciée de la marchandise. Ces éléments permettent de distinguer différents circuits, appuyés sur des modalités de transport distinctes, conjuguées à des rationalités économiques variées, mais aussi différents rapports de force sociaux. Comme l'explique cet exploitant agricole, dans la région de Krasnodar :

> Oui, plus les régions sont proches des ports et plus le prix est élevé. S'il faut aller à Timachevsk à Novorossisk, cela coûte deux fois plus cher que depuis Rostov. Et c'est pourquoi… cela se fait en train ou alors en camions. Ça dépend… parce que déjà le train ça implique un silo, le silo cela représente

---

61 Le premier importateur mondial est l'Égypte et le *GASC*, General Authority for Supply Commodities qui émet des appels d'offres réguliers à destination des opérateurs. L'un des enquêtés, *trader* (see above) céréalier, lors d'entretiens exploratoires avait mentionné le prestige pour un *trader* d'être sélectionné sur un appel d'offre par le *GASC*.

62 Entretien 29.

> des coûts alors que les camions c'est très pratique. Déjà l'exportateur, il ne les prend pas à sa charge les coûts de transport, moi à mon entrepôt, il va m'acheter plus cher que ce qu'il achète au producteur, alors que s'il achète au silo, il va l'acheter moins cher. Il ne veut pas payer des dépenses supplémentaires, alors l'exportateur, il m'envoie un camion et c'est tout. Alors que au silo, il faut tout payer, le stockage, le chargement, tout.[63]

La concurrence entre voie ferrée et route se double d'un choix entre navigation maritime et fluviale. Les critères techniques sont utilisés comme contraintes et ressources pour négocier des voies alternatives de circulation des céréales, comme l'explique cet exportateur de blé de la région de Krasnodar : outre l'alternative mer/rivière, d'autres bifurcations sont encore possibles.

> Novorossisk est un port très cher, pourquoi ? peut-être le statut, tout est cher là-bas, et le parking, le chargement, le stockage… Et puis les gros qui y sont le contrôlent… je ne sais pas qui exactement, à qui elles sont soumises… quelle compagnie… Par exemple Cargill. À Yeysk, c'est plus simple, mais pour ceux qui envoient à l'export, Yeysk est moins cher. À Port Kavkaz… là aussi c'est plus simple pour aller vers l'Asie. Les cargos maritimes, ils peuvent transporter entre 10 000 jusqu'à 30 000 tonnes.[64]

La logistique reproduit les rapports de domination entre les opérateurs du transport, entre les producteurs et les négociants. Comme le poursuit cet interlocuteur :

> Alors que les cargos de rivière, en eau peu profonde, ils peuvent transporter 3 500–5 000 t de céréales. Du coup pour les premiers, il faut tout de spécial, le chargement, l'accès… Mais du coup, le coût de revient est plus faible à la tonne pour les cargos maritimes

Entre production et consommation, les cargos qui opèrent le mouvement des marchandises, peuvent être considérés comme des dispositifs permettant l'appariement entre offre et demande. Pourtant, ces opérations ne sont pas construites de façon rigide et déterministe, comme l'ont montré les entretiens menés. Cette perspective de terrain aide à invalider une approche de sociologie des filières, telle qu'elle a pu être envisagée par les tenants de la théorie des régimes agroalimentaires (*food regimes*).

---

63 Entretien 20.

64 *Ibidem supra.*

À l'inverse d'une vision rigidifiée de filières verticales, la recherche de terrain présentée ici met en évidence, simultanément au travail de différenciation, un travail inverse des intermédiaires des échanges pour ouvrir des trajectoires, organiser des alternatives nouvelles, produire de nouveaux circuits et ce faisant aménager une marge de manœuvre, un pouvoir de négociation à l'égard des professionnels en aval de la circulation de la marchandise. Cette conclusion est convergente avec celle établie par la sociologie des marchés qui a analysé ce travail dans de nombreux secteurs. Elle établit toutefois une conclusion inédite. Elle montre que les efforts fournis en faveur des bifurcations et des circuits alternatifs participent d'un aménagement, d'un rééquilibre des rapports de force dans lesquels sont engagés les producteurs à l'égard des professionnels en avant de la progression de la marchandise.

Cette conclusion permet de disqualifier la notion de filière, qui en tant que réalité mais aussi en tant que concept, reste peu pertinente pour notre analyse. De fait, la notion de filière de production est à distinguer de la réalité factuelle que constituent les filières de production agricole. La pertinence de cette approche théorique pour la Russie doit être évaluée *a minima* au regard de l'évolution des structures agricoles dans le pays. Or, à la fin des années 2010, les filières semblent peu développées dans le pays.

Selon les partisans de l'analyse des *food regimes,* le changement historique du régime alimentaire (*food regime*) intervenu dans les pays occidentaux au tournant du siècle (Bain, Busch, 2004 ; Konefalhs, Mascarenas, 2005 ; McMichael, Schneider, 2011) impliquerait le développement des filières. Ainsi, jusque dans les années 1980–1990, la production aurait dominé la consommation, la production de masse primant, la quantité l'emportant sur la qualité. Les années 2000 opèreraient un renversement : les filières de production étant désormais tirées par l'aval, par le consommateur qui imposerait ses goûts à la production, marquée par des impératifs de qualité, les marchés de niches s'imposant par le biais des labels, de la différenciation des circuits de production (Busch, Bain, 2005). Or cette perspective, de l'aveu de nombreux observateurs reste encore embryonnaire en Russie, sauf dans le secteur de l'orge selon cet interlocuteur ingénieur agronome français spécialiste du maïs.

> ici par rapport à la France, il n'y a pas de filières. On a ça quand même pour les orges de brasserie, c'est ce qu'ils font [X un groupe de brasseur

> français implanté en Russie] par exemple, ils ont des accords avec certains producteurs, ils leur fournissent les semences, et après ils les suivent et les accompagnent dans la production, dans la récolte, leur conseillent plus ou moins d'engrais... au fur et à mesure pour qu'ils obtiennent une certaine qualité de grains à la récolte. Mais ici la démarche de filière, ça n'existe quasiment pas. Ils ont 20 ou 30 ans de retard ici. En Europe ça a été lancé sous l'impulsion des consommateurs et des distributeurs... pour les bannettes par exemple ils veulent une certaine qualité de blé, alors ils fournissent les semences, les engrais... Évidemment c'est contraignant mais à la sortie, il y a quand même une certaine profitabilité.[65]

Selon cet interlocuteur, cette stratégie organisationnelle s'incarne dans la concentration verticale accrue de certains groupes agricoles concentrés qui diversifient leurs activités (production de fourrages et constitution d'une activité d'élevage et de production de viande). Le renforcement des *agroholdings* dans le système productif russe s'inscrit dans cette logique et conduit au renforcement de circuits.

1.3 La segmentation des usages par la qualité

La circulation à distance des marchandises implique la structuration d'un système de contrôle de la qualité, opéré par des professionnels de la qualification qui par des opérations successives profilent un bien. Or dans le secteur céréalier, l'enjeu lié à la qualité est double : d'une part, parce que les céréales sont essentielles aux fonctions primordiales d'alimentation animale et humaine, d'autre part, parce que ces marchandises, à la différence d'autres, ne sont pas homogènes. Deux opérations apparaissent dès lors essentielles : la vérification de la qualité et sa certification. Toutes deux supposent une opération cognitive de connaissance et de circulation de modes de connaissance du produit et des discours qui la soutiennent. Toutefois, la certification vise en premier lieu à assurer la régulation de marchés sur lesquels le jugement sur la qualité n'est pas partagé d'emblée (Dubuisson-Quellier, Neuville, 2003). Les *valuation studies* ont montré combien la certification impliquait l'établissement et le partage de conventions sur la qualité (Bidet, Jany-Catrice, 2017). La certification découvre des qualités à la fois intrinsèques et extrinsèques « à travers un processus de qualification qui attribue, stabilise, objective

---

[65] Entretien informatif réalisé par Skype avec un agronome, spécialiste des céréales, et implanté en Russie.

et hiérarchise ces qualités »[66]. En effet, la certification implique un élément supplémentaire : la légitimation de ce savoir, par l'autorité même de l'opérateur qui établit, diffuse, garantit cette connaissance, la vérifie et la sanctionne[67].

Dans le secteur du blé, la définition de la qualité des produits n'est pas harmonisée au niveau international ; si bien que les systèmes de certification des pays producteurs peuvent se superposer à ceux des pays importateurs. En Russie, la qualité des blés est établie principalement en fonction du pourcentage de protéines et du gluten contenu dans les grains et permet d'en définir différentes classes[68]. Contrairement à d'autres formes de hiérarchies, comme celle du classement des vins qui ne fournit au consommateur que peu de critères de jugement, la certification frumentaire consiste en une détermination de la composition chimique des grains (concentration de protéines) qui permet de définir deux usages radicalement différents : le blé fourrager (*feed*, alimentation animale) et le blé meunier (*food*, alimentation humaine). Cette distinction n'existe pas pour les blés américains par exemple ; la majorité des standards étant spécifiquement nationaux, même si certaines régions ou qualités de blés

66 Callon, Méabel, Rabeharisoa, 2000, p. 215. De fait le terme de « produit », par opposition au terme de bien, suppose un processus où des interventions humaines sont nécessaires qui « le transforment, le déplacent, le font passer de mains en mains pour finir par trouver une forme jugée utile par un agent économique » (*idem*, p. 215). Dans la gamme des produits agricoles, les céréales sont comme quasiment tous les produits agricoles, marquées par la saisonnalité, définie comme le fait qu'une activité réponde « à des rythmes sociaux et des logiques de calendrier qui transforment de manière périodique et cyclique ses conditions de fonctionnement, sous l'effet des transformations du milieu dans lequel se déploie cette activité. Cette contrainte des saisonnalités pose donc d'emblée le problème de la continuité, de la stabilité et de la cohérence d'activités sociales (Bernard de Raymond, Bonnaud, Plessz, 2013, p. 5).

67 Matériellement, les systèmes de certification sont de différents types (Bernard de Raymond, 2013). Ils peuvent attester d'une origine géographique du produit, c'est le cas par exemple des AOC (Appellations d'origine contrôlée). Ils peuvent également attester de sa conformité à un mode de production encadré par des normes concernant la production ou la circulation (labels commerce équitable, développement durable, agriculture biologique par exemple) ou ils peuvent encore comporter un standard minimum, ou bien résulter d'une division ou d'une hiérarchie ente produits ou catégories (Bernard de Raymond, 2013, p. 175).

68 Pour une perception des qualités relatives des blés, telles que produites par les médias spécialisés, voir <http://www.usinenouvelle.com/article/le-ble-une-filiere-capitale.N359096>, consulté le 30 décembre 2018.

disposent de standards communs. Des échelles d'équivalence sont alors construites par les opérateurs entre système nationaux.

Les standards à l'œuvre sont fédéraux et établis par la norme GOST R 52554–2006 BLE. Le document qui la définit date du 9 juin 2006 et établit qu'il existe 5 qualités de blés, pour chacune des deux catégories de blé, dur et tendre[69] : elles se distinguent selon plusieurs critères, certains surprenants, mentionnés par le document du standard parmi lesquels, l'odeur, la couleur, la composition en minéraux. Le critère qui est à la fois le plus discriminant et le plus couramment utilisé dans la pratique est le taux de protéines : le blé de 1re catégorie contient plus de 14,5 % de protéines, de 2e catégorie plus de 13,5 %, celui de 3e sorte plus de 12 % ; celui de 4e plus de 10 % et la 5e sorte ne comporte pas de seuil inférieur[70]. La méthode de certification de la qualité des blés comporte presque une vingtaine de définitions concernant entre autres la méthode de collecte, les définitions de la couleur, de l'odeur, de la transparence, du taux de pesticides, de mercure, d'arsenic, ou encore de caractérisation des maladies. La distinction de la qualité des blés produits en fonction des régions est nette, les meilleurs étant produits en Sibérie et dans la région du Nord, alors que la production la plus intense de 4e et de 5e sorte est concentrée dans le Sud, la région de la Volga et la région centrale.

Toutefois, la qualité initiale des graines semées ne détermine pas totalement celle de la récolte. Comme l'explique ce *trader* d'un groupe céréalier, la qualité finale dépend également assez largement de la culture elle-même[71] :

> dans le blé, il y a différentes sortes et il y a la conduite agricole aussi, pas seulement les semences qui permet de voir si le blé peut être réalisé ou pas en fourrage ou en alimentation humaine. Et cela dépend des variétés semées mais aussi de la conduite agronomique. Les engrais azotés, il y en a si tu les mets en fin de production, après, cela augmente le taux de protéines.[72]

---

[69] <http://docs.cntd.ru/document/1200045440>. Le blé produit en Russie est essentiellement du blé tendre, le dur destiné à la production de pâtes et de semoule ne représentant que 1 % de la production totale russe (USDA, 2017) Department of Agriculture 'Gain Report, RS1710, 3/02/2017, *Quality of Grain crop in Russia in 2016.* <https://www.fas.usda.gov/data/russia-quality-wheat-crop-russia-2016>, consulté le 2 mai 2017.

[70] Pour les blés durs, les seuils sont sensiblement similaires.

[71] Entretien 29.

[72] Il ajoute « parce que le blé, ça sert à faire du pain. Du pain et ensuite dans les blés, on met aussi du blé dur, du blé dur qui sert à faire des pâtes et de la semoule. D'où

La certification des blés est depuis 2004 réalisée par plusieurs organismes, suite au démantèlement du système public de certification des blés et des farines, créé en 1994, l'Inspection du pain (*Hlebnaâ inspekciâ*). L'adhésion de la Russie à l'OMC supposait le démantèlement de ce monopole public dont les fonctions sont alors éclatées entre trois différents opérateurs : un organisme chargé du contrôle aval (consommation), un organisme chargé du contrôle de la production et du transport en amont, et des sociétés privées, filiales de sociétés étrangères qui opèrent à l'import-export.

Face à la baisse de la qualité du blé dénoncée lors d'auditions parlementaires, la discussion est posée de la restauration d'un organisme central public de certification des grains. De nombreux élus et experts s'inquiètent de problèmes sanitaires liés à la faible qualité des céréales en circulation, suite à la disparition d'un système antérieur à la fois étatique et unitaire. Des représentants du ministère de l'Agriculture admettent une dégradation sensible de la qualité des grains produits en Russie ; évolution également mentionnée dans le rapport de 2016 présenté devant le Conseil de la Fédération par le service fédéral vétérinaire et phytosanitaire. Le vice-ministre de l'Agriculture Evgueni Gromyko confirme que la qualité du grain produit en Russie baisse et que « le *business* produit ce qu'il peut vendre (c'est-à-dire du blé de quatrième catégorie), et que les paysans manquent d'incitation à produire un blé de meilleure qualité. Si cela manque alors cette incitation doit venir de l'État »[73].

Ce débat confirme les conclusions établies par nombre de travaux d'historiens sur la constitution des systèmes de certification de la qualité alimentaire. Les outils de certification apparaissent comme des instruments d'arbitrage entre des enjeux économiques, tels que la régulation du marché, l'approvisionnement, la stimulation de la

l'importance du marché du blé dur sur le Maghreb et sur l'Italie. Ici, couscous, là-bas les pâtes ».

[73] Les organes scientifiques en charge de l'amélioration de la qualité et du développement de la filière des céréales en Russie sont le VNIIZ (*Vserossijskij naučno-issledovatel'skij institut zerna i produktov ego pererabotki*) consacré à des missions scientifiques et d'expertise, alors que l'institut public fédéral « *Rossijskij Sel'skoxozâstvennyj centr* » est créé en 2007 sur la base de centres régionaux délocalisés. Ils sont tous deux sous la tutelle du ministère de l'Agriculture. (art. 3.2) <https://rosselhoscenter.com/files/users/42/Zakon_baza/%D0%A0%D0%B0%D1%81%D0%BF%D0%BE%D1%80%D1%8F%D0%B6%D0%B5%D0%BD%D0%B8%D0%B5_%D0%BE%D1%82_5_%D0%BC%D0%B0%D1%8F_2007_%D0%B3__566-%D1%80_d0b86.pdf>, consulté le 28 novembre 2018.

concurrence et de la production d'une part et des enjeux sanitaires d'autre part (Bruegel, Stanziani, 2004 ; Stanziani, 2008). Le changement de système de certification opéré en 2004 modifie le rapport de force en faveur des producteurs et aux dépens des consommateurs. Il favorise la stimulation de la production et de la concurrence aux dépens de la qualité de l'approvisionnement alimentaire.

Le jugement sur la dégradation de la qualité produite est appuyé par des données statistiques issues de l'USDA montrant que la hausse de la production s'accompagne d'une diminution de la qualité produite dans le pays. La production de blé de 3e catégorie a diminué de plus de moitié entre 2012 et 2016 au profit de la 5e et surtout de la 4e catégorie.

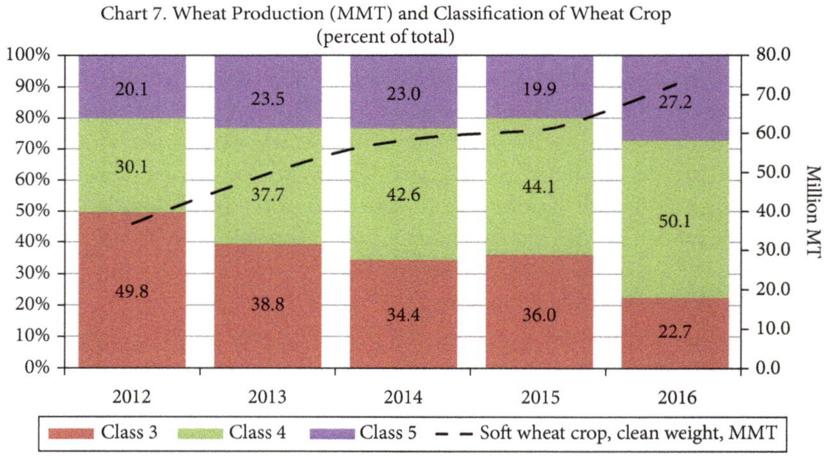

Graphique 3.2: Production de blé par classification, %
Sources : USDA, 2017b, p. 19.

La qualité du blé est un enjeu à la fois sanitaire, économique et politique majeur qui implique une tension dans la régulation des flux de produits alimentaires, entre impératifs d'approvisionnement et de production d'une part et intérêts sanitaires d'autre part. Dans les pratiques des professionnels, la certification, même encadrée et réglementée, ne clôt pas définitivement la question de la qualité. Comme l'expose ce *trader*, employé d'une petite société de négoce céréalier international établie en Suisse (Lausanne novembre 2015) :

> si tu fais un bateau de 3 000 tonnes et que tu évalues la qualité sur un échantillon qui fait quelques kilos, quelle est la représentativité de cet échantillon ? Déjà ça, à la base, c'est une vaste fumisterie parce qu'un échantillon de quelques kilos, même s'il y a des procédures très précises pour le faire, ne peut pas représenter 3 000 tonnes. Donc, il suffit qu'il y ait un petit bug dans la prise d'échantillon, qu'il ait mal été pris, etc., ça peut donner lieu à des gros pépins…

> tout ce qui est aussi, ce dont je parlais à l'instant, qui est aussi purement subjectif, à savoir que : est-ce qu'à l'arrivée, ils vont prendre les échantillons de la bonne manière ? Est-ce que l'agréeur qui va contrôler la qualité, il est fiable ou pas ? Est-ce que les machines sont bien étalonnées ? Donc non, la qualité, c'est un sujet sensible et c'est un sujet de débat permanent.

Ces derniers développements montrent que l'efficacité des pratiques de différenciation des grains est toujours sujette à caution entre contreparties à la transaction. La difficulté à stabiliser une convention sur la qualité peut alors ouvrir à des contestations, mais aussi à des négociations ou à des arrangements. Plus largement cette sous-partie a mis en évidence les pratiques de différenciation opérées à travers les circuits de progression de la marchandise et ce, à travers la production continue de différences internes ou externes, susceptibles de réduire l'homogénéité des blés. Le choix d'un modèle d'affaires (*business model*), la détermination de l'usage des produits (*food* ou *feed*) ou encore la segmentation par la qualité : ces différentes étapes permettent de distribuer les volumes produits à travers des circuits différenciés, de transport, de traitement, de valorisation. La sous-partie suivante montre que ces opérations sont simultanées à des opérations inverses, celles visant à intégrer les flux de marchandise dans une circulation plus vaste, à réduire les attachements, à laisser ouverte la possibilité des bifurcations pour maintenir la fiction de la référence marchande.

2. L'intégration ou la construction du marché par les professionnels

La différenciation des marchandises analysée dans la première partie de ce chapitre se fait simultanément à un travail d'intégration réalisé sans relâche par des professionnels du marché pour mettre en relation le modèle théorique du marché et la réalité des transactions. Cet argument est illustré ici dans le cas du blé. Les développements qui suivent mettent au jour les efforts continus de différentes catégories de professionnels des échanges pour réaliser « la maintenance du marché »[74]. Dans cette perspective, ils réalisent un travail « méticuleux et fragile d'approche et de mise en forme » (Cochoy, Dubuisson-Quellier, 2000, p. 360)[75]. Plus spécifiquement, dans le cas du blé, notre analyse montre que le maintien du marché résulte de l'intervention de professionnels qui opèrent un détachement des marchandises par rapport à des usages définis et anticipés pour créer des utilisations alternatives, les substituer à d'autres biens similaires et ainsi créer un lien entre ces marchés de biens similaires. Le maintien du marché résulte également du travail pour favoriser une stabilité, une régularité dans la circulation des marchandises et élargir les schémas existants de circulation des céréales. Enfin, il est le fruit de la création d'instruments financiers permettant le transfert virtuel de marchandises dans le temps et dans l'espace à travers les produits dérivés (chapitre 4). L'ambition plus spécifique de ces développements est de montrer que ce travail s'appuie sur la réduction des différences entre les grains pour restaurer la pluralité des circulations. L'enjeu théorique est au-delà de montrer que sociologie du marché et sociologie du commerce et de la circulation des marchandises ne sont pas exclusives l'une de l'autre, mais au contraire sont complémentaires.

La prééminence accordée à la grande distribution et à la consommation finale par la sociologie du marché a conduit à laisser en friche des pans de la vie économique, et en particulier ceux du commerce de gros et des biens standards. Cet espace vierge est investi par quelques travaux, dont ceux de Çalişkan (2010) largement cités ici. Toutefois, beaucoup reste à faire pour explorer la diversité de l'architecture des marchés. C'est cet angle mort que ce travail vise à éclairer. La représentation partagée du marché des blés est celle d'un marché de biens peu différenciés en qualité, où le prix est la variable essentielle qui détermine les transactions. À l'inverse des processus décrits ci-dessus, réduire la différenciation des

---

74 Dans le domaine financier, les acteurs que sont les *markets boards*, les agences de régulation, ou les formules formatant le marché des échanges ont concentré beaucoup l'attention des études sociales sur la finance (Çalişkan, 2010).

75 L'analyse s'est déployée dans deux directions complémentaires : tout d'abord vers l'étude des appuis de cette mise en forme, vers les « objets intermédiaires, artefacts et dispositifs techniques qui donnent forme aux marchés et équipent les professionnels en diffusant une connaissance des marchés et réduisant l'incertitude ». La seconde orientation s'est concentrée sur les intermédiaires eux-mêmes et les professionnels impliqués dans ce travail de mise en forme.

marchandises implique de produire de la comparabilité et ce faisant de restaurer le caractère significatif des prix.

Quelques éléments nécessitent d'être exposés pour évaluer la part de la matérialité technique dans la définition de la marchandise que constitue le blé. Ses caractéristiques techniques du côté de l'offre et de la production (faible périssabilité, durabilité, fongibilité), en même temps que la constance et la stabilité de la demande ont contribué à produire la caractéristique sociale du blé qu'est sa liquidité définie par les économistes comme une qualité extrinsèque, c'est-à-dire sa capacité à transférer de la valeur dans le temps, en pouvant susciter une demande/offre comme contrepartie à l'offre/demande existante. Or cette qualité est intrinsèque. Par opposition à d'autres comme les fruits et légumes, le lait ou la viande, les céréales sont peu périssables. Elles sont en outre fongibles, facilement stockables, transportables, peu différenciées. Par conséquent, qualités intrinsèques et extrinsèques sont liées, ou encore qualités techniques, matérielles et sociales (Vatin, 1996 ; Bernard de Raymond, 2013, p. 22–23 ; Bernard de Raymond, Bonnaud, Plessz, 2013). La matérialité des produits agricoles constitue une contrainte physique. Loin d'être antagonistes, propriétés physiques et sociales sont en réalité liées. Historiquement, ces spécificités physiques leur ont conféré une prééminence dans l'approvisionnement et l'alimentation humaines (Abis, 2015), définissant à certains égards les progrès de la civilisation ou l'évolution de l'histoire. Pour Arthur L. Stinchcombe (1983, p. 97) : « Le gros avantage des céréales sur les autres produits agricoles est leur capacité à être stockées et leur transportabilité. » Steven L. Kaplan, quant à lui, fait de l'histoire des grains un concentré de l'histoire de France. La Révolution française est marquée par les crises frumentaires : « Pendant des siècles, l'histoire de France est ne l'oublions pas l'histoire des grains » (Kaplan, 2012, p. 28). Au-delà, le blé se distingue d'autres céréales moins demandées, telles que le maïs dont la consommation est majoritairement dédiée à l'alimentation animale. Il est par ailleurs sujet à une demande soutenue, stable et quasi universelle, due à la croissance de la consommation de pain dans le monde et à la croissance de la population (Abis, 2015).

Le vocabulaire économique le plus répandu fait des céréales une commodité (*commodity*), qui se distingue des biens industriels en ce qu'ils sont réalisés sur

> un marché mondial où les participants et les transactants utilisent les mêmes standards pour découvrir les mêmes attributs qui sont essentiellement d'ailleurs mesurables. À la limite, ce sont des biens où les transactions sont organisées autour d'un standard de qualité global unique (Daviron, Ponte, 2007, p. 19[76]).

Cette situation est différente de celle décrite par certains courants de la sociologie économique qui ne placent pas le prix au cœur de la coordination marchande, mais lui substitue les notions d'encastrement social ou relationnel du marché, faisant des prix, non des variables d'arbitrage, mais des indices découlant de la structure de la transaction. Ce parti pris place paradoxalement la sociologie économique davantage du côté de la sociologie des organisations que du côté de la sociologie du marché (Steiner, 2005, p. 51).

Ici en revanche, on se situe du côté du marché : comme le formule cet économiste, expert des marchés céréaliers : « le blé, c'est quand même un marché de prix »[77]. Ici, le prix est la variable centrale qui permet de dénouer la transaction. Ce jugement est partagé par un petit producteur agricole de la région de Krasnodar :

> Moi, j'ai commencé tout de suite avec le blé… et depuis ce temps, le marché varie avec des prix plus élevés et moins, mais je ne vois pas de concurrence… pareil avec le soja… mais dans le maïs, il y a la concurrence, ça dépend aussi des prix mondiaux. Mais dans le blé, je ne vois pas de concurrence, et puis il n'y a pas de problème non plus de débouchés, le seul problème c'est le prix…[78]

Comme l'explique ce producteur, il est question d'un marché que les économistes qualifient de liquide, où la demande et l'offre sont abondantes et la question de l'existence d'une contrepartie à l'offre ne se pose pas, la seule variable discriminante étant le prix. Les offreurs ne sont pas en concurrence directe, puisque la demande est abondante, dès lors l'arbitrage impersonnel se fait entre les quantités, globales produites et offertes par l'intermédiaire du prix, conformément à la théorie standard du marché proposée par l'économie politique classique. Ce marché d'un produit peu différencié est opposé à la

---

[76] Selon une traduction de l'auteure.

[77] Entretien 24.

[78] Entretien 20.

représentation d'un circuit liant production et consommation dans une forme rigide d'attachement, ou de captation du consommateur, telle que l'a analysée la sociologie des marchés à prescripteurs, dans la lignée de l'article fondateur d'Armand Hatchuel (1995). De nombreux travaux ont alors déployé des analyses étayées sur les notions de prescription (Hatchuel, 1995 ; Karpik, 1989 ; Naulin, 2010), de captation, (Trompette, 2005), de différenciation (Cochoy, Dubuisson-Quellier, 2000), de singularisation (Callon, Méabel, Rabeharisoa, 2000) sur l'analyse du travail l'appuyant, à partir du marketing (Cochoy, 2002), des marques ou encore de l'innovation technologique (Callon, 2013). Face à ce primat accordé aux biens spécifiques, atypiques, peu d'attention a été accordée par la sociologie du marché aux marchés de biens standard.

La production de la substituabilité des usages pour les biens, ou encore de "*switch*" dans la bouche des professionnels[79] est une autre façon de contribuer à l'intégration des biens dans des circuits peu différenciés. En ouvrant la possibilité d'usages alternatifs pour les produits, les professionnels des transactions contribuent à réduire la différenciation des marchandises.

2.1 Le **"switch"** *ou la construction de la substituabilité*

Ouvrir de nouveaux usages possibles pour les produits contribue à favoriser ce détachement en développant ce que les économistes appellent la substituabilité des biens, caractéristique relationnelle des biens entre eux qui les juge remplaçables l'un par l'autre dans un processus de production donné. Alors que l'économiste en fait une caractéristique donnée, intrinsèque du bien, l'enjeu de cette partie pour la sociologie est de dévoiler le travail opéré par les professionnels des transactions pour produire cette substituabilité qui consiste à rapprocher les biens non par des qualités extrinsèques, mais du point de vue de leurs usages. En préambule à ces développements, il convient de rappeler qu'identification et mise en marchés des biens ne sont pas des processus consécutifs mais sont indissociables.

---

[79] Entretien 4.

Construire la substituabilité des produits s'apparente aux étapes de détachement/ré-attachement décrites par la sociologie des agencements marchands (Goulet, Vinck, 2012). La substituabilité d'un produit conduirait en termes calloniens à détacher une entité de ses liens habituels, pour la dévier, l'intéresser et la relier à d'autres entités. Le travail à l'œuvre pour l'opérer est ici éclairé de façon empirique.

Comme déjà mentionné, le blé en particulier sert majoritairement à l'alimentation humaine (pour le pain, les produits panifiés, les farines, les pâtes de différentes catégories), et de façon minoritaire animale. Il est également utilisé par l'industrie de la distillation ou encore par les professionnels du papier. Comme l'explique ce *trader* :

> Il y a les équilibres. Pour les fabricants d'aliments, le blé, ça a de la protéine, ça se compare aussi au maïs qui a un certain taux de protéines. Il y a un écart de prix entre le blé et le maïs qui chaque année varie, mais qui va inciter certains industriels à *switcher*, c'est-à-dire à changer entre le blé ou le maïs. Je vais prendre l'exemple de la distillerie, un marché qu'on connaît bien. Est-ce que vous savez qu'aujourd'hui, une grande partie du whisky écossais est faite avec du maïs ?[80]

Le détachement/ré-attachement est appuyé par des acteurs qui rendent certains attachements plus visibles que d'autres (Goulet, Vinck, 2012 ; Goulet, Le Velly, 2013). Le maïs dont le lien est établi avec les industriels du secteur de la distillerie est rendu peu visible, contrairement à celui entre blé et distillerie. Le processus de détachement/ré-attachement est justifié par la rationalité marchande, l'arbitrage de prix rendu possible entre céréales, et reflet de la substituabilité des produits. Cet interlocuteur poursuit :

> C'est-à-dire que le blé russe, enfin le blé, pas que le blé russe, est trop bas, enfin est passé à moins cher, on va utiliser du blé et on laisse tomber le maïs. Donc, le prix du maïs va baisser. Alors qu'intrinsèquement, le prix du maïs n'avait pas de raison de baisser. Oui, mais sauf que Poutine, il a ouvert le robinet donc ça appuie. Voilà comment on cascade en effet de dominos. Le prix du maïs départ Mont-de-Marsan, par exemple, va baisser parce que Poutine, ou chez Poutine, il y a une belle production de blé. Voilà comment tout s'imbrique. [...] Donc, ça va jouer sur le prix de l'autre céréale qui est mise en difficulté. [...] Les courbes se suivent, je pense, assez fortement

80 Entretien 4.

> quand même. Voilà. Mais le prix du blé en général, du blé russe, enfin du blé partout, ça impacte directement mon activité, mon marché [du maïs].[81]

Les courbes, la perception des flux connectés des deux marchés par les prix, maïs et blé est conforme au modèle du marché, tel que le représente la théorie économique standard. Dans ce modèle, le détachement, ou le "*switch*", permet d'affermir le marché, il permet d'en améliorer la liquidité, grâce « au robinet », métaphore de la liquidité maîtrisée et usée par notre interlocuteur ; « robinet » qui permet de rééquilibrer un marché avec l'autre et réciproquement. Cette stratégie de lutte contre la différenciation et la construction de circuits distincts vise à assurer la multiplicité des usages des biens distribués. La catégorie de marché apparaît donc comme une construction cognitive partagée à laquelle de nombreux professionnels du secteur céréalier adhèrent, elle structure leurs pratiques, qu'ils soient *traders*, producteurs, exportateurs, transporteurs, dans différentes régions, qu'ils se situent en amont (agronomie, engrais…) ou en aval de la chaîne de production de la marchandise (meuniers, industriels de l'alimentation animale, de la distillerie…). Ces représentations sont efficaces, contribuent à produire le marché[82] et permettent la coordination des actions des agents de production du blé, en organisant et articulant les différentes scènes ou schèmes successifs qui ponctuent la progression de la marchandise (Godard, 2014). La diversité de ces professionnels a été mise en évidence tout particulièrement dans le domaine de la finance (Çalişkan, 2010), le chapitre 4 se propose de montrer le rôle que jouent dans la diffusion de cette croyance d'autres types d'intermédiaires, les *traders*, mais également et de façon plus originale les acteurs du monde de l'expertise agricole.

Un autre travail d'intégration des flux pourtant profondément structurant pour les flux de marchandises a reçu peu d'attention de la sociologie économique, il opère la liaison entre consommateurs et producteurs en stabilisant les flux dans le temps et l'espace.

---

81 *Ibidem supra.*

82 C'est la thèse de la performativité du marché développée par Michel Callon et Bruno Latour dans une formulation éclairante (1997).

2.2 Transporter de la valeur dans le temps et l'espace : l'économie politique du silo

L'histoire de la distribution dans l'ex-URSS laisse entrevoir l'empreinte déterminante de l'économie planifiée sur la structure des flux de marchandises et la modification radicale qu'entraîne le passage à une économie de marché.

L'économie planifiée privilégie le producteur et fait peser la contrainte de l'approvisionnement sur le consommateur (Kornai, 1980). De par les prix fixés qu'elle comporte, elle est structurellement une économie de la rareté (Dufy, 2007). La distribution n'y est pas une fonction centrale du système économique puisque la production est écoulée par des consommateurs en situation de pénurie quasi chronique. En revanche, le stockage en amont l'est pour pallier ces pénuries susceptibles de bloquer la production. Il intervient également pour le consommateur qui fait face à une production peu diversifiée et insuffisante. L'économie de marché au contraire place le consommateur en situation d'influencer la quantité, la qualité des biens produits. Face à des risques intrinsèques de crise de surproduction, elle implique le développement sophistiqué d'un système de distribution capable d'éviter l'engorgement des marchandises dans des réseaux trop étroits, insuffisants ou pas assez étendus. Dans le cas des céréales, l'écart géographique entre production et consommation est particulièrement important, la consommation étant concentrée dans la partie européenne du pays, alors que la production l'est dans le Sud et l'Est. En outre, dans un contexte de croissance forte de la production à partir des années 2000, le pays s'est trouvé face à la nécessité de construire de nouvelles capacités de stockage. La conservation des grains implique de disposer dans le pays d'un volume de stockage de 1,5 à 1,8 fois le volume de récolte annuel pour compenser les variations annuelles de production, séparer les différentes céréales, effectuer une transformation séparée en fonction de la qualité variable des grains (Gordeev, Butkovskij, 2009, p. 225).

L'adoption de l'économie de marché a impliqué la modification profonde du système de distribution dans les pays anciennement socialistes et à quelques égards a comporté les mêmes enjeux que l'adoption de réseaux de distribution modernes susceptibles d'approvisionner les villes « en toute saison » (Bernard de Raymond, 2015). Considérer que la saisonnalité et la périssabilité sont des caractéristiques naturelles et indépassables des produits et en particulier de certains produits agricoles est une erreur, l'industrialisation de la production, la recherche agronomique, la technicisation des conditions de production sont destinées à limiter les effets des variations climatiques et naturelles sur la qualité et le volume de la production[83]. Dans le secteur des céréales, l'enjeu du silo à grains est à la fois de pouvoir faire circuler (transporter) mais aussi de pouvoir conserver en gardant les propriétés nutritives et la qualité des produits pour construire la rareté (stocker). Transporter et stocker permettent de faciliter l'appariement d'une offre et d'une demande temporellement et géographiquement découplées. Statistiquement, les volumes stockés sont une composante indissociable de l'offre : les estimations d'offre sont construites par les statistiques céréalières sur la somme de la production et des stocks pour faire face à la demande, comme le montre le graphique 4.3. Cette remarque invite donc la sociologie du marché à penser la territorialité et la temporalité du marché. Elle engage par ailleurs le sociologue à appréhender des objets délaissés : le transport, la logistique, la distribution, le commerce de gros.

Les contraintes de saisonnalité et de périssabilité des grains pouvaient impliquer de la part des professionnels deux adaptations : soit l'organisation de l'approvisionnement autour de ruptures temporaires, comme le proposent certains circuits de distribution ou pratiques de consommation de produits saisonniers, soit la stabilisation de la distribution, et l'industrialisation de la production (Bernard de Raymond, 2013). La seconde option s'est imposée par le biais de la structuration d'un réseau de distribution et de stockage.

[83] De ce point de vue, la variation nationale différenciée de la dépendance des productions agricoles aux conditions climatiques plaide pour relativiser le rôle de la nature parfois absolutisé dans les analyses. En effet, lors des entretiens réalisés, de nombreux observateurs ont considéré que la forte dépendance de la production russe aux conditions climatiques, par comparaison avec les productions européennes et américaines, était une fragilité.

Différents types de systèmes de conservation existent : les élévateurs (*elevatory*), les entrepôts (*sklady*) et les silos (*silosy*) dont le volume, la forme, les matériaux de construction ou encore le degré de mécanisation, varient (voir chap. I, Gordeev, Butkovskij, 2009, p. 225)[84]. Les propriétés physiques des différents systèmes de stockage sont des éléments techniques qui relèvent du champ de l'agronomie et de l'ingénierie agricole. Ce sont leurs effets sociaux qui sont privilégiés dans cette analyse. Les capacités de stockage permettent d'améliorer la fluidité dans la circulation des marchandises. Les photographies 3.2 et 3.3 ci-dessous effectuées sur le terrain montrent des silos métalliques modernes aménagés par des producteurs, sur le lieu direct de la production et relèvent de la première catégorie.

Photographie 3.2: Silos métalliques à grains dans *l'oblast'* de Smolensk, novembre 2015, photographie de l'auteure

[84] Le volume maximal construit en Russie est de 150–170 milles tonnes, le volume minimal pour les élévateurs étant de 7–10 milles tonnes (Gordeev, Butkovskij, 2009, p. 227).

Photographie 3.3: Silos métalliques à grains dans *l'oblast'* de Smolensk, novembre 2015, photographie de l'auteure

En revanche, les silos en béton illustrés sur la photographie 3.4 de ce chapitre et photographiés sur une route du Sud de la Russie appartiennent à la 3e catégorie.

Photographie 3.4: Silo en béton, de la période soviétique, dans la région de Krasnodar, mars 2016, photographie de l'auteure

La rationalité du silo résulte de sa capacité à moduler les prix, à lisser la saisonnalité du blé et donc à organiser la circulation entre temporalités, entre espaces économiques et sociaux, entre la production et la mise en marché des grains. Cette circulation est supposée par le terme russe « *d'elevator* », qui semble opérer la soustraction verticale temporaire d'une partie de la production à l'horizontalité du marché, en permettant une modulation des volumes en circulation et une stabilisation de l'approvisionnement. Comme l'explique ce petit producteur de blé de la région de Krasnodar, consommation locale et export n'impliquent pas les mêmes temporalités de valorisation :

> l'export, c'est beaucoup plus simple, il n'y a pas de problème. Quand commence la saison, le téléphone rouge sonne, on te demande à combien tu vends... ça commence à osciller... tu sais que tu dois attendre un ou deux mois... Parce que d'abord ceux qui n'ont rien pour stocker le grain et après vendent, ceux qui ont un peu attendu et qui réfléchissent et regardent évoluer les prix. C'est pour cela que je n'amène pas mon grain au silo, j'ai un entrepôt ici ou je mets mon grain et j'attends... 3–4 mois. Il arrive que pendant ce temps, les gens des marchés locaux (*mestnyj rynok)* appellent, ils viennent ils prennent des échantillons et ensuite 200, 300 tonnes...[85]

La saisonnalité de la production place les producteurs face à une contrainte d'écoulement qui pèse sur les prix et les désavantage face à leurs clients. La valorisation ne peut être pensée indépendamment de la conservation et du transport. Restaurer une marge de manœuvre pour les producteurs implique de constituer des capacités de stockage. Comme l'explique ce syndicaliste, responsable d'une organisation de représentation des producteurs sibériens :

> Vous savez le marché des céréales c'est un marché sinusoïdal. L'idée c'était de le rendre plat et de le lisser. Chaque producteur ne peut pas nécessairement même amener son blé jusqu'au silo parce que ne serait-ce que le prix du transport et aussi le coût du séchage, parfois cela fait qu'en saison de prix bas, cela ne couvre même pas ses coûts de production.[86]

Gommer la saisonnalité, assurer la régularité de l'approvisionnement en volume et en qualité constitue un des enjeux de la distribution pour

---

[85] Entretien 20.

[86] <http://www.novostibankrotstva.ru/2015/04/27/protiv-zadolzhavshego-vtb-1-5-mlrd-rublej-benefitsiara-saho-v-lihtenshtejne-vozbuzhdeno>, consulté le 31 décembre 2018.

les producteurs et pour les syndicats agricoles représentant les petits producteurs céréaliers.

Le réaménagement des circuits de distribution n'est pas le seul résultat d'un réaménagement du territoire, il est articulé étroitement à la modification de rapports de force entre différents professionnels du secteur céréalier, placés dans des positions distinctes par rapport à la marchandise. Le même interlocuteur poursuit :

> et alors les producteurs ils ne pouvaient pas se mettre d'accord sur le prix avec les élévateurs et leur faire accepter leurs prix alors il fallait changer, et cela [les fonds d'intervention] c'est un mécanisme qui le permet. Les *traders* et les élévateurs, eux ça leur va, plus le prix est faible et plus cela leur va. Ils l'envoient à l'export, alors plus il est faible et mieux cela vaut pour eux. C'est comme cela que l'export s'est développé considérablement.[87]

Les caractéristiques techniques des grains, en l'occurrence leur durabilité, ne permettent pas à elles seules d'assurer la liquidité du marché, garantie par les entrepôts, qui sont des dispositifs économiques et sociaux. Par ailleurs, la comparaison entre deux systèmes économiques différents, économie planifiée et système de marché, montre que la distribution est non seulement un maillon central de la commercialisation de la marchandise, mais qu'au-delà, elle révèle les tensions entre ses différents opérateurs. Cet exemple illustre que l'évolution des réseaux de distribution a des effets sociaux forts et modifie le rapport de force entre professionnels positionnés à différents stades de la progression[88] de la marchandise. La faiblesse des moyens de stockage céréalier dans les années 1990–2000 a favorisé l'export aux dépens de la consommation nationale, et les négociants aux dépens des producteurs. Cet interlocuteur poursuit :

> On a tout fait pour développer les silos car en Sibérie surtout, ils manquaient beaucoup. Évidement on était dans une économie planifiée, alors les silos, ils étaient près de la consommation, il y en avait trop en Europe, alors que vers les zones de production, il n'y en avait pas assez, du coup les silos ils pouvaient exercer une forte pression sur les producteurs. Ils pouvaient leur dire quand arrivait la saison de la récolte l'été et l'automne, on vous prend à un prix bas, et nos producteurs ils ne pouvaient pas résister, ils avaient leur

---

[87] Entretien 28.

[88] Le terme de progression permet ici de souligner le rôle actif des professionnels dont le rôle est à chaque instant de contribuer à la progression de la marchandise, ce que le terme de circulation qui parait autonome et mécanique, ne permet pas d'appuyer.

> grain, il fallait le sécher car il était très humide, si on leur prenait pas cette production, tout pouvait pourrir sur pieds, donc il y avait un énorme pouvoir des silos et des *traders*. [...] il y a eu beaucoup de suicides à une époque.

La reconfiguration des réseaux de distribution a des effets sociaux forts. Elle structure profondément les rapports de force entre producteurs exportateurs et producteurs à destination locale, entre producteurs et transporteurs, entre producteurs et propriétaires de silos, entre producteurs et *traders*. Transport et stockage sont des opérateurs puissants de transfert de valeur entre groupes sociaux (Roger, 2020). Ils contribuent ce faisant à qualifier la transaction et définir sa valeur sociale. Autrement dit, une sociologie du marché menée sans considération de la distribution n'a pas de sens.

Ce chapitre a montré que les flux céréaliers s'agencent dans une tension constante entre différenciation en circuits distincts et cloisonnés par une finitude d'usages d'une part et intégration dans un ordre de marchandises comparables, créateur de marché d'autre part. La représentation du marché du blé comme un marché de prix est une vision partagée qui permet la coordination des professionnels des transactions. C'est sur cet équilibre instable, contingent que pèsent les politiques publiques, mais aussi les conditions du commerce mondial, ou encore la structuration des intérêts professionnels. Cette conclusion ancre pleinement le propos de ce chapitre dans une sociologie du marché, catégorie normative et cognitive qui permet de penser l'articulation des rapports sociaux, moraux, politiques et économiques.

La suite de ce parcours explore la diffusion de cette représentation des transactions par des intermédiaires, dont le travail et les pratiques sont analysés dans le chapitre 4. Le chapitre suivant établit comment la puissance publique se saisit de l'instrument des interventions publiques dans une visée de régulation, et comment la légitimation étatique du recours au marché se superpose avec d'autres motifs, comme l'autonomie alimentaire et la souveraineté nationale.

Chapitre 4

Traders et experts céréaliers ou la production et maintenance du marché par les intermédiaires

L'analyse du marché menée par la sociologie économique présente bien des difficultés, en particulier celle de l'autonomie de ses modèles explicatifs par rapport à la science économique, exigence pourtant posée comme fondamentale par Neil J. Smelser et Richard Swedberg (Fillieule, 2008). Paradoxalement, nombre d'auteurs mobilisent implicitement les lois de l'économie dans un cadre interprétatif présenté comme exclusivement sociologique. C'est en particulier le cas des travaux menés sur les formes d'encastrement du marché, qu'elles soient sociales, réticulaires ou institutionnelles. D'autres courants théoriques se sont peu à peu éloignés de l'intérêt pour les transactions marchandes, de la théorie du marché et de la science économique, pour investir les objets propres aux sciences de gestion : organisation, marketing et formatage des transactions (Steiner, 2005)[89].

Ce chapitre montre que si la sociologie du marché n'est pas en mesure de présenter une analyse du marché qui se distingue de celle proposée par l'approche néoclassique de l'économie (Fillieule, 2008) c'est parce que le référent marchand tel que pensé par la science économique y est central et structurant pour les acteurs. Cette conclusion, a une signification double. Elle établit que le marché est un modèle cognitif pour les acteurs et un appui pour la valorisation des biens et des services. Elle suit en cela le concept de performativité, inspiré par la sociologie pragmatique. D'autre part, et ce dans une perspective durkheimienne de division sociale du travail, le marché sert d'interface pour la coordination des acteurs et la mise en cohérence d'intérêts divergents dans l'échange. Ce double cadre

89 « Là, les notions d'offre et de demande finissent par complètement se dissoudre derrière les organisations, leurs pratiques de gestion, le suivi méticuleux qui est fait des aspirations des consommateurs et les "manipulations" dont il peut être l'objet » (Steiner, 2005).

théorique est mobilisé ici pour montrer comment les marchés agricoles sont coproduits par les différentes parties à l'échange.

Ce chapitre est appuyé sur une enquête de terrain mené auprès de professionnels intermédiaires sur les marchés céréaliers. Dans une économie de marché, l'échange entre producteurs et consommateurs s'effectue par le biais de ceux que la sociologie du marché appelle les intermédiaires marchands[90]. En effet, face à l'incertitude, à l'opacité et aux comportements stratégiques, l'appariement entre offre et demande n'est pas automatique : il nécessite le travail continu d'intermédiaires qui permettent de dénouer les transactions. L'intermédiation est l'activité qui met en relation des acteurs de nature et de fonction différentes (Godechot, 2001, p. 79). Au-delà, qu'ils soient distributeurs, achètent et revendent, qu'ils soient consultants prodiguant des conseils à leurs clients ou encore évaluateurs (Bessy, Chauvin, 2014), ils remplissent deux fonctions essentielles : la diffusion d'une information jugée parcellaire entre les acteurs, et la participation aux processus d'évaluation des marchandises. Il s'agit ici de définir plus précisément comment les intermédiaires s'appuient sur le référentiel marchand afin de construire leurs représentations et discours.

Pour ce faire, ce chapitre analyse la fonction de deux types d'intermédiaires essentiels : les *traders* et les experts céréaliers. Le rôle des premiers a été étudié par le courant foisonnant des études sociales sur la finance, y compris sur les marchés agricoles, pionniers dans les techniques de couverture et les produits dérivés. Pourtant la démarche développée ici réfute deux voies. La première est une monographie des marchés financiers agricoles. Ce travail a déjà été effectué ailleurs (en particulier Çalişkan, sur les marchés du coton), mais surtout les marchés dérivés agricoles en Russie se développent tardivement par rapport aux grands pays céréaliers, et concernent marginalement la période étudiée dans ce volume. En 2018, le rapport entre le volume de transactions effectuées sur les produits dérivés de blé et le volume de la récolte mondiale s'élevait de 1 à 15 sur la plupart des places boursières mondiales, alors qu'il était de 0,5 seulement sur la Bourse de Moscou (ministère de l'Agriculture,

---

[90] La réflexion sur l'intermédiation marchande se développe en France à partir des années 1990–2000 (Dubuisson-Quellier, Cochoy 2000 ; Dubuisson-Quellier, Neuville, 2003). Au-delà, les travaux sur l'évaluation se sont développés suscitant la création de revues spécialisées, *Valuation Studies* (Vatin, 2013)

p. 18)[91]. Ils sont toutefois en croissance rapide (ministère de l'Agriculture, p. 19)[92].

Le second rejet concerne une approche de sociologie du travail centrée sur la division des tâches et des métiers (parmi les nombreuses références, voir Godechot, 2001 ; Knorr Cetina, Prada, 2012 ; Ortiz, Montagne, 2013 ; Boussard, 2017). Au contraire, l'objet de ces développements est d'établir concrètement comment sont produites et diffusées les représentations permettant la coordination des acteurs sur les marchés céréaliers et comment est soutenue la qualification marchande des transactions. Il est aussi de donner à voir comment l'activité de ces opérateurs s'articule à celle d'autres acteurs en amont et en aval de la circulation des grains. Les entretiens ont été effectués sur un terrain original dans la perspective des études sociales sur la finance. Ils ont été menés auprès d'acteurs du *trading* traditionnel et de petites sociétés de négoce, là où les activités financières ne sont pas autonomes par rapport aux transactions réelles (voir photographies et liste des entretiens). La première partie revient sur la divergence entre approches sociologique et économique du marché. Dans le domaine céréalier, les lois du marché structurent profondément la circulation des grains : à la fois dans la construction des informations sur le grain (seconde partie), tout comme la valuation des transactions frumentaires (troisième partie).

---

91 Le développement des instruments financiers d'assurance (*swaps, forwards*) sur la bourse de Moscou intervient à partir des années 2015–2016 et créée une dépendance des opérateurs céréaliers à l'égard des autres places financières. La création de contrats *futures* sur les blés opérée en 2020 sur la bourse de Moscou devrait permettre de constituer un prix de référence sur la zone mer Noire sur laquelle pourront se fixer les opérateurs de marchés de céréales. Les principaux initiateurs de ce projet sont une holding logistique, Demetra Holding et la Bourse de Moscou. Ces évolutions sont considérées par les opérateurs céréaliers comme un élément essentiel de l'intégration de la Russie aux marchés agricoles internationaux et un facteur d'atténuation des pressions sur les prix domestiques.

92 Le volume des transactions des contrats swaps était de 5 milliards des roubles en 2017, contre 35 en 2018. Et celui de contrats *futures* respectivement de 55 millions de roubles et 1,4 milliards.

1. Les marchés du blé : objet, méthodologie et cadre d'analyse

De quel marché parle-t-on ? Une difficulté supplémentaire réside dans la multiplicité des statuts du marché dans ce travail ; il est à la fois une réalité empirique (les marchés agricoles du blé), cadre de l'enquête à délimiter, et entité analytique pour les sciences sociales. Je traite successivement ces trois dimensions.

1.1 Que sont les marchés du blé ? Formes de transactions

Les marchés agricoles sont multiples. Un principe commun les caractérise : ils centralisent les ordres d'achat et de vente pour une marchandise donnée. Par extension, ils désignent fréquemment des acquéreurs potentiels plutôt qu'un lieu.

Deux grands types sont définis : ceux organisés comme les bourses et ceux non organisés, dits marchés de gré à gré, improprement qualifiés de marchés, où il n'existe « aucun dispositif de centralisation des ordres ni d'unification du prix, mais une multitude de relations commerciales simultanées entre des duos de contractants se déroulant par téléphone ou par courrier électronique » (Godechot, 2001, p. 84). L'écart entre les deux systèmes réside le plus souvent dans la standardisation des marchandises pour les marchés organisés. Par ailleurs, les transactions de gré à gré impliquent en général des parties identifiées directement, ou à travers un intermédiaire.

Une autre distinction sépare les marchés dits au comptant des marchés à terme : les premiers supposent une livraison physique rapprochée, alors que les seconds impliquent une livraison conditionnelle éloignée dans le temps. Inventés au XIXe siècle par des agriculteurs américains, ils constituent des mécanismes d'assurance. Le fameux *Chicago Board of Trade*, créé en 1848, est le premier de son genre. Il existe de nombreux marchés à terme en fonction de la marchandise considérée. Ils cotent, en toute transparence et de façon anonyme, les marchandises en fonction de plusieurs critères. Un actif physique est désigné. C'est le sous-jacent, il est connecté avec un marché physique et sa valeur est précisée en fonction de sa qualité, des différentes échéances cotées, du lieu et des conditions de livraison. Le décalage temporel, entre conclusion du contrat et livraison ultérieure, fait que l'opérateur peut vendre sans avoir de marchandise ou acheter sans prendre livraison. Par conséquent, il permet aux opérateurs de se couvrir, c'est-à-dire de protéger une vente ou un achat futur en garantissant un certain niveau de prix négocié en amont au moment de la signature du contrat et ce, quelle que soit l'évolution des cours entre temps. Les contrats qui rendent possibles ces opérations sont de nature diverse ; obligation d'achat ou de vente à un certain prix ou option d'achat/vente. Inventés, à l'origine, pour assurer les agriculteurs contre les variations brusques de prix suite aux intempéries et au caractère cyclique de l'activité agricole, ils sont progressivement le support de stratégies spéculatives (voir chapitre 2). Deux catégories d'agents interviennent sur ces marchés : ceux qui se couvrent et ceux qui spéculent. Le marché à terme est dérivé du marché réel. Cette dualité comporte une implication théorique forte : les marchés agricoles relèvent à la fois de la sphère financière et de la sphère réelle, ils imbriquent activités de production, de consommation d'une part et finance d'autre part.

Le marché est également une entité analytique. La sociologie économique propose une définition à fois vague et anormative du marché, alors que la science économique classique et néoclassique le considèrent à la fois comme un principe effectif de coordination des rationalités des agents, en même temps qu'une référence idéale assurant l'allocation la plus efficace des ressources pour l'économie et la société. Cette conception, datée historiquement du XVIIIe, est établie par l'économie politique classique, en particulier par Adam Smith (Steiner, 2008). Techniquement, pour les économistes, l'agrégation des différentes demandes et offres individuelles, puis la confrontation de ces grandeurs agrégées dans une unité de temps et de lieu permet de former le prix, qui assure la satisfaction des deux parties, distinguées par leur comportement à l'égard de la marchandise, d'un côté l'offre et de l'autre la demande. Cette méthode de formation du prix est un gage de rationalité dans l'allocation des ressources dans un univers de ressources limitées. Le marché est donc une référence puissante et opératoire pour la science économique puisqu'il est tout à la fois un espace cognitif d'information sur les préférences des agents par les prix, une référence normative où la coordination des agents suit le principe de rationalité individuelle en finalité, et une valeur éthique collective garantissant la satisfaction collective des individus. Pour la sociologie en revanche, le marché est un espace de valorisation de produits dans un échange réalisé entre plusieurs agents engagés dans une division sociale du travail. Au-delà de cette définition commune, les travaux sociologiques à ce sujet ont envisagé cet objet sous deux angles extrêmes, soit comme une métaphore abstraite (Le Velly, 2012) soit sous l'angle géographique de la place de marché. Ces approches extrêmement variées, d'un objet prétendument commun, ont conduit à un résultat paradoxal : la nature réelle du « marché » étant analysée pour les uns comme un champ, pour d'autre comme un réseau, pour d'autres une chaîne, ou encore une interface qui coordonne des acteurs (voir introduction).

1.2 Comment étudier les marchés ?

La sociologie du marché n'a pas proposé de démarche méthodologique spécifique ni d'outils particuliers, si ce n'est l'analyse de l'offre d'une part et de la demande de l'autre. Pour le chercheur, une réflexion complexe s'engage sur cette question méthodologique lorsque la taille du marché s'agrandit au-delà de la place marchande. Cela concerne l'analyse de marchés saisis à un niveau régional, national et encore davantage mondial. Par conséquent, ce n'est pas un hasard si la sociologie de la finance, tout particulièrement, a été en pointe pour penser la relation des agents à distance (Çalişkan, 2010, p. 9). Faut-il considérer les acteurs ou la relation sociale et plus particulièrement la relation d'échange ? Quels sont les acteurs à prendre en compte dans l'analyse ? Faut-il considérer uniquement ceux qui ont un rapport direct avec le produit en suivant le cycle de vie du produit ? Où se situent les frontières du marché ?

Le parti pris méthodologique et théorique adopté ici est fondé sur une méthode davantage que sur un objet, sur une appréhension attentive aux significations indigènes, aux rationalités pratiques, aux mondes imbriqués (Dufy, Weber, 2007, p. 19). Elle se situe au plus près des pratiques d'échanges des acteurs, permettant en cela de saisir l'imbrication des différents niveaux observables. Le niveau micro est le plus riche : il permet d'appréhender comment pèse sur les acteurs l'imbrication des entités globales que sont les firmes multinationales et les politiques publiques locales et nationales. L'usage d'une méthode inductive décrite plus en détail dans le chapitre 1 est utile dans cette perspective. Elle permet l'identification des acteurs du marché du blé, déployée dans la deuxième et troisième parties de ce chapitre. Elle permet en outre de prendre au sérieux les termes et les catégories utilisées par les parties à l'échange.

Pour la partie *trading*, les extraits produits ci-dessous ont été collectés auprès de quatre *traders* céréaliers, rencontrés sur leurs lieux de travail (Russie, région de Krasnodar, société de *trading* et production agricole russe, mars 2016, entretien 22 ; Sud-Ouest de la France, société française de *trading* et production agricole, novembre 2015, entretiens 3 et 4 ; Lausanne, société de *trading* céréalier traditionnel, octobre 2015, entretien 1 et 2, et Moscou, juillet 2016, *holding* spécialiste dans la production et le *trading* céréalier, entretien 29) et d'un producteur céréalier et agricole (Smolensk, Russie centrale, novembre 2015, entretien 9)[93]. Contrairement à la financiarisation décrite dans le chapitre 1, les activités de *trading* effectuées par les enquêtés sont « traditionnelles », effectuées par des sociétés, initialement spécialisées dans des activités céréalières et éloignées du négoce spéculatif d'organisations financières diversifiant leurs actifs avec des matières premières agricoles. Par ailleurs, ces *traders* n'ont rien des dispositions sociales, et culturelles décrites par Olivier Godechot par exemple ou Caitlin Zaloom (Godechot, 2001 ; Zaloom, 2006).

Ces entretiens offrent une vision certes parcellaire du *trading*, mais ont le mérite de mettre au jour les représentations et discours associés à des activités traditionnelles de *trading* céréalier. Les quatre entretiens les plus riches ont été négociés grâce à des contacts proches et sont ceux qui sont le plus exploités ici. Ils émanent de *traders* employés dans deux sociétés radicalement différentes : la première est une grosse coopérative agricole de la région du Sud-Ouest de la France ayant des activités de négoce et de production dans la région de la mer Noire (Ukraine, et Russie). La seconde est une petite société de *trading* suisse existant depuis 15 ans et créée par deux *traders* issus d'une plus grosse société de négoce (Photographie 1.4). En dépit de ces différences radicales, étonnamment de nombreux éléments communs émanent des discours sur les activités de ces interlocuteurs, tout comme d'ailleurs avec celle des *traders* de lait en poudre étudiés par Samuel Pinaud (2014).

L'accès aux experts céréaliers a été plus facile. La partie qui leur est consacrée a également été réalisée sur une base multisites, à partir d'entretiens collectés en Russie et en Europe, que ces experts travaillent pour le compte d'organisations publiques (internationales, entretiens 17 et 18), ou nationales (entretiens 24 et 25) et également auprès de directeurs de petites sociétés d'expertise céréalière basées à Moscou (entretien 7 et 15). Quelques remarques et constats peuvent être établis en suivant ce postulat méthodologique.

---

93 Les entretiens ont été d'une richesse et d'une durée inégale, les plus intéressants ayant été davantage exploités.

Le marché est défini ici comme un « espace de réalisation de produits, réalisation que l'on saisit à travers des enchaînements de transactions entre scènes sociales hétérogènes » (Bernard de Raymond, 2013, p. 13). Inspirée d'une division durkheimienne du travail, cette approche est centrée sur l'analyse des « discontinuités, des tensions entre scènes marchandes ». Elle vise dès lors à mettre au jour deux dimensions principales, généalogique et morphologique : « la genèse des acteurs et catégories d'action et les différents modes de relation entre différentes scènes sociales » (Bernard de Raymond, 2013, p. 13). La principale limite de cette démarche est qu'en se focalisant sur ces scènes disjointes, elle perd ce qui fait la globalité, et la cohésion entre ces différentes scènes ; c'est le risque d'une sociologie axée rigoureusement sur une perspective de division du travail. Paradoxalement la thèse de la filière implique un morcellement entre acteurs et une articulation rigide du schéma de progression de la marchandise, alors que la réalité est plus fluide.

La partie suivante montre que les intermédiaires marchands, *traders* et experts céréaliers mobilisent les catégories de l'économie politique classique.

2. Production de données et expertise pour soutenir le marché

Les opérateurs des échanges s'appuient sur des données qui produisent la réalité de ce qu'elles désignent. Tel est le résultat établi par la sociologie des agencements marchands à travers la notion de performativité du marché. En effet, l'effort des professionnels de l'expertise tend vers la production d'un récit englobant les opérateurs des échanges dans une réalité étendue à l'échelle du monde, et reliés par une donnée centrale, connue de tous, le prix. Dans les développements qui suivent, je montre qu'information et valuation sont deux processus indissociables. Ces professionnels contribuent à produire de l'information, la font circuler et ce faisant favorisent la stabilisation du marché (Bessy, Chauvin, 2013)[94]. Au-delà, je montre que leur travail de mise en relation de différentes scènes, espaces géographiques et circuits de marchandises contribue à élargir les frontières du marché.

---

[94] « Notre argument est que parmi ces acteurs, des intermédiaires jouent un rôle de construction et/ou de déstabilisation de ces marchés, et cela par leur pouvoir d'évaluation [*valuation power*] et à travers leur pouvoir de médiation entre différentes logiques, principes et mondes » (Bessy, Chauvin, 2014).

2.1 Transparence et diffusion de l'information marchande

Largement disponibles, les données sur les prix céréaliers sont analysées par un nombre important d'organisations aux statuts variés. Il peut s'agir d'opérateurs privés, (cabinets de conseils, experts, départements analyse des opérateurs de marché telles que les banques, organismes de représentation professionnels, ou d'autres acteurs). En Russie, c'est le cas de deux cabinets d'expertise principaux, connus des céréaliers : le cabinet IKAR et la société SOVECON[95]. Ces deux opérateurs du conseil, de taille familiale (quelques salariés) personnalisés autour de leur fondateur, et étroitement spécialisés, émergent de façon dominante dans les entretiens auprès des syndicalistes professionnels, des économistes ou à la lecture de la presse. Par ailleurs, de nombreuses autres publications Internet et sites divers prolifèrent.

Ces opérateurs sont également publics, issus des départements analyse d'organisations publiques, tels que le ministère de l'Agriculture ou d'organisations internationales telles que la FAO, ou le PNUD (Programme des Nations Unies pour le développement). L'agence nord-américaine USAID effectue des publications fréquentes et détaillées sur la production céréalière russe. Ces opérateurs sont parfois spécialisés sur des zones géographiques ou certains types de marchandises. De nombreuses données produites par ces organismes sont utilisées dans ces lignes, tout particulièrement dans le chapitre 2. Sans établir un panorama complet de ces organisations[96], il est intéressant d'identifier les conditions de possibilité institutionnelles et sociales de l'apparition de ce marché. La chute de l'URSS ainsi que la mise en marché des grandes cultures évoquées dans les chapitres 2 et 5 ont engendré la libération de nombre de fonctionnaires des ministères, d'économistes de l'Académie des sciences, de professeurs des universités, qui ont reconverti leur capital social dans l'expertise indépendante sur le marché des connaissances agricoles. Ces aspects intéressants méritent toutefois d'autres recherches.

L'objet principal des développements qui suivent est surtout de mettre en évidence la façon dont ces données soutiennent une représentation

---

[95] Ces noms me sont initialement donnés par un responsable du département agriculture à l'Ambassade de France à Moscou.

[96] Suivant en cela les préconisations de Frédéric Lebaron : « on ne peut penser sociologiquement le marché sans penser sociologiquement la contribution de la science économique à la science des marchés » (Lebaron, 2009, p. 267).

marchande des transactions auprès des *traders*, en particulier. Comme le déclare X. (Sud-Ouest, octobre 2015)[97] : « ces données, c'est tout [....] un fouillis d'opérateurs, de listings, d'analystes dans ce métier... »

Elles sont mobilisées de façon large par les *traders*, et ce d'autant plus qu'elles circulent majoritairement par Internet, que les sites soient d'accès gratuit ou payant. Comme l'analyse la sociologie de la statistique, la mise en forme des données est productrice de sens : elle reflète une façon de penser la société et l'économie, une vision de l'action publique resituée dans un contexte historique (Desrosières, 2008). Une histoire de la statistique, articulée à la pensée économique et aux politiques économiques, met ainsi en lumière le rôle central de l'État dans la production et la collecte de données essentielles aux acteurs privés (Desrosières, 2008, p. 39, Mespoulet, 2012). Le secteur céréalier de la Russie contemporaine révèle une statistique publique où État libéral promeut un grand marché, une concurrence libre, appuyée sur le commerce et le prix, où les données sont destinées à soutenir la transparence des marchés. Cette position se distingue des configurations de l'État keynésien centré sur la demande globale, de l'État ingénieur centré sur la production, de l'État-providence privilégiant le travail salarié et sa protection ou encore de l'État néolibéral polycentriste promouvant les incitations (Desrosières, 2008).

2.2 *Expertise et centralité de la référence marchande*

Les données statistiques sont donc des dispositifs (au sens de Callon) qui équipent le marché pour résoudre le problème de la coordination marchande entre offre et demande. C'est ce que montre l'analyse des deux captures d'écran successives produites ci-dessous (Illustrations 4 .3 et 4.4). En dépit de l'extrême diversité des producteurs de données, la nature des statistiques diffusées est étonnamment similaire. Sont produites les données susceptibles d'avoir un impact potentiel sur quatre grandeurs essentielles en volume : la production, la demande, le commerce (import/export) et les stocks, toutes constitutives du marché tel que le saisit la science économique classique. L'exemple livré ici analyse un récit et son architecture générale, sans toutefois entrer dans les linéaments de la construction statistique.

[97] Entretien 3.

Une grande similarité émane de la comparaison des bulletins d'information sur les marchés du blé et des céréales. L'exemple produit est issu d'un organisme intergouvernemental, l'*International Grains Council* (IGC).

Ces publications étatiques ont une périodicité élevée et une durée de validité courte, ici hebdomadaire. Elles sont accessibles gratuitement ; manifestant par cette transparence la volonté de l'éditeur de favoriser ainsi la concurrence et d'élargir les frontières du marché.

Le mode d'agrégation des données et leur présentation produit une comparabilité entre pays, entre zones, dans le temps et contribue de ce fait à construire une fiction marchande, dans laquelle, production et consommation sont articulées par la variable centrale du prix, de la même façon que le sont également les opérateurs en charge de ces activités dans différents pays. Pour reprendre les catégories définies par A. Desrosières, le travail statistique ainsi livré traduit une vision de l'action publique où l'État libéral n'est que l'un des acteurs d'un marché dont la transparence et la concurrence sont des variables structurantes et, dont les évolutions sont soumises à des facteurs multiples, à la fois internes et externes.

De façon encore plus synthétique, mais sur une échelle plus large, la publication *Grain Market Report* de l'organisation *International Grains Council* fait figurer en page de garde ci-dessous ces grandeurs agrégées au niveau mondial. Cette agrégation mondiale de données régionales peut paraître inutile ou illusoire, pourtant, elle constitue un référent central pour les opérateurs sur les marchés céréaliers. Elle produit l'image d'un marché mondial, qui suppose remplies plusieurs conditions dont la crise sanitaire de 2020 a montré qu'elles n'étaient que contingentes : l'accessibilité des grains et leur disponibilité.

Dans une représentation simplifiée, ce tableau statistique s'appuie sur l'équation fondamentale selon laquelle l'offre égale la demande, et ici en l'occurrence, la production (ligne 1) est égale à la demande interne (consommation ligne 3), plus la demande externe (commerce ligne 2) auxquels s'ajoutent les stocks (ligne 4 du second tableau).

L'usage de ces données pour les opérateurs privés doit être éclairé : il s'appuie sur une mise en cohérence cognitive, la construction d'un récit interprétatif, appui d'une décision prospective ; comme le montrent les développements ci-dessous. X., *trader* localisé dans le Sud-Ouest de la France, donne des explications sur son interprétation et usage des données construits sur une géographie large :

IGC 2016 IGC GRAINS CONFERENCE 2016: London - 14 June
for futher details see www.igc.int

INTERNATIONAL GRAINS COUNCIL
www.igc.int

Grain Market Report

GMR 463– 25 February 2016

WORLD ESTIMATES

million tons	12/13	13/14	14/15 est.	15/16 f'cast 21.01	15/16 f'cast 25.02
TOTAL GRAINS [a]					
Production	1803	2010	2039	1992	2002
Trade	271	310	322	315	318
Consumption	1828	1936	2002	1984	1986
Carryover stocks	338	412	449	455	465
year/year change	-25	74	37		16
Major exporters [b]	98	120	144	152	154
WHEAT					
Production	657	717	728	731	732
Trade	142	157	153	152	152
Consumption	679	699	716	719	719
Carryover stocks	170	188	200	213	213
year/year change	-22	19	12		13
Major exporters [b]	51	54	63	71	70
MAIZE (CORN)					

Illustration 4.3: Page de garde du bulletin de IGC, *Grain Market Report*, 2016. Pour un accès actualisé à cette publication, <https://www.igc.int/downloads/gmrsummary/gmrsumme.pdf>, consulté le 5 janvier 2019.
Extrait PDF du bulletin publié sur Internet

> Moi, c'est voilà. Je m'occupe de, comme je disais là au départ, j'ai la responsabilité de la commercialisation de la collecte, qui est à 95 % du maïs, donc je suis impacté tous les jours par… Tous les jours, c'est une feuille blanche, je repars avec, je fais mon comparatif maïs *Black Sea*, maïs français, maïs Ekis, rendu Espagne, rendu Écosse, rendu en Irlande. Et voilà, ça fait partie de mes missions au quotidien et de faire les arbitrages par rapport à ça, par rapport à notre position.[98]

Dans l'ordre des pratiques financières, l'arbitrage est une technique particulière qui consiste à « l'exploitation systématique de l'anomalie fugace des cours » (Godechot, 2001, p. 82)[99]. Au-delà, « l'arbitrage par rapport à notre position » implique une comparaison. Cette dernière est à la fois un outil cognitif et un repère de l'action. Au-delà de ses spécificités techniques, l'arbitrage a attiré l'attention des sociologues de la finance en ce qu'il constitue « l'architecture des marchés, détermine les frontières marchandes et créée un espace global de transactions » (Hardie, Mc Kenzie, p. 187, 2012). Son prisme n'est pas uniquement géographique, entre lieux de production, mais il opère également entre segments du marché, comme le montre précisément l'enquête de terrain ici. Cette comparabilité produit une entité globale, un marché céréalier mondial entre blé et maïs, entre Russie, Europe, Amérique latine. X rajoute :

> Donc la politique agricole russe est 100 % faite par Poutine et ses sbires, enfin… Et ce qui se décide à Moscou a un enjeu majeur sur ce qui se passe à Rouen, en Amérique latine, partout. Donc, c'est vraiment, pour moi, la Russie, c'est l'opérateur majeur du blé mondial. Et le blé mondial a une importance sur le maïs mondial.

Certaines catégories font sens pour cet opérateur des marchés agricoles, telles que « le blé mondial » et « le maïs mondial ». Les développements qui précèdent montrent précisément comment le marché mondial des céréales est à la fois le produit de l'agrégation mondiale des données statistiques et une construction cognitive efficace des intermédiaires marchands qui contribuent à le stabiliser. Cette nature double implique

---

98 Entretien 3.

99 Comme mentionné par l'auteur, en suivant Marx Weber « L'arbitragiste cherche à réaliser des bénéfices en vendant une marchandise sur une place financière où il est possible à ce moment-là de l'écouler au prix fort, et en l'achetant au même moment sur une place boursière où l'on peut l'acquérir au prix plus intéressant. » (Godechot, 2001, p .81).

que diffusion de l'information et valuation/évaluation des marchandises soient deux opérations intimement liées dans le travail des intermédiaires marchands. La troisième partie de ce chapitre prolonge ces conclusions, en montrant comment les *traders* répliquent et étendent la norme marchande au-delà des frontières existantes.

3. Du courtier au *trader* : « tout le monde sait ce que vaut une tonne de blé »[100]

Les décisions des *traders* sont appuyées sur les notions de prix et sur le modèle du marché dans lequel les catégories d'offre et de demande sont essentielles[101]. Cette conclusion va à l'encontre d'une partie de la sociologie économique qui a insisté sur la dimension d'encastrement des échanges marchands (Fillieule, 2008). Les développements qui suivent démontrent comment les représentations et opérations cognitives menées par les *traders* et intermédiaires soutiennent la définition marchande des transactions, et sur quelles figures du savoir et quels discours s'appuie la performativité du marché pour une marchandise peu différenciée telle que le blé.

3.1 Rationalités et irrationalités marchandes sur les marchés céréaliers

Les propos rapportés concernent le domaine des matières premières agricoles et ne sont donc pas généralisables aux activités financières de gestion de portefeuille. Ces entretiens mettent en évidence un mode de rationalité essentiel, la rationalité fondamentaliste, l'une de celles observables par ailleurs dans le « bazar de la rationalité » à l'œuvre sur les marchés financiers[102].

---

100 Entretien 24.

101 « Les données de marché, comme celles de demande et d'offre ont un pouvoir de faire le marché et un pouvoir de représentation » (Çalişkan, 2010, p. 38, traduction de l'auteure).

102 Olivier Godechot (2000), « Bazar de la rationalité. Vers une sociologie des formes concrètes de raisonnement » détaille les différents types de rationalités observées dans son travail de terrain opéré auprès de *traders* employés de banques (dont les méthodes chartiste, fondamentaliste, entre autres).

Parmi la multitude de données proposées, certaines sont essentielles, comme support de l'anticipation et de la prévision. Comme l'explique ce *trader* de la coopérative agricole[103]. L'un des outils de calcul centraux sur les marchés céréaliers intègre la dimension des stocks et est un ratio, le ratio *stock/use*.

> « Donc, il y a la notion de stocks mondiaux. Il y a un ratio important, c'est le ratio *stock/use*. Vous verrez ça sûrement. Le *stock/use*, c'est comparer les stocks mondiaux par rapport à la consommation, à l'utilisation. Ça, c'est une donnée fondamentale. »

L'entité globale que constitue le marché mondial est l'espace de référence du calcul et de l'anticipation pour ce *trader*, et les variables analysées, la confrontation de l'offre disponible et de la demande.

> Donc forcément, quand vous avez le ratio *stock/use* qui est bas, bien le moindre pépin météo qui va jouer, ça va être explosif. Alors que si vous avez des stocks mondiaux qui sont conséquents, ça joue moins. Encore faut-il que ces stocks mondiaux-là soient disponibles. Si vous avez 15 millions de tonnes de blé en Inde, ça, c'est porté à dos de coolies sur les ports.

L'agrégation des données statistiques à un niveau global n'est pas anodine. Elle implique d'un point de vue cognitif d'intégrer toutes les transactions ponctuelles et les segments épars d'échanges dans un espace d'intelligibilité unique, dans une chaîne temporelle qui fait sens et dans un récit collectif rationnel sur des besoins et des ressources objectivables.

Ce récit n'est pas uniquement diffusé par les intermédiaires marchands, ils le coproduisent. En effet, P. explique ses routines professionnelles quotidiennes fondées sur l'analyse de l'évolution des fondamentaux. Ce calcul dit fondamentaliste, appuyé sur les états passés du monde sert de base pour des prévisions personnelles qui visent à réduire l'incertitude future :

> Donc, moi je passe beaucoup de temps à faire des tableaux d'offres et de demandes et des tableaux de bilan, qui me permettent de suivre des productions, l'évolution de la demande, d'en déduire des stocks, donc d'en déduire toujours une évolution des prix.

L'analyse des données produites par les professionnels de l'information agricole représente un traitement long, quotidien et scrupuleux. Toutefois,

---

[103] Entretien 3.

la situation à un temps t compte beaucoup moins que son évolution dans le temps et la capacité des opérateurs à en inférer une vision prospective sur le prix. La sociologie des prix a longtemps privilégié une approche en termes de modalités de formation des prix, en postulant deux hypothèses extrêmes : la rationalité ou l'irrationalité de ce processus examiné *ex-post* (Chauvin, 2011). Les enquêtes de terrain menées par l'auteur confortent la thèse de « Bazar de la rationalité » élaborée par O. Godechot (2000). Je montre ici que pour les *traders*, l'important est d'être capable d'inférer cette position subjective qu'est une « opinion de marché » à partir de critères composites.

P. expose les différents facteurs qui influent sur ce que les propos des enquêtés qualifient « d'opinion » sur les marchés

> Que ce soit le blé dur ou les orges, l'opinion, elle est beaucoup basée sur les fondamentaux. C'est-à-dire, offres et demandes. On suit la météo. On suit les productions. On fait des bilans. C'est-à-dire offres moins demandes, on regarde comment évoluent les stocks et en fonction de ça, on se fait une opinion sur l'année, sur la campagne.[104]

Pour forger cette opinion de marché, les données marchandes présentées dans la section ci-dessus sont centrales. Toutefois, à cette « grammaire de la rareté », telle que le formule joliment S. Pinaud (2014), et rationalisée par les manuels de formation professionnelle des *traders*[105] s'ajoutent d'autres facteurs supports de la rationalité. X, *trader* en maïs pour une coopérative, localisée en France précise le rôle des conditions météorologiques, qui importent moins en termes réels que la connaissance qu'en ont les différents opérateurs et son impact anticipé sur la production. Ici la réalité concrète compte moins que la perception de la communauté sur les représentations des opérateurs.

> la météo, c'est une chose, mais encore faut-il qu'il y ait un impact de la météo sur la production. Ce sont deux choses différentes. Il peut pleuvoir à Chicago et faire très chaud sur les plaines de soja, s'il pleut à Chicago, c'est le *trader* qui regarde par la fenêtre qui voit qu'il pleut, il est baissier, mais en

---

[104] Entretien 2.

[105] L'analyse de la formation professionnelle des *traders* est une piste de recherche intéressante. Les entretiens menés conduisent à ne pas surévaluer la compréhension et la connaissance que les *traders* ont des mécanismes financiers. L'un des enquêtés avoue qu'il lui a fallu deux ans et deux stages annuels successifs pour comprendre comment se servir des produits dérivés.

> fait sur les champs de soja, il ne pleut pas. Ça reste de l'irrationnel. Donc voilà, on se base sur la météo, la météo implique beaucoup le prix, sur les monnaies, l'euro/dollar.[106]

Loin de valider la thèse de l'irrationalité des représentations, il importe ici d'insister sur le caractère composite de leur formation, qui mêle états de nature, projections et opinions sur le futur, mais aussi signaux et mimétisme vis-à-vis des comportements et des opinions des pairs et des intervenants en amont et en aval du marché. X poursuit : « Donc, il y a vraiment un marché météo. Et après, clairement le… on est toujours à l'affût enfin d'une nouvelle… du froid, d'un incendie, de n'importe quoi, d'une sécheresse. »

Les conditions objectives semblent compter tout autant que l'interprétation par les *traders* des comportements des acheteurs finaux et de leurs représentations du futur. P. poursuit :

> Ensuite, plus court terme, tu as deux choses qui prédominent, c'est… il faut avoir une idée assez précise du comportement de l'industrie. Puisqu'*in fine*, enfin l'acheteur final, c'est toujours l'industrie. Donc si ces gens-là pensent que les prix vont baisser, ils ont tendance à acheter le moins possible. Ils vont acheter aujourd'hui pour demain, en attendant que les prix baissent. Donc ça, il faut le savoir parce que si ces gens-là ne sont pas bien couverts et pas beaucoup achetés, ça peut être un moment un facteur au contraire de hausse. S'ils se sont trompés par exemple, ça veut dire qu'à un moment ou à un autre, ils vont revenir massivement aux achats avant que les prix deviennent trop chers. Donc, ça, c'est quelque chose à suivre de près.[107]

Pour tous les acteurs, le prix est un signal dans le présent des projections futures des différents opérateurs des marchés, amont ou aval, producteurs ou clients. Cette perspective est tout à fait compatible avec une analyse durkheimienne du prix comme reflet de l'évolution des rapports de force entre deux segments de la division sociale du travail, les offreurs et les demandeurs. Le prix est à considérer comme un indicateur social qui reflète un rapport de force temporairement stabilisé[108]. Toutefois, il faut préciser comme l'ont établi des travaux récents sur les marchés, que cet

---

[106] Entretien 3.

[107] Entretien 2.

[108] Les épisodes de disruption de l'ordre monétaire, tels que les phases d'hyperinflation galopante, comme en Argentine à l'orée des années 2000 ou encore des phases de démonétarisation comme dans la Russie des années 1990 (Dufy, 2007) sont des périodes de rupture profonde du consensus social à l'œuvre dans une société.

indicateur, référence collective commune, ne dit rien sur la façon dont les prix effectifs dénouent les transactions réelles (Çalişkan, 2010 ; Chauvin, 2011). La question du réalisme du prix de marché n'a pas de sens. En revanche, il importe de comprendre la valeur tout à la fois cognitive et performative des prix.

Dans ce rapport de force entre offreurs et demandeurs, la diffusion des informations par les intermédiaires joue un rôle central. Elle souligne le travail secret, profond et continu nécessaire au maintien du marché. Ainsi, les courtiers jouent un rôle majeur, comme le précise l'entretien mené avec le même interlocuteur. Ces professionnels des transactions sont par définition les intermédiaires entre différents mondes, groupes sociaux et par nature ont en charge la diffusion de l'information sur les prix (Demont, Scherman, Sleeswijk, 2018 ; Ducastel, Anseeuw, 2017). P. poursuit[109] :

> **CD :** – Mais comment tu le sais ça ?
>
> **P. :** – Les courtiers. Les courtiers, les contrats et tu discutes aussi avec ces gens-là. On a des industriels dans nos clients, donc tu les rencontres à des bourses, à des congrès, etc. Ça se devine puisque ça se sait. Évidemment, ils ne vont pas te donner leur bouquin.

Derrière la formation du prix se joue une relation d'échange engagée dans des espaces de sociabilité qu'il est important de considérer (« les bourses », « les congrès »). Si le prix est un instrument actif du marché, son efficacité ne peut se concevoir sans une analyse sociologique du travail des acteurs et de leurs modes spécifiques de socialisation. Cette dimension a longtemps été laissée de côté par la sociologie pragmatique du marché.

Les rationalités sont donc multiples. Comme pour le coton, il est impossible de déterminer une logique *a priori* du marché (Çalişkan, 2010, p. 38). L'important n'est pas de comprendre objectivement les facteurs qui font le marché, mais elle est, pour le *trader* « d'avoir une opinion de marché ». Cela implique dès lors de réfuter pour le sociologue tout à la fois la perspective rationaliste de la formation des prix, autant que l'analyse irrationaliste et de situer l'analyse dans un entre-deux, dans une opinion, perçue comme d'emblée subjective, et appuyée sur des éléments composites.

---

109 Entretien 2.

Comme l'explique P. :

> « si tu t'appelles X [la société de *trading* de P.] et que tu n'avais pas de silos, etc., ta seule possibilité de gagner de l'argent, c'est de faire de la marge sur ta vente. Donc, ça suppose deux choses. Enfin, ça suppose non, une seule chose, ça suppose d'avoir sans arrêt une opinion de marché »[110]

Mais dans quel sens faut-il l'avoir ? Une opinion de marché, n'est toutefois pas nécessairement l'opinion **du** marché.

> Il y a des gens qui se contentent d'aller dans le sens du marché. Je pense qu'effectivement, c'est suffisant pour gagner de l'argent dans la mesure où il y a souvent des tendances qui s'étalent sur plusieurs jours, semaines, donc si tu fais aujourd'hui ce que le marché a fait hier, ça suffit pour gagner un petit peu de sous. C'est ce que font beaucoup de gens qui spéculent sur les marchés à terme, tout simplement. L'évolution des derniers jours t'indique une tendance, tu joues la tendance aujourd'hui. Ce soir, tu refermes les bouquins, et puis tu recommences le lendemain, etc. Il y en a même c'est-à-dire qui jouent ça d'une heure sur l'autre, ou d'une minute sur l'autre.

Dans cette perspective, une activité de *trading* traditionnelle consiste à s'appuyer sur les écarts infimes de prix observés sur les différents marchés, une autre au contraire à miser sur un écart futur validé *a posteriori* avec les tendances en cours. P. poursuit :

> Et y en a d'autres, en effet, c'est un peu le cas des petites boîtes, qui jouent un peu le contre-pied du marché. Parce qu'il est vrai que quand tout le monde a la même opinion de marché, on en parlait tout à l'heure avec les industriels, il arrive un moment où ça se retourne plutôt violemment.[111]

L'incertitude entre aller « dans le sens du marché » et « contre le marché » est coûteuse pour ses professionnels. P. en formule les risques financiers de la façon suivante : dans le *trading*, « tu gagnes petit, mais tu peux perdre gros ». Toutefois, la contrainte cognitive supportée par les *traders* est également forte et conditionne l'action. P. poursuit :

> Si le marché va dans mon sens ou si je n'arrive pas à me faire une opinion de marché, ce qui arrive quand même régulièrement, il y a certains moments où les signaux sont un peu brouillés, je reste assis sur ma chaise et je ne fais

110 *Ibidem supra.*

111 *Ibid.*

> rien, j'attends. [...] : Je cherche à avoir une opinion, et quand j'en ai une, j'agis en conséquence.[112]

Cet exemple donne à voir plusieurs conceptions de l'activité de *trading*, où : « il n'y a pas de règle, Dieu merci, puisqu'encore une fois, s'il y avait des règles, tout le monde les suivrait, [...]. Tout le monde hurlerait avec les loups. En plus, c'est plus une question plutôt de personnalité. Chacun a sa manière de faire du négoce. »

Les extraits d'entretiens récoltés auprès de *traders* de céréaliers révèlent l'une des caractéristiques essentielles du marché : ce dernier ne suit ni règles ni logique. Le travail des *traders* se situe dans un entre-deux entre rationalité cognitive fondée sur les fondamentaux et irrationalité des croyances, entre mimétisme entre communautés professionnelles et stratégies distinctives, entre prévision de l'avenir et continuité avec le passé.

3.2 Extension du marché et limites, où quand le « marché ne décolle pas »

Les développements qui suivent mettent en évidence le travail fait en direction de l'extension des marchés à des transactions bilatérales, ses conditions et ses limites.

Les *traders* contribuent au formatage du marché en inventant des nouveaux schémas de marché (*novel market designs*). « Ces instruments de marché (*market tools*) ouvrent des univers de possibilités qui font l'action économique elle-même » (Çalişkan, 2010, p. 7). Cette thèse est illustrée par l'interlocuteur de l'auteure, un négociant en orge, salarié d'une petite société de *trading* basée à Lausanne. Il explique comment les *traders* étendent la référence que constituent les prix sur les marchés à terme aux transactions bilatérales de gré à gré.

P. explique :

> Il y a différentes manières d'acheter et vendre. On utilise à peu près toutes les méthodes existantes. La méthode de base, la plus ancienne, celle que tout le monde connaît, c'est ce qu'on appelle, voilà, la transaction de gré à gré. C'est-à-dire que vous avez quelque part un vendeur qui vend une tonne

112 *Ibid.*

> de blés à 150 €, vous avez ailleurs un acheteur qui cherche du blé de cette qualité-là à cet endroit-là, qui est acheteur à 140 € et entre les deux, dans la très grande majorité des cas, vous avez un courtier, qui est un intermédiaire, qui va mettre en contact le vendeur et l'acheteur et qui va négocier pour eux tout ce qui est négociable dans un contrat, c'est-à-dire les conditions de paiement, les délais de livraison, la qualité de la marchandise, le prix bien entendu, etc.[113]

Or la construction de marchés novateurs, tels ceux à terme, a permis la progression du référentiel marchand dans nombre de transactions bilatérales auparavant réalisées de gré à gré. L'interlocuteur poursuit :

> Utiliser les marchés à terme pour fixer les prix, c'était minoritaire il y a 15 ans et maintenant, c'est ultra-majoritaire, alors que c'est déjà dans le quotidien des Nord-Américains depuis des générations [...]. Maintenant, comme je disais tout à l'heure, de plus en plus de gens, dans toute la filière, je veux dire depuis l'agriculteur jusqu'à l'industriel, utilisent les marchés à terme. Après, il y a différentes manières d'utiliser les marchés à terme.[114]

Dans le secteur céréalier, les marchés à terme sont le support de la marchandisation des transactions d'autres céréales moins échangées et donc plus sujettes à fortes variation de prix, comme l'est l'orge. Ceci explique concrètement la technique exposée par P.

> On utilise les marchés à terme un petit peu pour les orges de brasserie et beaucoup plus pour les orges fourragères. Et comme je disais tout à l'heure, on n'a pas de marché à terme orge et là donc, nous, on est contraint d'utiliser le marché à terme, le MATIF blé, qui est un MATIF, qui est un marché à terme de blé meunier. De blé meunier de basse qualité, mais de blé meunier de tout de suite.[115]

Il poursuit pour exposer comment la transaction est dérivée du contrat standard.

> Donc, peu importe la qualité. Ce qui est important en l'occurrence, c'est d'avoir un seul contrat, un seul sous-jacent avec des termes clairs qui soient absolument standardisés. Du coup, tout le monde va se baser sur ce contrat-là, peu importe, ce qu'il est, peu importe ce qu'il représente. Il peut même représenter une qualité qui n'existe pas, on s'en fout, et les gens vont ensuite négocier la valeur de leurs marchandises, celles qu'ils veulent

---

113 *Ibid.*

114 *Ibid.*

115 *Ibid.*

> vendre ou celles qu'ils veulent acheter par rapport à ce marché-là. Donc le sous-jacent, c'est une qualité, des termes de paiement, un point de livraison et un prix. Le marché à terme, le MATIF blé, c'est un blé meunier de basse qualité, livraison Rouen. Donc, les gens se servent de ce marché-là pour fixer d'autres choses.

Le fonctionnement des marchés de blé meunier est donc utilisé comme support pour des marchandises non cotées sur des marchés physiques, comme l'orge. Les *traders* utilisent donc pour fixer les prix de l'orge les références de prix établies pour les marchandises cotées que sont les blés meuniers. Les frontières du marché sont ici étendues grâce à l'inventivité des *traders* et à leur capacité à créer des schémas nouveaux de marché, à construire des prix à partir d'autres prix, tel que le décrit également pour le coton, K. Çalişkan (2010).

Ces éléments montrent par ailleurs que la différence entre les deux formats de marchés n'est pas aussi radicale que le laisse supposer la théorie économique qui distingue transactions bilatérales de gré à gré et marchés des marchandises agricoles. Ils révèlent également les capacités d'extension de la forme marchande à d'autres types de transactions. De fait, comme le suggère notre interlocuteur P. :

> Sur le blé, ce n'est pas possible. Même si demain tu fermais tous les marchés à terme, Winnipeg, Chicago, etc. Paris, Londres et compagnie, de toute façon, qu'est-ce qui se passerait ? Le marché redeviendrait comme il était auparavant. C'est-à-dire, ce serait un marché essentiellement cash, de gré à gré donc *via* courtiers et il continuerait de se traiter les mêmes volumes tous les jours. Ce serait juste un peu compliqué, un peu moins transparent, mais il y aurait tellement de courtiers qui feraient tellement d'affaires tous les jours que de toute façon, en passant quelques coups de fil tu aurais quasiment la même information. Ce serait plus long, ce serait avec un décalage, ça demanderait plus de temps, mais tu aurais une transparence quasiment équivalente. L'avantage du marché à terme, c'est qu'il suffit d'allumer ton ordinateur pour savoir ce que ça vaut et tu n'as même pas un coup de téléphone à passer.[116]

La morphologie des transactions est ici à prendre en compte, articulée à un historique du formatage des transactions. Elle implique une analyse précise et contextualisée des échanges en fonction des marchandises considérées, dans la mesure où d'énormes différences existent entre

---

[116] *Ibid.*

configuration des transactions pour des produits similaires : marché organisé pour le blé et transactions de gré à gré pour l'orge par exemple.

La capture d'écran des marchés de blé réalisée sur l'ordinateur du *trader* de Lausanne (Photographie 1.4) et reproduite ci-dessous (Photographie 4.4) est un outil de base du *trader* céréalier. Cette trace photographique que laisse le marché est à cet égard révélatrice des différences d'évolution des prix en fonction des marchandises différenciées. Au-delà l'écran est comme d'autres, un dispositif qui créée le marché : « les écrans insèrent les traders dans un ensemble d'interactions, d'échanges d'informations, de calculs et de transactions, qui définissent un monde virtuel à un niveau global » (Zaloom, p. 173, 2012).

Sur l'écran qui figure ci-dessous, les listes de prix de marchandises et leur évolution en fonction des quantités échangées pour chaque qualité, sont produites en parallèle à l'évolution de la parité euro/dollar.

Le tableau ci-dessus précise l'évolution des prix pour des contrats à termes variables identifiés pour différentes catégories de céréales, par volume, et localisation du marché. Pour ce qui concerne le blé, chaque contrat mentionné en ligne dans la partie droite de l'écran voit sa valeur en temps réel précisée durant la séance de cotation. Les valeurs d'ouverture, le niveau le plus haut, le plus bas de cotation, ainsi que les variations et la dernière valeur reportée sont précisées en colonne, ainsi que les volumes négociés.

Au cœur de cette extension de la référence que constitue la valuation marchande, le prix est utilisé pour évaluer d'autres marchandises dans ces transactions bilatérales. La cheville ouvrière de ce travail sont les courtiers, dont la fonction formelle est la négociation, mais aussi la circulation de l'information. Ceux-ci sont des intermédiaires marchands essentiels dans les transactions bilatérales. Ils permettent d'« aller à la recherche du marché » en l'absence de marché organisé (Pinaud, 2014). C'est ce que confirme P. :

> Et c'est sûr que les courtiers, tu leur donnes des sommes d'argent qui sont, je trouve, assez importantes pour le travail qu'ils fournissent, en tout cas, la partie négociation. Une négociation, malgré tout, ça va en général assez vite. Mais d'un autre côté, ce n'est qu'une partie de leur boulot, c'est-à-dire que la seconde partie, c'est que si tu les fais travailler, eux vont te donner de l'information. Et c'est surtout là qu'est l'intérêt des courtiers. S'il n'y avait pas de courtiers, ce serait vraiment au sens propre du terme des affaires de gré à gré et on n'en entendrait quasiment jamais parler. Et

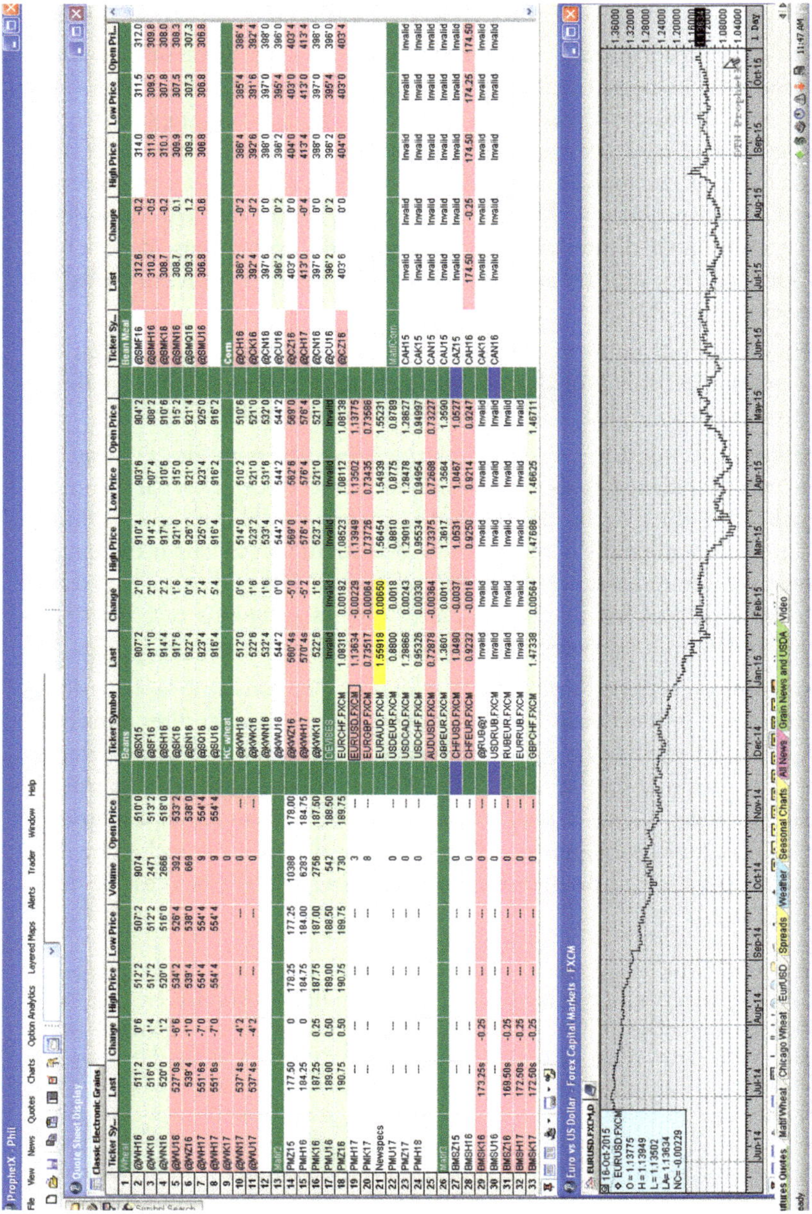

Illustration 4.4: Capture d'écran, *trading* céréalier, et cotation des marchés à terme pour quelques denrées agricoles (*futures*) 16 octobre 2015 (blés, haricots, maïs en particulier)

là, il serait beaucoup plus difficile de fixer des prix et encore plus difficile de fixer des primes.[117]

Dans l'exemple analysé ici, dans l'articulation fine entre *traders* et courtiers, se joue au-delà de la circulation simple de l'information, une réelle coproduction de l'information. Les frontières du marché sont négociées et constamment construites par les intermédiaires marchands. La notion de corrélation des marchés entre eux contribue à produire un marché global où tous les segments et lieux de transactions sont articulés les uns aux autres par les professionnels des échanges. Les développements produits ci-dessous confirment la conception du marché comme outil cognitif permettant d'articuler entre elles différentes scènes sociales et de soutenir la coordination entre les professionnels.

La forte localisation géographique de la production, ce que les professionnels appellent « l'origination », terme importé de l'anglais, pourrait conduire à une forte segmentation des marchés en fonction de critères géographiques et de qualité, conjugués à des critères de devise, et de coût du transport, comme exposé au chapitre 3. Toutefois, la production de la substituabilité entre les grains, explicitée également dans le chapitre 3, et fruit de l'histoire, et de stratégies d'acteurs, autorise l'arbitrage des acteurs entre différents circuits. Le marché remplit ici sa dimension performative de production de la commensurabilité des marchandises. De façon assez significative, les marchés de référence sont les mêmes pour les professionnels du *trading* exerçant en Europe, ou en Russie, avec P., ou avec L. Cette comparabilité établie par les professionnels eux-mêmes légitime pleinement les exemples mobilisés ici pour l'analyse.

C'est ce qu'explique L.[118], manager dans une *holding* céréalière à Moscou : « En fait ici [bourse des céréales de Moscou][119], on a une très forte corrélation au MATIF, le matif de Rouen, qu'on regarde en euro ou en dollar, c'est très fortement corrélé ».

---

117 Entretien 3.

118 Entretien 29.

119 <https://www.moex.com/s953>, consulté le 30 juillet 2016, cette plateforme qui a 25 ans offre la possibilité d'effectuer des transactions sur les céréales à terme et sur les marchés spot.

Face à l'étonnement de l'auteure, dû à la différence entre devises, zones de production et de qualité, mon interlocuteur poursuit :

> Ben en fait peut-être mais l'acheteur final lui il fait un arbitrage de toutes les façons… Cet acheteur principal (si c'est l'Égypte) lui il fait un arbitrage entre les deux, il fait un calcul d'entrée (entre les deux originations) et il se protège, il se « *hedge* ». Les contrats à terme il les connaît… et les bateaux de 50 000 t qu'ils viennent d'ici ou du Havre, cela ne fait pas de différence. Sur des très gros bateaux. Parfois, l'acheteur égyptien[120], il préfère la qualité, alors du coup il choisit l'Europe.

Pour ce qui est des producteurs, surtout les petits, l'arbitrage est plus limité, la corrélation ne fait plus partie des possibles ou des horizons pris en compte. Comme précisé plus haut, la stratégie de couverture consiste à utiliser des silos, alors que le recours aux marchés à terme reste considéré comme trop risqué. La référence demeure alors la bourse de Moscou comme l'explique Vadim V. producteur de la région de Smolensk :

> C'est risqué pour moi, nous on n'utilise pas ces marchés. Si je m'engage à produire une certaine production et si je ne le fais pas ? Nous, on utilise pas ces transactions pour l'instant... pour l'instant on augmente nos capacités de stockage… on va aussi accroître la surface exploitée et alors là, on pourra.[121]

Dans l'alternative entre les deux stratégies de construction de capacités de stockage/utilisation des marchés à terme, on perçoit l'une des fonctions majeures des marchés, la capacité de transférer de la valeur dans le temps.

L'avantage marchand que constituent la transparence et la liquidité sont essentielles à la survie du marché. Ces caractéristiques ont été peu étudiées par la sociologie du marché qui a rarement exploré les revers marchands. Loin d'être une propriété naturelle, la liquidité suppose en effet que « des produits standards peuvent être achetés et vendus continuellement à un prix connu de tous les opérateurs et que les produits sont vendus à un prix qui ne diverge pas substantiellement des prix de marché » (Carruthers, Stinchcombe, p. 353, 1999). Elle implique en réalité selon ces auteurs des arrangements institutionnels, des règles de marché et des réglementations publiques. Toutefois, j'entends aller au-delà en montrant qu'elle est avant tout un rapport social. P. expose

---

120 Le plus gros importateur de blé au monde.

121 Entretien 9.

les contraintes qu'elle implique et les raisons de l'échec des tentatives de constituer des marchés à terme sur des céréales peu échangées :

> Il y a déjà eu deux tentatives de faire des marchés à terme d'orge de brasserie. Une tentative totalement privée, franco-française il y a une dizaine d'années qui a vivoté pendant 5 ans à peu près et qui a fermé il y a 4 ou 5 ans, qui s'appelait IBOT, qui avait été créé par différents courtiers. Et puis une autre qui a été faite, qui est plus officielle, privée aussi, mais qui a été lancée par Euronext, donc par le MATIF, le marché à terme parisien des matières premières, et qui elle n'a jamais vraiment décollé. Elle existe depuis 2 ou 3 ans et je n'ai jamais rien fait dessus parce qu'aucun volume n'est traité dessus. Donc si c'est pour avoir un marché à terme, mais que ce marché à terme est moins liquide que le marché de gré à gré, utiliser un marché à terme n'a strictement aucun intérêt.[122]

L'extension du marché se heurte ici, non pas à la matérialité de la marchandise pour le cas du lait en poudre, tel que le formule Pinaud (2014)[123], mais à l'incapacité de la plate-forme marchande créée à mettre en relation suffisamment d'agents de tailles, de nature, et d'intérêts différents. P. explique :

> Parce que beaucoup de gens n'ont pas intérêt à le faire. Si tu as vendu très cher à un client, tu n'as certainement pas envie qu'il apprenne qu'il aurait pu acheter moins cher ailleurs. Si tu as acheté très peu cher à un quelqu'un, tu n'as certainement pas envie que quelqu'un aille lui dire qu'il aurait pu vendre plus cher ailleurs. Quelquefois les industriels sont aux achats, souvent, et ils ne veulent pas savoir, ils ne veulent pas que leurs concurrents sachent ce qu'ils font, donc ils ne veulent pas que tu discutes de cette affaire, etc. Donc, il y a tout un tas de conditions pour lesquelles, enfin de raisons pour lesquelles les gens ne veulent pas que l'information soit totalement transparente. C'est d'ailleurs une des raisons pour lesquelles les marchés à terme en orge de brasserie n'ont jamais fonctionné.[124]

Je vais ici dans le sens d'Antoine Bernard de Raymond pour qui : « les transformations de l'intermédiation marchande sont inséparables d'une sociopolitique des institutions et du pouvoir » (2013, p. 20). La liquidité est en termes sociologiques une expression des rapports de pouvoir entre opérateurs des marchés.

---

[122] Entretien 2.

[123] Hypothèse par ailleurs structurante du chapitre 3.

[124] Entretien 2.

P. poursuit :

> Parce qu'il y a deux raisons fondamentales pour lesquelles, enfin trois raisons fondamentales pour lesquelles un marché à terme ne fonctionne pas. Ce n'est pas un marché assez gros, donc tu n'auras jamais la liquidité nécessaire pour attirer des nouvelles personnes. Deuxièmement, un marché à terme, c'est des dépôts de garantie, c'est des appels de marge, donc c'est de l'argent immobilisé et certains sont contre ou ne peuvent pas, les petites boîtes notamment. Et troisièmement, un marché à terme, c'est de la liquidité et c'est des prix affichés du matin au soir sur un écran. Et ça, certains ne veulent pas. Certains ont intérêt à ce que l'information ne circule pas et certains ont intérêt à ce que les prix restent confidentiels, parce qu'ils ont dans cette incertitude une marge de négociation avec leurs fournisseurs ou les clients ou les deux, une marge d'incertitude avec laquelle ils peuvent jouer et avec laquelle ils peuvent gagner quelques euros supplémentaires la tonne.

Cette garantie est toutefois réalisée pour le blé, par opposition aux autres céréales. P. explique cette spécificité :

> Mais pas sur le blé, […] sur le blé de toute façon, personne ne peut être contre le marché à terme pour cette raison parce que c'est un marché tellement énorme et sur lequel il se traite de telles quantités quotidiennement que marché à terme ou pas, tout le monde sait très bien ce que vaut une tonne de blé.[125]

Ce travail a livré ici une illustration précise et détaillée de la performativité des marchés à travers l'exemple du *trading* classique des matières agricoles. Il montre combien est nécessaire une approche fine de la diversité des fonctionnements marchands et des activités financières qui y sont attachées.

Ces derniers paragraphes ont montré les *traders* à l'œuvre, utilisant le référent marché pour donner une signification cognitive aux transactions, pour créer des formes de rationalité des échanges et pour produire des schémas de valorisation des biens échangés. Dans l'économie générale de l'enquête, ce chapitre conforte la proposition 1 énoncée en introduction. Il établit comment au niveau des traders, la croyance collective en cette construction cognitive lie entre elles communautés professionnelles, scènes sociales diverses, espaces géographiques éloignés et moments temporels distincts.

---

125 *Ibidem supra.*

La construction et la diffusion de la valeur est une des raisons d'être du marché. Le travail de valuation effectué par les intermédiaires marchands que sont les *traders* est soutenu par une coproduction de données au statut mixte, mi-public, mi-privé auquel participent largement les experts. Ce chapitre a donné à voir les rationalisations et la division du travail à l'œuvre dans une activité de *trading* céréalier traditionnelle. Ce faisant, il a mis au jour l'activité d'une profession moins visible que d'autres dans la sociologie des intermédiaires marchands, celle de courtier.

Enfin, il a mis en évidence de façon originale les limites à la « marchéisation » et à la financiarisation des produits agricoles, horizon inattendu face à une littérature sociologique soulignant l'extension constante des frontières du marché et l'autonomisation croissante de la sphère financière par rapport aux transactions réelles. L'étape suivante de notre parcours montre comment la norme marchande est conciliée avec une vision forte de l'intervention publique.

Chapitre 5

Le marché des interventions d'État : une régulation hybride, opaque et contingente

Comme montré au chapitre 2, la volatilité du prix des grains a favorisé le retour de la politique céréalière russe dans les années 2000. Dans ce contexte, un mécanisme d'intervention publique sur les marchés céréaliers est mis en place. Inauguré au début de la décennie 2000, il fonctionne avec des périodes d'interruption, comme en 2017–2018. Or il est doublement paradoxal : d'une part, il est à contre-courant des politiques adoptées dans les principaux pays céréaliers, supprimant l'encadrement des marchés, comme l'Australie, le Canada ou encore l'Union européenne des années 1990–2000 (Fouilleux, 2008 ; Botterrill, 2004, 2011 ; 2012 ; Magnan, 2014a, 2014b ; Skogstad, 2005). D'autre part, le recours au marché semble peu compatible avec le reflux du libéralisme économique et politique intervenu dans les années 2010 en Russie.

Comment l'État influence-t-il la circulation des marchandises ? Tel est l'un des questionnements à l'origine de mon enquête. Le cas de la Russie est complexe. Le pays est à la fois candidat à l'OMC, recourt au marché pour organiser la circulation des marchandises d'une part, mais utilise d'autre part des outils contraignants, tels que les quotas, les interdictions d'import (biens alimentaires européens) ou d'export (à certaines reprises comme en 2010 avec l'exportation de blé). Comment s'articulent alors ces instruments ? Comment les acteurs privés les appréhendent-ils et s'en servent-ils ? Quels facteurs peuvent expliquer l'usage erratique des interventions céréalières ? Ce chapitre répond à ces questions de façon originale : à la différence des autres orientations de la politique agricole, le marché des interventions publiques céréalières en Russie n'a pas fait l'objet d'une littérature fournie, tout particulièrement dans le monde non russophone.

Toutefois, les développements qui suivent n'examinent pas le débat théorique sur l'usage du marché par l'État largement mené ailleurs[126] , mais se penchent sur ses modalités et ses effets, analysés successivement. La sociologie de l'action publique menée par P. Lascoumes, P. Le Galès (2004), et C. Halpern, P. Lascoumes, P. Le Galès, (2014) est le cadre privilégié de cette étude.

Le marché des interventions publiques se situe dans le spectre large des formes du « mimétisme marchand de l'État »[127], qui crée un marché à la fois pour prendre en charge un problème public, en même temps qu'il délègue à des acteurs privés la mise en œuvre d'une politique publique. L'argument que je démontre réfute tout à la fois une vision étatiste et néolibérale de l'intervention de l'État russe dans la régulation céréalière. Au contraire, je montre la dimension contingente que constitue l'instrument marchand pour l'intervention publique. Au-delà, l'exemple russe donne à voir la façon dont se construit la contestation du marché. Le second questionnement concerne les effets de cet usage : il apparaît que les effets indirects et latents priment sur l'efficacité directe de ce mécanisme d'intervention. Un résultat détourné de ce dernier est également mis au jour. En intervenant sur les prix céréaliers internes, la puissance publique est amenée à organiser la déconnection entre espaces externes et territoire national et ce faisant à structurer fortement les frontières des marchés.

1. Le *design* des interventions étatiques sur le marché des blés : étatisme, néolibéralisme ou corporatisme ?

L'ambition de cette partie est d'alimenter la sociologie des instruments d'action publique grâce à une réflexion sur la spécificité de la technologie de gouvernement qu'est le marché. A partir du cas russe, cette sociologie de l'instrumentation, dérivée d'une « sociologie de l'État » (Baudot, 2014, p. 218 *in* Halpern, Lascoumes, Le Galès, 2014), donne à voir un

---

126 *Revue française de sociologie*, 2017/n° 3 ; *Gouvernement et action publique*, oct–déc. 2017.

127 « Par mimétisme marchand de l'État nous désignons le phénomène par lequel les agents de l'État pour mettre en opération l'action publique, imitent le modèle du marché dans lequel les entreprises capitalistes, c'est-à-dire lucratives, se font concurrence les unes avec les autres » (Ansaloni, Smith, 2017, p. 13).

portrait composite, marqué par l'incohérence, la contradiction, l'écart entre les discours et les instruments mis en place. Dans cette perspective, le chapitre 6 propose une conception de l'articulation entre instruments de l'action publique et discours politiques. Pour l'heure, il s'agit de saisir le *design* des instruments concernés, et les effets précis des interventions publiques sur les marchés céréaliers. Cet exemple concret nous donne à voir les enjeux politiques et professionnels des nouveaux types de gestion de l'administration, qui brouillent les frontières entre secteur privé et secteur public. Trois groupes d'acteurs majeurs sont en effet identifiés dans la conception des réformes administratives : les fonctionnaires des différentes administrations chargées de les mettre en œuvre, les syndicalistes, représentants des administrés sur lesquels cette politique est supposée avoir des effets et les experts (Kirtchik, 2007 ; Sigman, 2013).

1.1 **Le design** ***des interventions : une régulation mixte et contingente***

Dans la littérature sociologique, l'instrument marché est tout à fait spécifique ; sa nature même doit être prise au sérieux. Impératif qui découle de la définition générale de l'instrument.

> Un instrument d'action publique est un dispositif à la fois technique et social qui organise des rapports sociaux spécifiques entre la puissance publique et ses destinataires en fonction des représentations et des significations dont il est porteur (Halpern, Lascoumes, Le Galès, 2014, p. 17).

Autrement dit, ne peut être passé sous silence le fait que « l'instrument produit une représentation spécifique de l'enjeu qu'il traite » (Baudot, 2014, p. 221)[128]. De fait, le marché des interventions d'État dans le secteur céréalier n'a qu'une ressemblance lointaine avec les principes marchands fondés sur la symétrie des parties, l'incitation plutôt que la règle ou encore le libre jeu des prix. Dans la pratique, l'action publique a une part prépondérante dans la définition du fonctionnement du marché des interventions où la hiérarchie règne plus que la symétrie des acteurs et les règles opèrent davantage que les incitations. Ce constat infirme la thèse de la néolibéralisation des politiques publiques sous ses deux formes : autant dans la version de l'école de Chicago visant

---

128 Dit autrement, « l'instrument produit une représentation spécifique de l'enjeu qu'il traite » (Lascoumes, Le Galès, 2004).

la progression du marché comme substitut aux politiques publiques (Ansaloni, 2017)[129] que dans la doctrine ordolibérale appuyée sur la promotion et la protection du marché par l'État (Mudge, 2008)[130]. Je montre que dans le cas russe, les interventions d'État sur les marchés céréaliers sont une coproduction public-privé où l'acteur public formate largement le *design* et le fonctionnement de la politique publique du blé en Russie. L'analyse précise des règles et du fonctionnement du marché des interventions d'État montre une logique de mimétisme limité des règles marchandes. Les acteurs intervenants sont liés par des relations verticales hiérarchiques, par ailleurs la variation des prix est strictement encadrée.

Dans la profusion de textes juridiques relatifs au marché des interventions d'État, les éléments et les dispositions ayant retenu notre attention concernent d'une part la nature de ses acteurs, d'autre part le fonctionnement des prix. L'État y reste un acteur spécifique, au rebours d'autres cas de figure, comme ceux des marchés de la dette publique par exemple, où il est « déspécifié » (Lemoine, 2014) intervenant au même titre que les autres acteurs ou déléguant son intervention à un acteur privé (semi-privé). Pour autant, le mécanisme d'intervention (prix, lieu de la bourse et dispositif incitatif en lui-même en lieu et place de la règle) est tout aussi éloigné d'autres instruments coercitifs, qu'il s'agisse de prix d'intervention fixes et *a fortiori* de collecte obligatoire des grains, expérimentées à d'autres périodes historiques.

Revenons sur quelques éléments généalogiques. Le principe des interventions étatiques d'achat (*zakupočnye*) et de vente (*tovarnye intervencii*) est adopté par le gouvernement en 1998 en vue de « stabiliser le marché des produits alimentaires, agricoles et des matières premières ». Il succède à un mécanisme antérieur mis en place en 1993, préalablement fondé sur une planification des achats et ventes de céréales par l'État

---

129 Cette thèse, orientation forte et ancienne de l'analyse de l'évolution des politiques publiques, a reçu un regain d'intérêt avec le processus de globalisation. Elle tire son inspiration de la critique néomarxisme selon Desmond King et Patrick Le Galès (2011).

130 Le néolibéralisme est une constellation : à la fois projet intellectuel, ensemble de politiques publiques mises en œuvre par des bureaucraties et orientations politiques qui structurent le champ de la concurrence politique. Le sens adopté ici est celui des mesures de politique publique promouvant le rôle et la protection du marché par l'État (Mudge, 2008).

(Kossyakin, 2009). Ce mécanisme initial avait pour objectif premier de garantir des revenus stables aux producteurs par l'intermédiaire d'achats étatiques à des prix d'intervention d'État fixés (Kossyakin, 2009). Par de nombreux côtés, ce système antérieur évoque le modèle administratif des offices détaillé en encadré 5.1, y compris dans ses inefficiences. Sont mentionnées pêle-mêle par les auteurs la limitation pour le producteur de la liberté de choix de son client, la lourdeur de la gestion administrative des producteurs par les organes étatiques, et enfin la profusion de standards étatiques en matière de volume et assortiment des cultures céréalières, tout autant que celle des délais de mise sur le marché des récoltes (Kossyakin, 2009).

En revanche, le nouveau mécanisme, dont la première trace juridique date de 2001, est largement documenté dans sa forme initiale, et ses modifications successives. Nombreuses sont celles qui ne sont pas dignes d'intérêt : c'est le cas par exemple de celle 2004, 2006, ou encore 2016 et 2017.

Le marché des interventions d'État organise les relations entre plusieurs acteurs publics ou privés, opérant à divers niveaux à la vente et à l'achat : le donneur d'ordre étatique, l'exécutant, le créditeur, l'organisateur des transactions, l'opérateur de la conservation et celui du transport. Le donneur d'ordre est le ministère de l'Agriculture, il détermine les volumes des interventions, à la vente ou à l'achat, les seuils de prix et les conditions tarifaires de conservation par le fonds d'intervention (voir graphique 5.1).

L'organisateur des transactions est la Bourse nationale des matières agricoles NTB (*Nacional'naâ Tovarnaâ Birža*, représentée dans la photographie 5.1), le créditeur est la banque dédiée au secteur agricole, la *Rossel'khozbank* dont le financement est gagé sur les volumes conservés en silos. Enfin les opérateurs du transport et de la conservation sont les 44 silos régionaux accrédités auprès du fonds d'intervention en 2018 et situés principalement sur les lignes de chemins de fer entre le Centre et l'Est du pays (voir carte dans le chapitre 3).

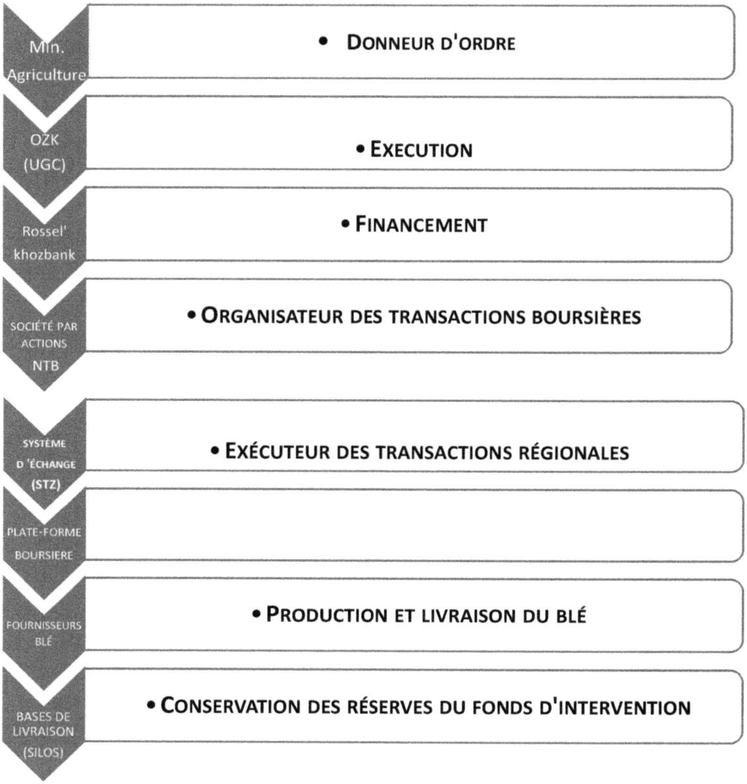

Graphique 5.1: Fonctions et acteurs des interventions publiques sur les marchés céréaliers
Sources : (Doroshchuk, 2015)

L'organisateur des interventions est choisi par le ministère de l'Agriculture sur appel d'offres[131]. Le mécanisme mêle donc acteurs publics et privés, puisque les capacités de stockage sont obtenues sur appel d'offres auprès d'acteurs sélectionnés eux-mêmes de la même manière. Le

131 Pour les mettre en œuvre, un opérateur central de ces interventions est créé en 1997, il s'agit de l'Agence fédérale des interventions privatisée à 50 % en 2001. Cette institution a la charge de la mise en œuvre des adjudications décidées par le ministère de l'Agriculture de la Fédération de Russie, responsable de leur organisation « en temps utiles » (art. 3, décret 3 août 2001).

ministère opère également de la sorte afin de sélectionner les opérateurs privés chargés sur contrat de la conservation, de la certification, du contrôle de la qualité des grains stockés.

Photographie 5.1: Le siège de NTB, département matières premières du groupe Bourse de Moscou (*Moskovskaâ birža*), photographie prise par l'interlocuteur de l'auteure, 28 juin 2018, Moscou

Les interventions sont effectuées par le biais des marchés boursiers sur sept places boursières sélectionnées par le ministère de l'Agriculture (art. 10 : Ekaterinbourg, Rostov, Moscou, Saint-Pétersbourg, Nijni-Novgorod, Samara, Novossibirsk). La NTB, dont le siège est situé à deux pas du Kremlin, est une société anonyme créée en 2002 et dont les actionnaires sont en particulier l'Union céréalière de Russie (RZS) et l'Association des producteurs de sucre de Russie. La réalisation des interventions pour le compte de l'État est confiée à la société par actions OZK (*Ob"edinjennaâ Zernavaâ Kompaniâ* ou UGC en anglais)[132], détenue en 2019 à 50 % plus une action par l'État, et pour le reste par la société Summa dirigée par l'oligarque Zyaudin Mogamedov[133]. OZK résulte de

132 Au mois de novembre 2015.

133 Appartenant au classement Forbes, il est aussi propriétaire d'une partie du port de Novorossijsk, voir la notice que lui consacre le site Lenta.ru « Mogamedov Ziavudin,

la privatisation partielle d'une société détenue par l'État jusqu'en 2012. Cette privatisation renforce le caractère de régulation mixte qui préside à l'action publique depuis les années 2000.

Le mécanisme d'intervention est asymétrique entre achat et vente. Les parties prenantes à ces opérations sont de deux natures différentes : les participants habilités à intervenir par l'État lors des opérations d'achat public sont des producteurs dotés d'une personnalité juridique et dont l'activité productive agricole représente plus de 70 % du revenu total, ce qui exclut donc les négociants (Doroshchuk, 2015). Lors des opérations de vente, au contraire les organismes accrédités, sont les négociants, ayant une activité internationale[134]. Les volumes acquis devant obligatoirement faire l'objet d'une exportation au-delà des frontières fédérales. Cette sélection donne l'avantage aux plus grosses structures, les *agroholdings* (voir chapitre 3).

L'illustration 5.1 et le tableau 5.2 donnent à voir la mise en œuvre des opérations sur le marché des interventions. La procédure préliminaire d'accréditation des participants limite l'accès au système d'échange : elle est matérialisée par le bouton rouge en haut à droite de l'écran. Toutefois, le motif fondamental de l'action publique ne repose pas ici sur l'usage classique de la règle, dont le défaut d'observation sanctionne le contrevenant. Il s'appuie sur la rationalité individuelle, l'incitation, inclinant l'individu à suivre son intérêt particulier et ce faisant à contribuer à l'intérêt collectif. Ce principe horizontal, consubstantiel au principe marchand, et associant acteurs privés et acteurs publics bouleverse radicalement la conception verticale de l'action publique entre gouvernant et administrés.

Président du conseil des directeurs de la société Summa », <https://lenta.ru/lib/14216714/> et de nombreux autres actifs financiers et industriels. La presse d'octobre 2018 annonce la cession de parts de la société OZK à d'autres actionnaires (« La gestionnaire des actifs de Mogamedov a annoncé son intention de céder des parts de la société OZK », *Rbc*, 15 octobre 2018, traduction de l'auteure, voir https://www.rbc.ru/business/15/10/2018/5bc0ef5a9a79476871ab5135). En délicatesse avec la justice, les deux frères Mogammedov, accusés de corruption et de détournement de fonds, ont réussi à vendre nombre de leurs actifs avant leur arrestation et se préparent selon la presse à céder le contrôle majoritaire d'OZK selon le quotidien financier Rbk (*Rbc*, 1er novembre 2018, « On en rajoute contre Summa : dans l'affaire des Mogamedov, des charges sont apparues et atteignent 300 millions de roubles » voir le site <https://www.rbc.ru/society/01/11/2018/5bdaef699a79475b418e1c86>, consultés le 6 janvier 2019.)

134 Ils sont 17, <http://www.namex.org/ru/auction/participants/members>, consulté le 23 août 2018.

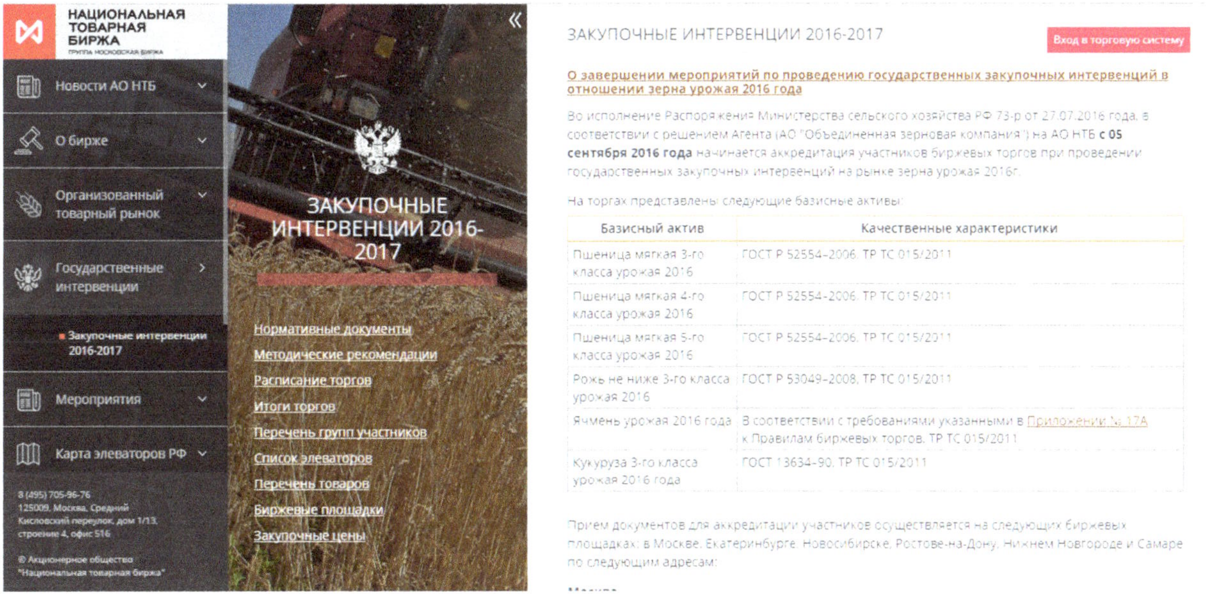

Illustration 5.1: Capture d’écran de la présentation des interventions d’État
Sources : Site de la bourse de Moscou, <http://www.namex.org/ru/investment/Zakupki2016>, consulté le 17 juillet 2017

Sur la page ci-dessus de la Bourse nationale des marchandises (NTB) consacrée aux interventions d'achat de la campagne 2016–2017, deux organisations privées se voient déléguer la réalisation du mécanisme d'intervention de l'État pour des standards déterminés et listés en blé de 3e, 4e et 5e catégories pour la récolte 2016, en seigle de 3e catégorie, en orge pour la récolte 2016 et en maïs : d'une part la société par actions Bourse nationale des marchandises (*Nacional'naâ tovarnaâ birža*, NTB) et la société par actions Compagnie unie des céréales, (OZK).

De par son fonctionnement, le marché des interventions sollicite les acteurs privés. En revanche, par son contrôle sur le mécanisme des prix et la définition des règles du jeu, la puissance publique conserve un rôle prégnant. Les prix ne sont pas fixes, ce qui distingue ce mécanisme, à la fois des offices et des exemples canadien de la CCB et australien de l'AWB (voir paragraphe ci-dessous). Si les prix sont flexibles, ils restent toutefois encadrés par l'État et ce grâce à différents mécanismes : découplage des opérations d'achat et de vente, définition des prix maximum et minimum d'intervention, organisation d'une plate-forme spécifique pour les enchères publiques, ainsi découplées des transactions entre acteurs privés. Ces dispositions font des interventions d'État russes non un instrument marchand mobilisé par l'État, mais du marché des interventions publiques un espace segmenté et dédié à la politique publique du blé. Le mimétisme marchand est ici périphérique et limité dans son champ d'action : il œuvre dans le cadre du mécanisme des enchères publiques.

Ainsi les enchères sur les blés s'opèrent-elles selon les modalités suivantes : à l'achat par le fonds d'intervention, les participants se voient informés d'un prix unitaire de départ qui est un prix plafond, d'un volume d'intervention de base et d'un prix plancher. Le ministère de l'Agriculture détermine et communique chaque année les prix d'intervention pour la campagne en cours, et ce en relation avec le service antimonopole (art. 4 du décret du 3 août 2001, n° 580) et les acteurs du secteur. Il en est de même pour les volumes d'intervention et le niveau de rémunération des services de stockage de la production agricole fixés tous les ans. Matériellement, une plate-forme électronique a été créée sur le Site de la Bourse des matières premières. Les participants accrédités peuvent participer aux transactions lors de sessions d'échange dont le calendrier est communiqué sur le Site. Comme le montre le tableau 5.1, un prix de départ minimum est fixé (colonne 2) pour les différentes céréales (colonne 1)[135], ainsi qu'un prix maximum (colonne 3), les marchandises sont ainsi cédées ou acquises par enchères tenues sur un certain nombre de jours dans le mois et communiqués à l'avance sur le Site de la NTB. Lors de mini-cessions, l'achat/vente de céréales destinées au fonds d'intervention, l'acheteur/le vendeur public, déclare un prix de départ plafond/plancher et un volume de céréales à acquérir/à céder. Les vendeurs/acheteurs durant la durée de la cession établissent des offres de vente/d'achat à un prix inférieur/supérieur au prix annoncé. Les prix définitifs sont les prix minimaux/maximaux proposés par les vendeurs/acheteurs durant la cession. Les prix maximum (à l'achat) et minimum (à la vente) jouent ainsi le rôle de régulateurs des variations des prix de marché (Doroshchuk, 2015).

Les prix des interventions réalisées évoluent dans un tunnel, entre ces deux valeurs, comme le montre le « tableau des indicateurs de prix » publié sur le Site de la NTB (Bourse nationale des marchandises)[136]. La colonne 4 répercute en effet la valeur moyenne du prix d'achat des céréales de la récolte de 2016 par le fonds d'intervention, valeur enregistrée au 14 décembre 2016. Le tableau restitué ci-dessous (Tableau 5.1) récapitule les volumes correspondants d'achat de blé au fonds d'intervention à cette date. Cet affichage signale une intention manifeste de transparence. Elle renvoie à l'un des éléments centraux de la théorie microéconomique du marché selon laquelle le marché ne fonctionne correctement que lorsque la transparence sur les prix est réalisée. En outre, la dimension régionale de ces interventions et ses prix différenciés, en fait une politique d'aménagement du territoire.

---

135 Seules les valeurs du blé de 3e classe et de 4 e ont été déterminées. La régulation de ces enchères est opérée par le règlement : « Règles des enchères boursières pour la réalisation des interventions d'achat d'État pour la régulation du marché des produits agricoles, des matières premières et alimentaires » 21 juillet 2010, rédaction du 24 juin.

136 Cette institution réalise également des échanges pour le compte d'opérateurs privés, au comptant et à terme. Pour ce faire, elle est la signataire d'accord avec des sociétés de clearing, des sociétés de logistique, et un certain nombre de silos-élévateurs sur tout le territoire de la Russie. Voir sur ce point, la page de présentation de la bourse accessible à <http://www.ntb.moex.com/ru/about>, consulté le 14 décembre 2016.

Tableau 5.1: Résultats des enchères du 14 décembre 2016 sur la Bourse nationale des produits agricoles (NTB) à l'occasion de la conduite des interventions d'achat de l'État sur le marché des céréales en fonction de la base de livraison (extrait pour le blé)

Enchères ;du 14.12.2016		Blé tendre 3ᵉ classe					Blé tendre 4ᵉ classe					Blé tendre 5ᵉ classe				
Base de livraison	Sujet de la Fédération opérant comme bases de livraison	Prix			Vol.		Prix			Vol.		Prix			Vol.	
		Minimal	Maximal	Moyen	En milliers de roubles	En tonne	Minimal	Maximal	Moyen	En milliers de roubles	Tonnes	Minimal	Maximal	Moyen	En milliers de roubles	En tonne
22	Kraï de l'Altaï						9 675	9 975	9 862.5	13 314.4	1 350					
54	*Oblast'* de Novosibirsk						9 400	9 400	9 400.0	12 690.0	1 350					
24	Région de Krasnodar						10 300	10 375	10 360.0	27 972.0	2 700					
45	*Oblast'* de Kurgan											8 000	8 300	8 265.0	11 157.8	1 350
42	*Oblast'* de Kemerovo						10 250	10 300	10 275.0	13 871.3	1 350					
55	*Oblast'* de Omsk						8 800	9 500	9 191.7	18 613.1	2 025					
56	*Oblast'* d'Orenbourg						9 900	9 900	9 900.0	13 365.0	1 350					
2	République du Bachkortostan						9 000	9 500	9 310.0	12 568.5	1 350					
16	République du Tatarstan						9 600	9 600	9 600.0	12 960.0	1 350					
64	*Oblast'* de Saratov						9 500	9 700	9 600.0	12 960.0	1 350					
73	*Oblast'* d'Oulianovsk						9 800	9 800	9 800.0	13 230.0	1 350					
50	*Oblast'* de Moscou						10 350	10 375	10 372.5	56 011.5	5 400					

Sources : Site NTB lors de la réalisation des interventions d'achat d'État sur le marché des blés « indicateurs de prix » au 14 décembre 2016, <http://www.namex.org/ru/investment/Zakupki2016/realtime2016>, consulté le 25 juillet 2017, traduction de l'auteure

On observe donc ici la mise en place d'un mécanisme hybride, dont la régulation est appuyée à la fois sur un mécanisme marchand tel que le conçoit la théorie économique (sessions d'échange organisées par un commissaire-priseur, la NTB, enchères et mise en concurrence des intervenants, prix flexibles, volumes variables, transactions réalisées selon un mécanisme d'incitations) et l'imposition de règles (dissymétrie entre les opérateurs admis à la vente et à l'achat, découplage entre les opérations de vente et d'achat, organisation d'une plate-forme dédiée aux fonds d'intervention, obligation d'affectation des lots acquis – export, verticalité de la hiérarchie administrative) qui font de ce marché des interventions un instrument à la fois ciblé et encadré. Par conséquent, le marché des interventions étatiques apparaît davantage comme un instrument subordonné à une logique administrative que comme un espace autonome, marqué par le désengagement de l'État.

Cette conclusion peut être comparée à d'autres formes de mimétisme marchand, observées dans d'autres domaines[137]. Cependant, l'histoire de la régulation du blé offre également des comparaisons avec d'autres expériences nationales contemporaines, en particulier au Canada ou en Australie. Au rebours d'interprétations radicales concluant sur l'étatisme ou au contraire la néolibéralisation de la politique du blé en Russie, la sous-partie suivante montre que la régulation de la circulation du blé y est marquée par la contingence, la concurrence et l'hybridité.

1.2 Un secteur traditionnel de l'intervention étatique

La comparaison avec les systèmes de *Wheat boards* expérimentés au Canada et en Australie permet d'infirmer l'interprétation étatiste pour le cas de la Russie. A l'évidence, les autorités russes ont rejeté le principe de monopole adopté par ces grands pays céréaliers : celui de commercialisation et d'export, couplé à l'abolition du marché intérieur céréalier et à la centralisation de la circulation des grains par l'État.

Détaillons-en quelques aspects. Créé par le *Wheat Stabilization Act* de 1948, le *Wheat Board* australien est appuyé sur quatre principes : un prix garanti pour le producteur, un prix interne, un fonds de stabilisation, et un organe de commercialisation (Botterrill, 2012, p. 42). La forme

---

137 *Revue francaise de sociologie*, 2017/n° 3 et *Gouvernement et action publique* oct.–déc. 2017, parmi bien d'autres.

monopolistique prise par l'organe de régulation sur le marché intérieur et externe s'impose alors également, « éliminant alors l'ennemi du producteur du processus de commercialisation, le négociant » (Botterrill, 2012, p. 42). C'est également dans l'immédiat après-guerre que naît la Commission Canadienne du blé en 1943 (Magnan, 2014a, 2014b). Elle est chargée de la commercialisation des blés et orges des prairies de l'Ouest canadien. La similarité des organismes canadiens et australiens est frappante. Elle résulte pour partie du poids de l'industrie céréalière dans l'économie de ces deux pays (Botterrill, 2012, p. 44). Par ailleurs, le contexte international des immédiats après-guerres mondiales et de la Grande Dépression est aussi déterminant. Pour ne citer qu'un seul exemple, entre 1921 et 1931, la chute des prix des blés est de 65 % (Kaplan, 2012, p. 46). Enfin, ces deux pays sont donc caractérisés par une forte dépendance à l'export et exposition aux prix mondiaux du blé.

De fait, les formes institutionnelles prises par les organes de régulation y sont très similaires : CCB et AWB sont caractérisés par un système de « guichet unique », auquel les céréaliers sont contraints de céder leur récolte et ce, dans le but de renforcer le poids des producteurs face aux négociants et intermédiaires. Ces collectes obligatoires sont ensuite mises en commun (*pooling*) dans le but de limiter la volatilité des prix des grains. AWB et CCB ont également le monopole de commercialisation à la fois sur les marchés intérieurs, mais aussi à l'export. En échange, les producteurs perçoivent des subventions étatiques en cas de prix trop faibles. D'autres missions sont également effectuées par ces organes, instruments de soutien des secteurs céréaliers : la modernisation des structures de production, l'élargissement des marchés et le soutien à l'amélioration de la qualité des grains (Botterrill, 2012 ; Magnan, 2014a). La situation de monopole est visée par le *Doha development round* négocié dans le cadre de l'OMC qui oblige à la suppression des monopoles à l'export (Botterrill, 2012, p. 46). Il est à noter que le système des Offices centraux de blé créé dans l'entre-deux-guerres en France est similaire. Pour ces éléments, voir l'encadré 5.1 ci-dessous.

La fin de l'AWB (*Australian Wheat Board*) est conjoncturellement liée au scandale de l'*Irak gate*, mais comme le précise Linda Botterrill, la perte de légitimité de l'organisme est déjà à l'œuvre depuis longtemps. Des changements incrémentaux interviennent dès les années 1960 dans le fonctionnement de l'institution australienne. Le plus significatif date de 1988, au moment où le gouvernement acquis aux thèses libérales abolit le monopole de l'AWB sur le marché intérieur. Le monopole à l'export est lui supprimé à la suite du scandale du contournement du régime de sanctions appliqué à l'Irak. Enfin, réduit au rôle de simple organisme de négoce, *le board* est privatisé au profit de Cargill. Au Canada, le débat sur l'aménagement des fonctions de la CCB intervient à partir de la signature du traité de libre-échange avec les États-Unis. Les subventions à la production dont sont bénéficiaires les producteurs canadiens sont attaquées par leurs concurrents américains. La fin du « Géant des Prairies » en 2012 est expliquée par André Magnan par l'opposition entre deux coalitions d'acteurs (Magnan, 2014a, 2014b). Pour la coalition libérale, le marché sera plus libre et plus transparent sans la CCB qui est en réalité une émanation étatique. Pour les tenants du guichet unique en revanche, le marché libre reste défavorable aux producteurs, et la Commission est, non pas un organisme étatique, mais un outil propre aux producteurs céréaliers.

En Europe, la régulation de l'agriculture est profondément modifiée dans les années 1990. Dès les origines et l'adoption du Traité de Rome en 1957, la PAC introduit un soutien fort à l'agriculture (Fouilleux, 2008). Les prix garantis maintenus à un niveau assez élevé à l'intérieur des frontières européennes protègent le revenu des agriculteurs. Parallèlement des systèmes de stockages permettent le rachat des récoltes lorsque les prix extérieurs aux frontières sont inférieurs aux prix garantis. Ces dispositions qui encouragent l'essor de la production quel que soit le niveau des prix mondiaux encouragent l'accumulation de réserves coûteuses et la surproduction agricole. La réforme Mac Sharry (Fouilleux, 2008, p. 116) conduit à la modification profonde des mécanismes de l'intervention européenne. Selon les mots d'un syndicaliste agricole recueillis pendant l'enquête « on a pensé que le marché ferait mieux et moins cher »[138]. La conception du soutien public change alors radicalement. Adoptée en 1992 et mise en vigueur en 1996, la réforme Mac Sharry introduit une forte baisse des prix institutionnels accompagnée de la mise en place d'aides directes aux agriculteurs. Le principe de déconnexion adopté implique de soutenir désormais non la production agricole mais l'agriculteur.

[138] Entretien 25.

1.3 Ni étatisme, ni néolibéralisme dans la Russie des années 2000

Un principe similaire est adopté par la politique céréalière russe en 2018 : le marché des interventions d'État est critiqué explicitement par le vice-ministre Arkadi Dvorkovitch. Les interventions publiques sont dénoncées comme un principe coûteux et peu efficace dans un contexte de croissance de la production agricole, tout particulièrement depuis 2016 (voir chapitre 2). En 2018, un instrument complémentaire est adopté par le gouvernement : la subvention des coûts de transport pour les régions éloignées des ports de la mer Noire. Tout comme les mesures adoptées dans l'Union européenne, l'intervention directe sur les prix est complétée par une aide ciblée et directe au producteur. Cette évolution met en évidence la dimension mouvante de la politique céréalière, en même temps que son caractère contingent, et dépendant des évolutions du marché. L'évolution de la politique agricole en Russie est bien loin de la thèse néolibérale[139] décrivant dans sa version radicale le désengagement croissant de l'État et la montée en puissance irréductible du marché comme nouvel instrument de la gestion des problèmes publics. La création de marchés nouveaux, en Europe tels que celui des médicaments (Nouguez, 2016), des pesticides (Ansaloni, 2017), du carbone et émissions de CO2 (Mac Kenzie, 2009 ; Godard, 2014 ; Callon, 2009), ou encore de la dette publique française (Lemoine, 2014) a pu alimenter cette thèse. Toutefois, dans le cas russe, l'État ne fait pas de délégation de l'action publique au marché et reste maître d'œuvre de la politique céréalière. Si la modernisation et la rationalisation qui ont présidé à la diffusion du modèle marchand auprès des cadres des administrations publiques (Dufy, 2011) sont documentées par de nombreux travaux sur l'administration russe (Sigman, 2013), en revanche, le marché, loin d'être la pierre angulaire de la recomposition de l'État comme dans d'autres pays, doit est l'un des divers instruments disponibles, au même titre que d'autres, dans le répertoire large de l'action publique.

Si elle n'est pas néolibérale, la politique céréalière russe est-elle alors étatiste ? Ces analyses sont mobilisées tout particulièrement sur les terrains considérés comme autoritaires comme l'est la Russie contemporaine, que

139 Pour une synthèse extrêmement claire et vaste de ce débat, se reporter à King, Le Galès, (2011) ou encore Berth A. Simmons, Franck Dobbin, Geoffrey Garrett, (2006).

ce soit dans la sphère politique ou économique, et plus spécifiquement dans le secteur céréalier (Azarieva, 2013).

De fait, les documents stratégiques élaborés par le ministère de l'Agriculture font des céréales et du blé en particulier un secteur fondamental de la sécurité nationale. Ces dispositions inciteraient à valider l'étatisme de la politique céréalière russe (voir sur ce point plus précis le chapitre 6), que ce soit sous l'angle du rôle de l'État et dans une version plus stratégique, sous l'angle de la puissance du pays. Comme mentionnée par le document officiel *Doctrine stratégique de développement du secteur céréalier à long terme pour 2016–2025 et 2030* :

> La production de grains constitue la base de tout le complexe agroproductif de la Fédération de Russie et est le plus gros secteur de l'agriculture dont dépend le développement de la sécurité alimentaire du pays, et l'approvisionnement de la population en produits alimentaires et son niveau de vie.[140]

De nombreuses interventions publiques peuvent également être trouvées en ce sens. Dans son analyse du marché du blé en Russie inspirée par les thèses d'Alexander Gershenkron (1943) et de James Scott (1998), Janetta Azarieva (2013) établit un lien entre la montée en puissance de l'autoritarisme en Russie et la croissance de la production de blé. Selon l'auteure, le contrôle accru sur l'agriculture serait tout d'abord une réitération d'un contrôle centralisé de gouvernement sur l'agriculture hérité de la période soviétique (voir annexe 3 en fin d'ouvrage). L'enjeu demeure le même, la stabilité politique et sociale du pays. Toutefois, compte tenu de l'abandon de la planification centralisée, ce contrôle serait assuré par d'autres moyens : les interventions de l'État sur les marchés. Cette continuité historique postulée d'emblée entre différentes périodes historiques, marquées par des systèmes politiques et économiques radicalement opposés pose naturellement question[141]. Par ailleurs, pour

---

140 <http://mcx.ru/upload/iblock/959/959648abb188a76c11095d869e8bde94.pdf>, consulté le 6 janvier 2019.

141 Le poids de la période soviétique dans le présent occupe toute l'historiographie du monde post-soviétique. Les courants théoriques de la dépendance au sentier (ou *Path Dependency*) par exemple, ont pu montrer des formes de recomposition et refonte de configurations institutionnelles dans un nouveau régime, comme l'expose l'article programmatique de David Stark (1996). Il convient toutefois de préciser que D. Stark ne prétend pas que les formes institutionnelles demeurent telles quelles, mais que les ressources et pratiques issues de régimes antérieurs servent de base à la reconfiguration dans la période post-soviétique : « L'effondrement des

stimulante qu'elle soit, cette analyse ne permet pas d'exposer pourquoi ce contrôle politique prend la forme d'interventions de marché, alors que de nombreux autres types d'instruments auraient été possibles à envisager, ce d'autant plus dans une économie marquée historiquement par le dirigisme. Enfin, cette thèse fait l'économie des objectifs assignés à la politique de soutien céréalier et qui peuvent être divers, selon que la stabilité politique repose sur la tranquillité des campagnes et des revenus des producteurs, ou sur celle des villes et la satiété des consommateurs urbains.

Encadré 5.1 : L'organisation des marchés agricoles, aperçu historique sur la France de l'entre-deux-guerres

Dans le monde occidental, le contre-modèle en vigueur est le marché, le libre-échange, 1914 clôturant une longue période de libéralisation et d'internationalisation des échanges. La période de l'entre-deux-guerres marquée par le séisme de la Grande Dépression, est caractérisée au contraire par un consensus sur la nécessaire régulation du libre-échange (Von Graevenitz, 2012, p. 86). Depuis quelques années, de nombreux travaux d'historiens se sont employés à replacer les différents marchés dans leur contexte historique (Margairaz, Minard, 2006). Dans ces travaux, le marché des aliments est décrit comme un marché spécifique qui voit s'imposer progressivement une régulation fondée sur le contrôle de la qualité alimentaire (Bruegel, Stanziani, 2004).

La question de la régulation de la circulation des denrées alimentaires et agricoles est au cœur de l'important projet collectif mené sous l'égide d'Alain Chatriot, Edgar Blanc et Edouard Lynch, qu'il s'agisse du sucre, du blé, du lait, de la viande ou du vin (2012). La conclusion de la prégnance du contrôle

---

structures formelles du régime socialiste ne résulte pas en un vide institutionnel. À la place, nous trouvons des persistances de routines, de pratiques, de formes organisationnelles et de liens sociaux qui deviennent des capitaux, des ressources et la base d'engagements crédibles et d'actions coordonnées dans la période post-socialiste ». (Stark, 1996, p. 995).

étatique sur ces circulations est établie avec force dans l'ouvrage, sous une forme spécifique celle des Offices interprofessionnels. Au-delà, elle souligne selon les auteurs « la triple articulation de l'économique avec le politique, de l'économique avec le social, et du politique avec le social » (Chatriot *et al.*, 2012)[a]. Les travaux menés dans le cadre de l'histoire économique des marchés constituent un apport considérable pour le sociologue dans la compréhension des formes diverses prises par la régulation des marchés. Ils permettent de déployer l'éventail des possibles et de replacer les cas étudiés, qu'il s'agisse de leur forme ou de leur organisation, dans une contingence à analyser.

Dans cette économie de la circulation des marchandises, les céréales et tout particulièrement le blé font l'objet d'un traitement particulier. Dans cet exemple, il est appréhendé par les observateurs tantôt comme une marchandise circulant selon les variables d'offre, de demande et de prix, tantôt comme un produit de première nécessité dont le contrôle de la circulation garantit la paix sociale (Steiner, 2008 ; Kaplan, 2017), tantôt comme une denrée dont la production exprime une puissance politique et constitue un bien stratégique dans les relations internationales (Azarieva, 2013 ; Abis, 2015).

Ainsi l'histoire, en particulier dans le cas de la France de l'Ancien régime, a mis au jour l'importance du blé dans la paix civile. Comme l'expose l'éminent historien S.L. Kaplan, le blé est au cœur d'un contrat social paternaliste entre le peuple et le souverain : la légitimité de l'État « est en grande partie assise sur le contrat social des subsistances, la promesse du prince nourricier/paternel de garantir son peuple/ses enfants contre la famine sinon la faim en échange de leur soumission morale et matérielle » (2017, p. 50).

La demande des consommateurs, telle que formulée par Kaplan sollicite à la fois le boulanger et le policier, et elle est simple. « Leur demande est simple, immuable, et négociable uniquement à la marge : du pain de bonne qualité, en quantité suffisante et à un prix raisonnable » (2012). Toutefois, la demande des consommateurs n'est pas la seule priorité dans l'équilibre social. De fait, la contradiction entre pain bon marché et céréales chères est mise au jour par Kaplan : « comment concevoir une politique simultanée de blé cher et de pain bon marché ? » (2012, p. 39).

La paix sociale dépend de la situation des consommateurs et des producteurs. Cet équilibre est l'objet d'un contrôle étroit de l'État, intégré pour Kaplan dans un triangle entre consommateurs, producteurs et État. « Dans ce triangle, cependant l'État n'est jamais simple médiateur. Prince nourricier à l'âge monarchique se muant en "Providence" en se modernisant, l'État à toute époque joue ici sa légitimité » (2012, p. 27).

Les passages ci-dessous proposent de mettre cette hypothèse à l'épreuve en analysant le fonctionnement concret des mécanismes d'interventions étatiques sur les marchés des blés dans la Russie des années 2000–2010.

La régulation marchande : une forme spécifique d'organisation des marchés céréaliers

Comme établi plus haut, l'impératif de qualité est central dans l'organisation étatique des denrées agricoles. Pour autant les formes prises par cette organisation sont importantes à analyser. En Russie, la mise en place d'un mécanisme d'intervention étatique sur les marchés céréaliers dans les années 2000 peut être interrogée de deux points de vue : soit du point de vue de la réinstauration d'un rôle étatique fort dans le contrôle des marchés, soit au contraire de celui de l'instauration d'un instrument de régulation dont la première caractéristique est de reposer sur le principe marchand. Dès lors, celui-ci pourrait ouvrir la voie à deux interprétations antagonistes et extrêmes possibles : le renforcement du rôle de l'État ou l'adoption du néolibéralisme dans le secteur céréalier.

Deux moments historiques sont symptomatiques et permettent de dresser des parallèles internationaux : le moment des années 1930 et de l'immédiat après-guerre, favorable à une influence étatique forte, alors que les années 1990 sont caractérisées par une dérégulation marquée et un poids prégnant des formes marchandes.

La comparaison avec les institutions d'encadrement étatique mises en place sur les marchés agricoles dans les années 1930 et 1940 montre l'écart considérable avec le modèle en vigueur en Russie à partir des années 2000. L'institutionnalisation du contrôle céréalier est acquise le 15 août 1936 avec la création de l'ONIB (Office national interprofessionnel du blé) puis de l'ONIC (des céréales). Si l'ambivalence des professionnels du blé à l'égard de l'intervention est manifeste car cette dernière est tout autant réclamée que crainte, pourtant un consensus international s'établit dans les années 1930–1940 (*voir* Botterrill, 2012, p. 15) en faveur de la création d'institutions pour contrôler des « marchés qui procuraient des niveaux inacceptables de volatilité des prix » (p. 48). En France, tout comme dans les années 1940 au Canada et en Australie, des mécanismes centralisés et monopolistiques sont instaurés coupant ainsi les liens entre les producteurs et les distributeurs et intermédiaires. La grande dépression favorise le développement du protectionnisme, non seulement en légitimant les tarifs douaniers, mais aussi en favorisant le développement des quotas d'importation et des subventions aux exportations. En réalité, les offices se développent dans un contexte international favorable à l'organisation des marchés agricoles (*cf.* Commission internationale d'agriculture créée en 1927). Ils sont constitués comme un rempart à la fois contre le bolchevisme et la mondialisation. Ce faisant, ces offices participent à la modernisation du pays et de la société, ils permettent de créer un monde social et économique, le monde agricole, ouvert sur les marchés mondiaux. Pour Bertrand Hervieu, l'ONIB marque en France une étape essentielle dans la construction politique et sociale d'un groupe professionnel particulier : elle fait face à l'État, non plus face à une profusion et une « masse indifférenciée de paysans polycultivateurs-éleveurs, plutôt tournés vers l'autoconsommation du groupe domestique, et les marchés locaux, mais avec des producteurs érigés en acteurs économiques d'un grand marché national et international » (Hervieu, 2012).

Dans tous les pays, les réticences des agriculteurs face à l'action publique et à ce mécanisme ont pu être fortes, face au spectre du collectivisme agraire. De même pour les pouvoirs publics, et le monde politique, la crainte était de réduire la concurrence, de subventionner des fermes inefficaces. Par exemple, en Australie, l'opposition des *traders* et des intermédiaires a obtenu gain de cause dans les années 1930 avec l'échec du projet de prix fixes et de collecte forcée des grains.

Les conditions historiques particulières propres à l'Australie des années 1940 conduisent à l'adoption d'un mécanisme institutionnel capable de réduire l'incertitude et permettant aux acteurs de ne pas « livrer la même bataille encore et encore » (Botterrill, 2012, p. 43). Ce faisant, le *board* incarne pour deux décennies le « triomphe des valeurs du collectivisme agraire sur les intérêts des négociants céréaliers et des supporters du libre-échange » (Botterrill, 2012, p. 48 dans la traduction de l'auteure). De fait, en Australie, la montée en puissance d'un syndicalisme renforcé depuis les années 1930 parvient à s'imposer dans la négociation et sur la base de l'accord pour des prix intérieurs et l'adoption d'un fonds de stabilisation. Simultanément, d'autres objectifs s'imposent à cette structure dans les années 1940–1950 : outre le soutien aux revenus agricoles, produit de l'idéologie agraire prégnante dans le pays, il devient important pour les autorités publiques de garantir la stabilité des prix pour le consommateur, la promotion de la production et la lutte contre la concurrence déloyale (Botterrill, 2012).

En France, le but de l'organisation des marchés céréaliers est de garantir une rémunération minimale aux producteurs, mais également d'opérer une refondation de la filière blé-farine-pain pour en mener la modernisation. Le prix national du blé est établi par l'ONIB pour toute la récolte et implique la livraison obligatoire des blés à des organismes collecteurs. Cette disposition clôt la pratique ancienne de la relation directe entre producteurs et meuniers mais permet le financement immédiat des producteurs par ce nouvel organisme. Parallèlement sont établis le monopole d'importation et d'exportation de l'ONIB pour le blé. L'ONIB organise la distribution du blé à chaque meunier en fonction d'une quote-part du blé détenu par les organismes stockeurs, blé qu'il ne choisit pas et le meunier est alors tenu de livrer de la farine aux boulangers qui eux non plus ne choisissent par leur fournisseur. L'ONIB est corporatiste de par sa composition réunissant une majorité de membres de la profession (Kaplan, 2012, p. 39). Son conseil est présidé par une personnalité élue, dont le rôle est moins important que celui du DG élu par le gouvernement. Par ailleurs, les travaux d'historiens montrent que progressivement se renforce le poids de l'État au sein de ces organismes, ce qui constitue un mouvement international (Von Graevenitz, 2012, p. 53).

Cette maîtrise complète du marché du blé par l'ONIB produit une unification croissante des marchés nationaux et internationaux, débouche sur une « normalisation, avec l'élaboration de normes de plus en plus contraignantes dans lesquelles l'État est sans cesse sollicité. Le marché du blé comme celui du lait, n'échappent pas à cette donnée structurelle : les enjeux qualitatifs occupent une place croissante et n'échappent pas au dirigisme ambiant » (Chatriot, Lynch, 2012, p. 16). Alain Chatriot consacre d'ailleurs des passages très vifs aux témoignages de dénonciation de la lourdeur administrative, de la corruption, des inefficacités structurelles et des blocages qui ont entaché le fonctionnement d'un système bureaucratique.

[a]Les auteurs ajoutent… « le tout plus ou moins distancié, mais jamais entièrement disjoint du religieux ».

Ces exemples sont inscrits dans un contexte historique de régulation forte et de retour au protectionnisme, différent de l'internationalisation des agricultures des grands pays producteurs, décrite dans le chapitre 2[142]. Au contraire, l'adoption d'un système marchand régulé par l'État est au cœur de la politique céréalière russe. La capture d'écran ci-dessous montre que la régulation étatique des marchés agricoles est l'une des missions explicites du ministère de l'Agriculture.

142 Les États-Unis, l'un des plus gros producteurs et exportateurs de blé au monde, disposent également de mesures d'encadrement des marchés céréaliers, principalement des mesures de soutien par le biais des prix.

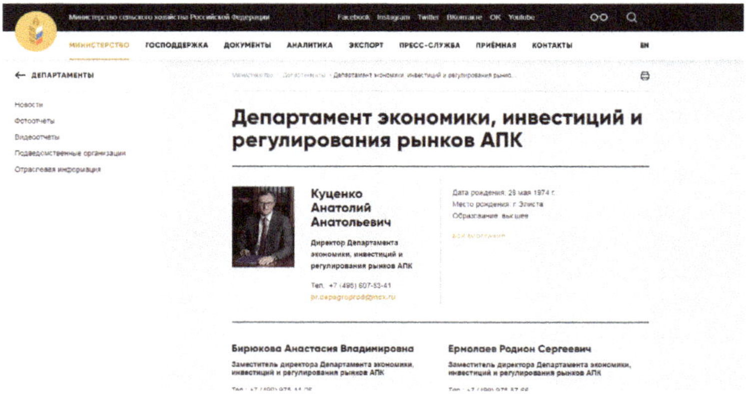

Illustration 5.2: Capture d'écran, Site du ministère de l'Agriculture de la Fédération de Russie, département de l'économie, des investissements, et de la régulation des marchés du complexe agro-industriel

Les développements qui précèdent ont montré que l'analyse du *design* de l'instrument et de son usage est plus révélatrice que les recherches sur les intentions supposées de ses auteurs. L'étude des effets constitue un aspect central dans l'approche des instruments de l'action publique. La libéralisation de la politique céréalière a-t-elle produit des résultats efficaces durant ses quelque 15 ans d'existence ?[143]

2. Les effets directs et indirects des interventions : une régulation opaque et coûteuse

Les interventions sur les marchés sont un instrument d'action publique discuté et remis en question. Leur efficacité s'apprécie davantage dans la production d'un collectif d'acteurs du marché céréalier qu'elles contribuent à souder et qui légitime l'action de l'État. Au-delà, l'effet de la politique céréalière russe est de faire territoire, de créer des frontières. Cette spécificité du pays, peu évoquée dans la littérature, constitue une contribution originale au débat sur les effets des politiques publiques.

---

143 On laissera de côté les effets que la néolibéralisation de l'État a sur sa définition, pour une analyse de ce débat, se reporter à D. King, P. Le Galès, (2011).

2.1 Une efficacité économique contestée et coûteuse

L'objectif direct et explicite visé par le marché des interventions était de stabiliser les prix sur les marchés intérieurs, en jouant sur les arbitrages des opérateurs, amenés à pouvoir bénéficier de prix inférieurs au marché en période de hausse excessive et l'inverse en période de baisse des cours marchands. Les ventes publiques protégeant les intérêts de l'industrie de transformation préviennent les fortes hausses de cours, évitant les pénuries, comme en 2010 lors de la sécheresse et des incendies autour de Moscou. Les achats publics stérilisent l'excès de céréales susceptible de grever le revenu des agriculteurs en période de forte production. Ainsi la puissance publique compte peser sur l'évolution des prix, à la marge.

Ce mécanisme est-il efficace ? L'évolution des volumes d'échanges est retracée par A.I. Doroshchuk (2015, 2016). L'influence de ce mécanisme sur les prix est difficile à quantifier, elle peut être approchée par la part en volume ou en valeur des transactions réalisées sur le marché des interventions par rapport au total de la récolte. Les céréales les plus concernées par les achats publics sont le blé. Il représente près de 85 % du total opéré pour le compte du fonds d'intervention sur la période 2002–2015, qu'il s'agisse des 3e (42 %), 4e (30 %) ou 5e catégorie (12,5 %) (Doroshchuk, 2015, p. 8).

Les volumes d'achats annuels opérés par le fonds d'intervention évoluent entre 0,75 % du volume total de blé récolté sur la campagne 2011–2012 et 11,82 % sur celle de 2008–2009. Les premières années, les interventions n'ont pas d'influence sur le marché pour certains observateurs : les volumes échangés par le mécanisme étant faibles : entre 1,5 et 1,6 tonnes en 2003–2004 et 2005–2006. L'efficacité réelle commence à compter de 2008, au milieu de la crise financière (Kossyakin, 2009). En moyenne, entre 2002 et 2015, Doroshchuk calcule que sur les quelques 174 millions de tonnes de blé exportées sur la période, quelques 100 millions se rapportent aux années d'activité du mécanisme d'intervention[144]. Sur cette valeur, seules quelques 16,5 millions tonnes de blé ont été achetées sur le marché des interventions d'État. (Doroshchuk, 2015, p. 10).

Les ventes de céréales sont-elles réalisés lors des mauvaises récoltes en 2004, 2007–2008, 2011, 2012, 2012–2013. Sur la période 2004–2013, presque 10 millions de tonnes de céréales ont été cédées par le fonds

144 En période de récolte inférieure à une moyenne, il n'y a pas d'intervention publique à l'achat, c'est le cas des années 2003, 2004, 2006, 2007, 2010 et 2012 (Doroshchuk, 2015, p.10)

d'intervention, dont 80 % concernaient le blé (Doroshchuk, 2015, p. 11). L'auteur note toutefois que de nombreuses ventes lors d'années successives ont été réalisées en dehors des cadres fixés pour les transactions publiques (2015, p. 12) ce qui rend l'évaluation difficile. La décision d'intervention sur les marchés dépend de la situation du marché suivie au jour le jour déclare A. Dvorkovitch, vice-Premier ministre dont relèvent les décisions relatives aux fonds d'intervention[145]. Au printemps 2016, le fonds d'intervention était constitué de plus de 3 149 000 tonnes, les fonctionnaires du ministère de l'Agriculture évaluant les besoins à près de 3,5 millions de tonnes minimum, toutes céréales confondues. Les céréales peuvent également être exportées en cas de situation de chute des prix sur les marchés intérieurs[146] : le ministère de l'Agriculture émet alors une disposition (*postanovlenie*) autorisant le fonds d'intervention à céder des volumes de céréales[147], ces opérations sont alors soit réalisées par OZK, soit déléguées à d'autres opérateurs privés par OZK.

Or, alors que les conditions seraient réunies pour des achats massifs de blé, suite à la faiblesse des cours[148], le fonds d'intervention déstocke à l'été 2018, comme le rapporte un interlocuteur de NTB en juillet 2018[149]. En janvier 2018, dans une audition devant le Sénat le 18 janvier 2018, le ministre de l'Agriculture, Alexandre Tkatchev, annonce : « Nous pensons qu'à l'heure actuelle les interventions d'État sont un mécanisme néfaste. Pourquoi ? Il y a tellement de blé, les silos sont pleins, le blé est acheté mais on ne peut le stocker nulle part »[150]. Dès lors, il convient de conserver les interventions comme un instrument « en réserve » pour stabiliser les prix dans certaines régions où il est excédentaire. D'autres

145 Se reporter à l'art. 6 de la loi fédérale sur le développement de l'agriculture. À partir d'une dépêche d'agence agrofakt du 15 avril 2016, <http://kvedomosti.ru/news/a-dvorkovich-reshenie-o-zernovyx-intervenciyax-budet-zaviset-ot-situacii-na-rynke.html>, consulté le 26 juillet 2018.

146 Sur ce point voir <https://www.kommersant.ru/doc/3367164>, consulté le 26 juillet 2018.

147 C'est la décision prise au printemps 2016.

148 Agroinvestor, 4 avril 2018, « Les intervention céréalières ont perdu de leur actualité», [*zernovye-interventsii-poteryali-aktualnost*], voir <http://www.agroinvestor.ru/markets/article/29587-zernovye-interventsii-poteryali-aktualnost/>, consulté le 18 juillet 2018.

149 Entretien 31.

150 Journal RBK, 17 janvier 2018, « *Ministr sel'skogo khozâjstva nazval zernye intervencii vrednymi* » (Le ministre a qualifié les interventions céréalières de néfastes), <https://www.rbc.ru/business/17/01/2018/5a5f22ea9a79471ce4121840>, consulté le 18 juillet 2018.

mécanismes de soutien sont plus efficaces pour stabiliser les prix, en particulier la stimulation de l'export ajoute le ministre. Le solde des opérations publiques sur les transactions céréalières est négatif et leur coût s'élève à 18 millions de roubles.

Les aléas de la politique céréalière sont largement critiqués par nombre d'experts et peu appréciés par leurs destinataires. La périodisation de la politique d'interventions produit des conclusions intéressantes. Le tableau 5.2 montre qu'entre 2005 et 2008, les prix des interventions d'achat ont été supérieurs aux prix du marché. A l'inverse, entre 2009 et 2014, ils leur ont été inférieurs. Ainsi dans la première période les interventions ont joué leur rôle initial, celui de stabiliser les prix du marché et d'empêcher un effondrement en période d'excès de production. Dans la deuxième période, les prix d'achat sont inférieurs aux prix de marché. Par conséquent, ils ne remplissent plus leur rôle d'influence sur les prix de marché. En revanche, ils servent d'outil de réduction des coûts dans une perspective budgétaire. Le ministère de l'Agriculture cherche ainsi à transférer aux opérateurs la prise en charge de la politique d'interventions (Doroshchuk, 2016, p. 269). Au-delà, la faible efficacité de la politique d'intervention résulte des moyens financiers modestes attribués, des volumes d'intervention limités et la durée non justifiée de conservation des grains dans les silos (Doroshchuk, 2016).

Tableau 5.2: indicateurs de prix et de volume pour les interventions publiques d'achat de vente de céréales (blé de troisième classe) sur quelques années (extrait des données collectées par Doroshchuk, 2016, p. 269)

Indicateurs	2005	2008	2009	2011
Prix des interventions d'achat *(en roubles par t)*	3124	5845	4070	4632
Prix des interventions de vente *(en roubles par t)*	5795	7106	6887	8052
Prix du marché *(en roubles par t)*	3080	5440	5710	5680
Vol. d'achat de céréales par le fonds *(en millions de t)*	1,429	2,658	1,418	0,309
Vol. de vente de céréales par le fonds *(en millions de t)*	1,308	1,835	1,043	0,054
Coût de l'achat *(en milliards de roubles)*	4,464	15,536	5,771	1,433
Coût de la vente *(en milliards de roubles)*	6,652	14,520	8,422	0,435
Solde budgétaire : recettes – dépenses *(en millions de roubles)*	2,188	–1,016	2,651	–0,998

2.2 Lorsque le marché est délégitimé

Au milieu des années 2010, le marché n'apparaît plus comme un instrument rationnel, efficace et moderne. Le mécanisme est délégitimé par la puissance publique, mais aussi par certains opérateurs privés et ce pour des raisons différentes : pour sa faible efficacité et l'opacité de son fonctionnement. Cette contribution vise à alimenter la sociologie de l'action publique sous un angle peu développé : celui des résistances des « administrés », sous-évalué par l'approche des instruments de l'action publique. Dès lors que l'appréhension adopte le point des administrés, les effets des politiques publiques sont décrits comme « inattendus, surprenants ou pervers », et sont incapables de penser « des modes différenciés d'appropriation des instruments » (Le Bourhis, Lascoumes, 2014, p. 494).

Or, cette lacune est dommageable à ce champ de recherche, tant l'opposition est une composante permanente et consubstantielle des dispositifs de pouvoir. Dans le cas russe, la défiance est en effet une réalité immédiate et centrale des enquêtes de terrain menées avec des professionnels du monde des affaires, où le contournement des dispositifs publics, les résistances et l'illégitimité de l'action étatique sont prégnants (Dufy, 2015). Les propos collectés par l'enquête de terrain sont à cet égard révélateurs des dysfonctionnements, des biais et des arrangements utilisés par les professionnels. Ils incitent le chercheur à ne pas surestimer la rationalité, l'efficacité et la cohérence de l'action publique. Cette remarque trace une piste de recherche prometteuse pour analyser l'articulation entre pouvoir et résistance, entre politiques collectives et intérêts privés, entre instruments d'action publics et modalités d'organisation de la résistance, de la défiance, de l'opposition, du contournement et de l'instrumentalisation du collectif à des fins privées (Dufy, 2015, p. 89).

> Pour les professionnels des affaires, l'illégitimité de l'intervention publique vient de l'inefficacité de l'État. Comme James Carrier l'a remarqué, l'idée que le monde des affaires devait profiter d'une liberté à l'égard de l'État est très profondément ancrée dans la civilisation occidentale. Conformément à la perspective libertarienne, le marché libre procure un salut par rapport au gouvernement (Carrier, 1997). Dans le cas de la Russie, cette attitude anti-autoritaire pourrait constituer un héritage de la période soviétique, quand l'économie planifiée assurait une domination bureaucratique aux dépens des besoins du monde des affaires.

Trois de mes entretiens ont évoqué un usage des interventions d'État. Ils illustrent l'écart entre la rationalité supposée incorporée dans l'action publique et l'appréhension privée de l'efficacité de ces mécanismes, et l'instrumentalisation qui en est faite. Pour le premier, *manager* au sein d'une grosse société de *trading* céréalier basée à Moscou :

> Oui alors là, oui, ça marche et les prix sont garantis mais alors, vous savez pas vraiment quand vous allez recevoir l'argent avec eux et comme le rouble s'est bien dévalué, on ne sait jamais ce qu'il va rester. Enfin là la dernière fois, on s'en est pas trop mal tirés.[151]

Un autre professionnel céréalier, *trader*, d'une société régionale de *trading*, basée à Krasnodar explique que le segment concerné est surtout centré sur les marchés locaux et la faible qualité (avril 2016) :

> Non on n'a pas vendu sauf pendant cet épisode d'interdiction d'export, parce que là et on n'a pas acheté non plus, parce que là où c'est moins cher, c'est que la qualité est basse aussi et nous on n'a pas de blés de fourrage, c'est souvent que les moulins et ce type d'acteurs qui achètent à l'État, c'est ce type de segments et ils n'achètent pas beaucoup à la fois.[152]

Enfin un syndicaliste, responsable d'un syndicat céréalier, après avoir plaidé en faveur de l'instauration de ce système auprès des autorités publiques regrette son caractère parcellaire (juillet 2016, Moscou)[153] :

> – Est-ce que cela marche bien ?
>
> – Oui avec OZK, c'est la compagnie qui opère ces échanges ça se passe bien, mais il faut bien avoir à l'idée que concrètement, il n'y a pas d'interventions au Sud, toutes les interventions se font dans l'Oural, en Sibérie et dans la région de la Volga.

Par ailleurs, selon cet interlocuteur, une commission paritaire placée auprès du ministère de l'Agriculture composée des représentants des plus gros syndicats agricoles fait des propositions pour la fixation des prix d'intervention, elle est le lieu d'un rapport de force entre les différents intérêts agricoles et peut conduire à influer sur les effets des politiques publiques. Cet interlocuteur poursuit :

> L'année dernière, les prix ont été fixés tellement bas que aucune intervention d'achat n'a été effectuée.
>
> – Pourquoi ?

---

151 Entretien 29.

152 Entretien 22.

153 Entretien 28.

– Parce qu'on a un syndicat qui s'appelle [une union céréalière], mais aussi l'union des producteurs de porcs et de poulets, ils ont fait tellement pression et ils ont tellement fait du *lobbying* au sein du mécanisme que les prix étaient trop bas pour les producteurs et personne n'a vendu.

Alors nous dans le cadre [de cette commission] auprès du ministère de l'Agriculture… moi j'ai été le vice-directeur de ce conseil pendant 3 ans… depuis c'est le vice-directeur de notre syndicat qui l'est…, et on leur a dit les gars, il y a [président du premier syndicat] dans cette commission et les producteurs de poulet et de viande et leur a dit, les gars, allez on va analyser quand même ces prix… ces prix qui existent, ils sont trop faibles… et au final, on a réussi à se mettre d'accord, on a adressé des propositions de nouveaux prix plus élevés aux ministères et au gouvernement et ils les ont adoptés.

D'autres dispositifs plus contraignants, tels que les taxes à l'export (mises en place en 2008) ou les interdictions d'exporter, comme en 2010, (en place jusqu'à juin 2011) suite aux incendies autour de Moscou suscitent des réactions allant de la condamnation ferme de l'action de l'État à des pratiques d'adaptation et de maximisation de l'intérêt privé. C'est le cas des instruments accompagnant les campagnes d'interventions publiques. Comme l'explique l'un des nombreux producteurs rencontrés et sensibilisés aux questions fiscales, un producteur d'une petite exploitation céréalière de la région de Krasnodar rencontré en mars 2016 qui décrit sa perception du passage d'interdictions à l'export (2010) décrétée par le gouvernement à un système de taxes flottantes à l'export :

Ce qui fait obstacle [à la production agricole] c'est beaucoup plus les aspects politiques, les taxes, les interdictions d'export c'est plus ça le problème. Cela a été nuisible et pendant 3 ans on a toussé tous les producteurs, et pendant 2–3 ans on nous a quand même punis pour ne pas avoir rempli nos engagements et c'est ce qu'il fallait faire parce que c'était juste. Ça ne se passe comme cela, et maintenant on joue avec les taxes en permanence.

– Vous jouez ?…

– Oui on attend, quand c'est mis en place, quand c'est enlevé… maintenant ils ont mis en place une taxe flottante, ils pensent qu'ils sont très intelligents mais il me semble que c'est comme mettre les doigts dans le ciel en règle générale cela n'atteint pas son objectif.[154]

Ces propos sont précieux et rares car ils lèvent le voile sur les conditions de fixation des prix plafond et plancher d'intervention. Ils révèlent les

---

154 Entretien 19.

rapports de force à l'œuvre entre acteurs du secteur céréalier et entre pans de la production agricole. D'autres observateurs mobilisent l'argument de la corruption pour expliquer l'écart entre les coûts et les bénéfices de ces mesures. Toutefois, outre qu'il est difficile à documenter de façon rigoureuse et précise, il renvoie en dernier ressort à une lecture en termes de rapports de pouvoir.

Par ailleurs, les mesures céréalières fortes ont eu des effets contre-productifs. La fiabilité de la signature des fournisseurs russes a été entamée par la rupture de contrats internationaux, suite aux embargos à l'export décidés en 2010, ou aux quotas adoptés suite à la crise sanitaire au printemps 2020 (Liefert O., Liefert W., Luebehusen, 2013). Cet argument souligne la contradiction entre politiques et insertion accrue de la Russie sur les marchés internationaux. Andrei Sizov[155] explique: « les bureaucrates et les contribuables ont fini par comprendre que se battre avec un marché énorme, en faisant partir en fumée les recettes budgétaires n'avait pas de sens. En Russie, on considère encore cet instrument comme moderne ». Or, poursuit-il « le mécanisme des interventions d'État est archaïque et inefficace. Il aide peu les milieux économiques, demande des moyens budgétaires significatifs et augmente les risques pour les opérateurs du marché céréalier ». Cet expert des marchés céréaliers met en évidence une idéologie modernisatrice du marché qui a gagné des soutiens, dans ce qu'il appelle « la bureaucratie d'État ». La sensibilité accrue des prix russes aux prix internationaux est également attestée par Doroshchuk (Doroshchuk, 2015, p. 11). Le coefficient de corrélation entre les prix sur le marché céréalière de Chicago et les prix intérieurs russes seraient de 0,89.

D'autres analystes des politiques publiques mettent au jour l'aspect contradictoire, hétérogène et hybride des effets de l'action publique sur les administrés, à travers « la mobilisation conjointe d'une pluralité d'instruments et d'acteurs aux logiques hétérogènes, voire antagonistes » (Nouguez, 2016, p. 257). Les interruptions des interventions publiques sont à interpréter comme des « épreuves » au sens de la sociologie pragmatique. C. Lemieux le formule ainsi (2012, p. 180) :

> Le contact avec la matérialité du monde aura donné lieu pour les acteurs à une mise à l'épreuve de leurs conceptions collectives de la réalité et [qu'] elle aura de ce fait enclenché parmi eux une activité de jugement et une

---

155 AgroXXL, Le portail de l'agroindustrie, article, 22 août 2016, « Les interventions ont divisé les agrariens » <https://www.agroxxi.ru/stati/intervencii-raskololi-agrariev.html>, consulté le 6 janvier 2019.

dynamique de réaffirmation, ou le cas échéant de réajustement, de leurs conceptions de départ.

Cette décision prouve tout à la fois la contingence des instruments de l'action publique, rappelle le caractère structurant de la « matérialité du monde » établie dans les chapitres 3 et 4, en même temps qu'elle permet de réaffirmer l'importance des effets indirects de l'action publique. Le marché des interventions publiques contribue à créer un collectif d'acteurs de la politique céréalière en lien avec les marchés mondiaux. Au-delà, l'État reconfigure les cadres de l'action des acteurs privés, en construisant et en modifiant les frontières des marchés.

2.3 Des effets indirects puissants : la production d'un collectif d'acteurs

Qui sont ces acteurs ? Ouvrir la boîte noire de la politique des interventions implique de dépasser le cadre juridique pour porter attention aux effets politiques des instruments sur les rapports de force entre les groupes sociaux (King, Le Galès, 2011)[156]. Cette ambition s'appuie à la fois sur la sociologie de l'action publique dans la mondialisation et l'histoire de l'administration russe.

La première conclut qu'à travers le mécanisme mis en place, acteurs privés et publics coconstruisent le dispositif des interventions d'État. En suivant Pierre-Yves Baudot, je montre à travers les interventions d'État comment les instruments structurent des

> collectifs d'action publique dont l'effet réside moins dans leur efficacité verticale et disciplinaire à créer les effets désirés sur les administrés, que dans leur capacité à articuler ces collectifs, à produire des configurations sociales à les faire durer, à distribuer des ressources et des dispositions en leur sein. (2014, p. 221)

La seconde orientation nécessite de préciser quelques éléments de l'histoire récente de l'administration russe. En de nombreux endroits du monde, la néolibéralisation partielle de l'administration publique a produit le

156 Pour citer les auteurs, « Les recherches les plus intéressantes concernant les politiques publiques combinent souvent une dimension institutionnaliste avec une dimension de mobilisation, d'action, de contestation qui permet de rendre compte finement de l'exercice de l'autorité et de la légitimité de l'État, de sa capacité à gouverner, et de ses échecs. » (King, Le Galès, 2011, p. 470–471).

Nouveau management public. Ce dernier implique la désaffection à l'égard des modes légaux pour l'adoption d'instruments plus flexibles « associant la gouvernance par le marché et les réseaux » (Howlett, 2014, p. 297). En Russie, il a été implanté « avec une étonnante facilité ». En témoigne le secteur de l'éducation : les réformes introduites en ce sens à partir de la décennie 2000 n'ont pas suscité de mobilisations d'usagers ou de salariés du secteur public (Sigman, 2013, p. 442). Les raisons de cette facilité peuvent être multiples. La crise traversée par les services publics dans les années 1990 concerne tout autant le secteur de l'Éducation, que les traditionnels ministères de force (armée, FSB, intérieur), ou le ministère de l'Agriculture ; toutes structures administratives profondément désorganisées (Kirtchik, 2007). Les effets majeurs en sont les suivants :

> La période post-soviétique est, en effet, marquée par un démantèlement (partiel) du système technocratique caractérisé par une jonction de l'administration, de la science et de la production montées dans une chaîne unique et strictement hiérarchique. Dans le même temps, on assiste à une diversification des pratiques d'expertise et des canaux d'influence des économistes, notamment en faveur des formes non directes (Kirtchik, 2007, p. 484).

La tradition autoritaire des réformes d'État peut également être invoquée, qu'elles aillent dans le sens de la socialisation, ou de la libéralisation. En revanche, dans la Russie poutinienne, le transfert des programmes de réformes issus des cabinets des organisations internationales ou de pays occidentaux se fait de façon plus indirecte qu'il ne l'était dans les années 1990 (Dezalay, Garth, Bruyant, 2002 ; Dufy, 2010). Simplement, précise Sigman (2013), « l'Administration fédérale fait appel à de nombreux consultants russes, dont certains, comme au Haut collège d'économie (Higher School of Economics), sont étroitement liés à la Banque mondiale ».

La réforme du système d'éducation souligne le pouvoir des acteurs et des structures institutionnelles dans l'adaptation et la reformulation des réformes touchant l'administration centrale dans la décennie 2000.

> Les réformes inspirées par le NMP[157], qui reposent partout sur les mêmes principes de gestion et présupposés sur le système bureaucratique

[157] Le Nouveau management public est défini comme « la gestion par les objectifs (*via* la contractualisation des rapports entre administration et producteurs de services publics, la détermination de standards de performance, le classement des producteurs selon leurs résultats), la mise en compétition des producteurs pour l'obtention de fonds publics, leur autonomie budgétaire accrue (octroi

> traditionnel (réputé moins performant que le marché) répandus sur le mode de l'évidence, montrent une convergence transnationale bien réelle de certains instruments et discours. Mais la façon dont elles sont mises en œuvre, i.e. les "décisions", les pratiques et a fortiori les "résultats", dépendent des jeux d'acteurs locaux qui, en fonction du moment de leur entrée dans le processus, peuvent transformer la trajectoire des réformes et les rapports de force qui les façonnent. (Sigman, 2013, p. 458–459)

Dans le système éducatif et pour paraphraser l'auteure, « À l'hybridation sauvage des années 1990 succède ainsi une hybridation plus domestiquée : c'est tout l'objet de la loi de 2010 » (Sigman, 2013, p. 447).

Ces résultats incitent à approfondir l'analyse sur les systèmes de décision et les structures institutionnelles propres au ministère de l'Agriculture. Cette tâche n'est pas aisée. Peu d'ouvrages sont consacrés à son histoire, à ses cadres et modes de fonctionnement, que ce soit en anglais et en français mais de façon plus surprenante également en russe, alors que les travaux sur le monde rural et la politique agricole russe sont légion[158]. On peut citer Olessia Kirtchik, (2007) et plus récemment Michele L. Crumley (2013). Pour nombre d'observateurs, les valeurs rurales collectivistes expliquent en partie l'échec de la réforme de l'agriculture et la lenteur de la privatisation des terres agricoles dans la décennie 1990 (Kirtchik, 2017).

Le ministère de l'Agriculture, montre une image différente de la structure analogue de l'Éducation étudiée par Sigman : le secteur agricole est marqué par une idéologie plus patriotique, et investi par d'autres réseaux d'expertise. Surtout, il est influencé par un « style de régulation spécifique », qui a traversé les régimes politiques. Ce dernier est caractérisé par plusieurs traits : « un système de pouvoir centralisé et hiérarchique (la "verticale" du pouvoir), une allocation centralisée des ressources (*via* les organismes publics ou semi-publics), la fusion des appareils administratif et académique ». « « Ce style de régulation » s'appuie sur des structures

---

d'un "budget global"), l'injonction qui leur est faite de lever des fonds privés, l'importation de méthodes de management du privé (par le biais des partenariats public-privé ou la transformation des conditions d'emploi et de rémunération des salariés par exemple) l'objectif de réduction des coûts de production des services publics (le plus souvent accompagné d'une augmentation de ceux liés au contrôle et à la mise en compétition des établissements publics), et enfin l'émergence d'un corps de managers ayant une forte visibilité et des pouvoirs discrétionnaires » (Sigman, 2013, p. 442).

158 Il faut en particulier citer la revue *Krest'ânovedenie*, créée en 1996 sous l'impulsion deux sociologues russes éminents du monde rural, Téodore Shanin et Viktor Danilov. <http://peasantstudies.ru/ru/home-ru>, consulté le 7 mars 2019.

économiques propices à la coopération « par le haut » et à l'extension des formes agro-industrielles intégrées (l'*agrobusiness*) à la monopolisation de l'écoulement des produits agricoles et des marchés qu'il, à son tour, encourage » (Kirtchik, 2007, p. 490–491). L'enjeu est cette analyse est de déterminer si les interventions d'État sont un instrument collectif des agriculteurs ou de l'État. Je reprends ici à mon compte les interrogations posées par A. Magnan pour la CCB (2014a).

L'architecture est un des témoins de cette forte identité[159]. Le bâtiment constructiviste dans lequel est logé le ministère à Moscou a été construit dans les années 1928–1932[160]. Il est imposant et héberge les structures agricoles les plus influentes du secteur : siège des syndicats, mais aussi certaines sociétés, telle qu'OZK. Pour certains d'entre eux, l'entrée est même commune avec le ministère de l'Agriculture, pour d'autres.

Cette topographie du pouvoir dessine des pratiques d'échange et d'entretiens concentrées autour de *Orlikov pereulok.* Pour l'accès à ces lieux, l'usage des laisser passer est généralisé, systématique et organisé à l'avance. Certains rendez-vous sont parfois fixés dans des cafés à proximité, pour rencontrer les représentants de structures, moins établies, en lien avec les fonctionnaires du ministère. La géographie des lieux de pouvoir n'est ni aléatoire ni dénuée de signification, conformément aux travaux réalisés en particulier sur Bruxelles et les institutions européennes (Laurens, Marchan, Van Criekingen, 2012). Les experts rencontrés semblent géographiquement plus indépendants et installés dans d'autres espaces.

Cette proximité entre l'appareil étatique central et les organes syndicaux est à la fois géographique, historique et sociale. Elle dessine le panorama de circulations étroites entre les institutions. L'exemple du président de la plus puissante union des céréaliers, l'Union Russe des Céréales en 2019 (*Rossijskij Zernovoj soûz*, RZS) M. Arkadi Leonidovitch Zlotchevskij, illustre parfaitement ces circulations entre appareil d'État, milieux de l'expertise et organisations de la représentation professionnelle. M. Zlotchevskij est un ancien fonctionnaire du ministère de l'Agriculture[161]. La page Internet du ministère de l'Agriculture qui

159 Pour une réflexion sur l'usage des photographies dans l'analyse, voir le chapitre 1.

160 Le bâtiment est réputé être l'un des plus imposant bâtiments publics construits pendant la période.

161 L'analyse des carrières des membres des organisations syndicales, de celles des fonctionnaires du ministère de l'Agriculture, ainsi que les fonctions et trajectoires des experts pourrait donner des résultats intéressants.

reconstitue les biographies de personnalité remarquables entretient d'ailleurs, le flou sur ce passé statutaire, tout en soulignant sa contribution exceptionnelle aux travaux du ministère en tant qu'expert siégeant dans diverses commissions, institutions et auteur de nombreux rapports. Il y est en particulier identifié comme l'un des concepteurs des mécanismes des interventions d'État sur les marchés céréaliers, en même temps que le rédacteur de la conception de RZS sur ces derniers[162].

Photographie 5.2: Bâtiment constructiviste, siège du ministère de l'Agriculture, Moscou, sur *Orlikov pereulok*
Sources : photographie issue d'Internet <https://vk.com/albums-58836211?z=photo-58836211_312809980%2Fphotos-58836211>, consulté le 26 juillet 2018

---

162 Voir http://mcx.ru/ministry/coordination-and-advisory/social-councils/biography/zlochevskiy-arkadiy-leonidovich/>, consulté le 7 mars 2019. Loin d'affaiblir les conclusions de l'analyse, cette remarque les conforte et fait du mécanisme des interventions, un mécanisme coconstruit traduisant des rapports de force entre organisations et groupes d'intérêt.

Cette proximité n'est pas individuelle. Elle prend sa source dans la structure de l'appareil bureaucratique pendant la période soviétique. Ainsi, le chaos qui a saisi ces organes lors de la décennie de la transition, a conduit des générations de cadres à se réemployer dans des structures parentes des administrations centrales auxquels ils appartenaient. O. Kirtchik décrit ce moment de déstabilisation radicale et brutale des carrières et des espérances individuelles, des trajectoires collectives et des institutions (2007) :

> La plupart des fonctions du ministère de l'Agriculture dans le domaine de la gestion de l'APK (complexe agroindustriel) se sont trouvées dispersées parmi les différentes agences gouvernementales, transférées aux ministères de l'Économie, des Finances, au Comité d'État des rapports de propriété (*Goskomimušetsvo*), au Comité d'État de la politique antimonopole etc., ainsi qu'aux grosses sociétés anonymes (*Rosagrosnab, Roshleboprodukt, Rospticeprom*) et associations (*Agropromsoûz* de Russie, AKKOR). Les prérogatives de gestion ont été également redistribuées, selon la Constitution de 1993 et la législation en vigueur, en faveur du niveau régional et d'autogestion locale.

Il en est résulté poursuit l'auteur :

> un « chaos », comme une "perte de gouvernabilité" (*poteriâ upravljâemosti*) a été de plus en plus perçue par des fonctionnaires et par des économistes « académiques » comme une des raisons principales de la « crise profonde » du secteur agraire (Kirtchik, 2007, p. 178).

Cette circulation appuie l'hypothèse d'une coproduction public-privé dans la régulation du marché du blé et établit ses conditions de possibilité. Les syndicats agricoles participent à son fonctionnement : deux grandes centrales syndicales céréalières sont les plus influentes et les plus proches des fonctionnaires du ministère de l'Agriculture. Enfin les experts privés produisent de la connaissance et des outils de prévisibilité pour les acteurs du marché. Face à la puissance des représentants agricoles, le ministère de l'Agriculture conserve une marge de manœuvre en gardant opaque aux autres acteurs les modalités de constitution des prix d'intervention. Contrairement à d'autres modèles de régulation publique, où celle-ci est opérée par des autorités autonomes qui n'évitent toutefois pas le risque de capture (Reverdy, 2014, p. 23), dans le cas du marché du blé, les acteurs bureaucratiques adoptent un gouvernement indirect de la filière, délégué, en associant les acteurs privés au processus de décision. Il n'y a pas de corporatisme au sens où les acteurs professionnels ne recherchent pas une autonomisation vis-à-vis de l'État mais contribuent à la définition des règles du jeu.

Cette perspective incite dès lors à choisir non pas entre néolibéralisme radical et étatisme, entre protectionnisme et ouverture, ou entre retrait de l'État et autoritarisme. Toutefois, elle permet de voir au sein de l'État la modification des frontières entre État et marché. En effet, elle met au jour deux aspects : d'une part l'adoption de nouvelles compétences étatiques et formes institutionnelles, d'autre part elle montre que l'État est le siège de stratégies d'action collectives élaborées par des coalitions d'acteurs en confrontation avec d'autres. Cette réalité nouvelle est porteuse de changement social important au cœur de l'État, dans les rapports de force sociaux et dans les formes institutionnelles au sein desquelles se déploient ces nouvelles compétences. Dans cette analyse, l'État a un statut particulier, non de par son autorité, ou sa souveraineté, mais de par sa centralité pour les acteurs. Cette perspective, saisie à partir de la sociologie de la globalisation, est également appréhendée à partir de la sociologie de l'État (King, Le Galès, 2011).

> L'État est un site stratégique pour la globalisation, non seulement d'une incorporation des compétences pour atteindre des objectifs particuliers en raison de la centralisation du pouvoir coercitif qu'il opère, mais aussi dans la mesure où il fournit un domaine au sein duquel des « stratégies » d'action collective peuvent être articulées (Sassen, 2010, p. 83).

Ces constats ont des implications importantes sur la compréhension des discours de légitimation des politiques publiques. Ceux sur le patriotisme économique, par exemple ou encore la sécurité alimentaire (*cf.* chapitre 6) doivent être moins perçus comme une affirmation idéologique et identitaire, que comme l'expression d'une stratégie d'adaptation à la mondialisation. Cette perspective fait alors de la Russie un cas parmi d'autres dans la mondialisation ; pas un modèle ni un cas limite, mais une configuration particulière.

> La globalisation économique implique une série de pratiques qui déstabilise une autre série de pratiques [...] La rencontre d'un acteur global – une entreprise ou un marché – avec une instance quelconque de l'État national peut être envisagée comme une nouvelle frontière. Ce n'est pas simplement la ligne qui sépare l'économie nationale de l'économie globale. C'est une zone dans laquelle les interactions politico-économiques produisent de nouvelles formes institutionnelles et altèrent certaines des anciennes. (Sassen, 2010, p. 80)

Les conclusions produites ci-dessus mobilisent les termes de lieu, de frontières que la sociologie du marché a peu utilisés, surtout en lien avec l'action publique (Çalişkan, 2010, p. 19) : « rendre visible la frontière des marchés est un enjeu politique spécifique [...] créer des frontières, qui créent le marché est un pouvoir en soi ».

2.4 Faire territoire et créer les frontières des marchés : une prérogative étatique

La construction de marchés globaux implique de distinguer le niveau de l'État, et ce pour deux raisons. D'un point de vue empirique, les politiques publiques exercent une forte contrainte sur les acteurs, orientent leurs stratégies, modèlent leurs réactions. En effet, en dépit de l'argumentaire déployé sur le rôle périphérique du gouvernement dans le marché du coton et sa configuration après la libéralisation opérée en Égypte dans les années 1980, c'est bien le gouvernement qui décide de la libéralisation du secteur, de la fin du monopole étatique sur l'export, autorisant ainsi le renforcement des positions des négociants sur les producteurs (Çalişkan, 2010).

Les conclusions de la sociologie économique néo-institutionnaliste confirment ce constat : le marché ne peut fonctionner que si la concurrence est respectée. Dans les travaux effectués par Neil Fligstein, l'État organise et fait respecter les règles de la concurrence (2001). Toutefois, cette conclusion prend des reliefs intéressants et particuliers dans le cas de la politique commerciale : elle implique pour l'État de rendre visible les frontières du marché. Pour cet ancien responsable syndical de la filière blé française[163] :

> Mais il ne faut pas non plus associer appel d'offres et transparence car en général le volume échangé des appels d'offres n'est pas celui annoncé. Souvent, ce qui est acheté est plus que ce qui est annoncé, car l'adjudication est une manière de faire le prix. [...] L'intervention est très très en rapport avec la politique agricole c'est-à-dire la façon dont on souhaite que le prix du marché intérieur soit à un niveau déterminé par rapport à l'alimentation et au revenu des producteurs. *C'est en réalité jouer sur une variable qui a tous les effets d'une politique agricole elle-même* (*c'est nous qui soulignons*).

[163] Entretien 25.

Ainsi, l'instrument marché intègre en lui-même la réalisation de politiques publiques. Le respect des règles de la concurrence implique dans le cas de la politique commerciale la gestion de l'écart des prix, entre le territoire national et les prix mondiaux, indicateur essentiel des observateurs des marchés céréaliers. Cet interlocuteur poursuit :

> Un bon système d'intervention ne peut fonctionner que s'il y a des systèmes de protection, sinon si le prix passe au-dessus du prix mondial, cela se transforme en pompes aspirantes. Oui c'est vrai car il doit y avoir une protection aux frontières.[164]

Cette citation montre qu'il n'y a pas de marché global mais une forte distinction entre marché intérieur et export, à la fois dans les catégories du commerce extérieur différenciant import et export, dans le mécanisme d'action publique constitué et dans la structure productive russe elle-même qui sépare deux secteurs, un secteur orienté vers l'export à haute productivité et qualité et un secteur orienté vers la production intérieure, comme l'a montré le chapitre 3. Le mécanisme des interventions publiques s'appuie sur cette distinction. Certains analystes le voient comme un outil de soustraction des excédents de production pour maintenir les prix internes, d'autres le considèrent comme un mécanisme de promotion de la production destinée à l'export. Quoiqu'il en soit, l'État par les interventions cristallise ces frontières et les articule aux frontières nationales. Cette modalité s'incarne différemment selon les systèmes agricoles. L'intervention de l'OMC a contribué à les modifier substantiellement, sans pour autant défaire la place de l'État qui choisit moins des degrés variables d'intervention, que des formes diverses de coopération avec les acteurs privés.

Dans le cas russe, le marché externe, zone d'exercice de la « puissance céréalière », est conçu différemment du territoire national où prédomine la fonction nourricière de l'État à travers la sécurité alimentaire. Dans cette articulation, les autorités aménagent la capacité à connecter différents marchés entre eux, à les déconnecter en instaurant taxes et mesures de commerce extérieur. Cette conclusion s'inscrit dans le sillage de la sociologie néo-institutionnaliste des marchés. Elle la dépasse néanmoins dans la mesure où la délimitation de ces espaces ne sont pas externes, mais les produits mêmes de l'action étatique.

---

164 Entretien, Paris, 30 mai 2016.

Conformément au constat n° 3 présenté en introduction, ce chapitre a montré que les interventions publiques font de l'État un opérateur essentiel du *design* et du fonctionnement du marché céréalier. Cette conclusion classique de l'approche des instruments de l'action publique permet toutefois de tirer des enseignements originaux pour la sociologie du marché.

Le mécanisme marchand permet de modifier un équilibre jugé inéquitable entre les consommateurs et les producteurs, entre les deux côtés du secteur agroalimentaire : les producteurs et agriculteurs d'une part et les industries de transformations, moulins et secteur meunier ou secteur de l'élevage d'autre part. De ce point de vue, les effets indirects de ce mécanisme sont au moins aussi importants que ses effets directs : de par son rôle d'espace essentiel de coordination des acteurs, le marché des interventions créée une communauté d'acteurs qui jouent de ces frontières, et utilisent ce mécanisme comme instance susceptible de modifier des rapports de force.

Par ailleurs, en écho au chapitre 3, je montre comment l'action de la puissance publique fait territoire et construit les frontières du marché. Par la politique commerciale, l'État module l'articulation du marché intérieur au marché global. De ce point de vue, il n'y a pas d'emblée de marché global. Cette conclusion invalide les thèses néolibérales radicales faisant de l'État tantôt un spectre voué à disparaître de l'horizon de la mondialisation, tantôt un actant intégré dans un réseau ou une filière.

Les instruments d'action publique ont des effets multiples et sont contingents. C'est ce que montrent les interruptions des interventions publiques en 2018, avant leur restauration dans le contexte de la crise pandémique. Simultanément, l'action publique se poursuit avec d'autres instruments inscrits dans le territoire : les subventions accordées au transport céréalier. La politique agricole a la particularité d'avoir à gérer la matérialité et la territorialité des activités sociales.

Dans le cas de la Russie des années 2000–2018, nos conclusions ménagent une large place à l'action publique, en dépit de la contingence des instruments. Elle est non soluble dans le réseau et le marché. Ce faisant, ces analyses ouvrent des perspectives nouvelles à la sociologie du marché : élargir ces conclusions au niveau des échanges internationaux, tout en tenant ensemble à la fois l'action publique et le marché. Le chapitre 6 prolonge cet élan, en donnant à voir comment les discours de légitimation de l'intervention publique en agriculture dans la période contemporaine sont articulés aux contextes et aux politiques agricoles.

Chapitre 6

La sécurité alimentaire et le marché : représentations des acteurs du secteur céréalier dans la Russie des années 1990-2010[165]

Pourquoi les politiques publiques se saisissent des marchés comme instrument ou au contraire y renoncent ? Cet ultime chapitre se propose d'analyser les discours publics appuyant les politiques agricoles et leur évolution depuis la fin de l'URSS. À bien des titres, la sécurité alimentaire imprègne les discours politiques à partir des années 2000. Si la notion a été forgée dans les arènes des organisations internationales agricoles et alimentaires, je montre ici qu'elle est profondément reformulée et réappropriée dans le contexte mouvant de la Russie postsoviétique. Ce chapitre fait un pari : celui d'analyser la sécurité alimentaire comme une clé de voûte des politiques agricoles depuis la fin de l'URSS. Au-delà, il éclaire rétrospectivement l'amorce de ce cheminent des grains en rendant intelligible la complexité apparente des politiques agricoles : leurs contradictions, leurs incohérences, leurs opacités. Au contraire, loin d'une lecture descriptive, et grâce à ce suivi patient de la progression céréalière, il articule les rationalités plurielles, les subjectivités saisies au plus près du terrain, les conflits de valeurs et d'intérêts des professionnels des transactions.

Pour ce faire, l'approche adoptée mobilise les discours et rhétoriques employées par les acteurs. Il s'agit de mettre au jour un travail politique de fabrication des registres discursifs et la façon dont ils sont mobilisés, reformulés et discutés par les experts et les professionnels des politiques agricoles. La sociologie de la construction des problèmes publics et les rhétoriques de justification sont ici utilisées conformément aux approches conventionnalistes (Boltanski, Thévenot, 1991). Cette perspective constructiviste est la seule à donner à voir les représentations plurielles

---

165 Ce chapitre a été profondément révisé à partir d'un article co-écrit et publié avec Mme Svetlana Barsukova (chercheur au Laboratoire de sociologie économique, *Higher School in Economics*, Moscou) (Barsukova, Dufy, 2017).

de ce qui est à protéger, les conceptions variées des priorités à établir et des acteurs à privilégier. La délimitation d'un corpus de référence est une tâche ardue tant les champs traversés par la sécurité alimentaire sont vastes et diversifiés, qu'il s'agisse de la santé, de l'agronomie, ou encore du droit et de l'économie. L'analyse aurait pu être menée grâce à la méthode quantitative et sur la seule base d'un corpus de textes juridiques, économiques et politiques. Les travaux produits sous l'égide de la FAO par exemple sont foisonnants. J'ai préféré identifier les registres narratifs formulés par nos interlocuteurs lors d'entretiens collectés auprès des acteurs de terrain afin d'appréhender comment ces notions sont mobilisées et justifiées.

La sécurité alimentaire est saisie à travers trois différents espaces : une conception de la sécurité alimentaire, un espace de l'action politique et enfin un espace social des rapports de force entre groupes sociaux. La notion de sécurité alimentaire recouvre des définitions multiples, diversement activées en fonction de contextes historiques spécifiques. Il est excessif d'établir une causalité directe entre les contextes historiques, et les conceptions dominantes de la sécurité alimentaire, tout comme entre l'ordre des discours et les effets des politiques publiques sur les structures productives. Il faut davantage voir une congruence entre ces trois espaces à différentes périodes. Les discours sur la sécurité alimentaire légitiment une action publique. Par nature, les politiques publiques adoptées visent certains groupes sociaux plutôt que d'autres et discriminent des publics, des secteurs économiques ou encore des régions. Il convient d'identifier les rapports de pouvoir à l'œuvre dans la construction du cadre de la sécurité alimentaire. Établir une cohérence entre politiques économiques, débats publics et engagements et mobilisation des acteurs est le but de cette démarche.

Par nature les politiques publiques établissent des priorités : elles formulent simultanément des discours sur un bien commun. Je montre ici que les discours publics sur la sécurité alimentaire sont aussi des récits sur l'identité nationale. Cette dernière est pensée à la manière de Benedict Anderson, comme une communauté politique imaginaire, cimentée par une certaine vision de la nation (1983). La construction politique par les élites de la sécurité alimentaire apparaît alors comme un prisme qui permet de saisir les récits sur l'identité nationale et le rapport du pays à la mondialisation.

Trois registres de la notion de sécurité alimentaire sont ainsi identifiés : un registre libéral fondé sur l'articulation entre production de masse et circulation ouverte des céréales, un registre protectionniste différenciant un espace de production et de circulation domestiques et un espace externe et enfin un registre « par la base », massivement mobilisé au niveau international, mais totalement absent en Russie et dans lequel la production locale est étroitement articulée à une consommation locale.

La première partie montre que l'effondrement du système productif agricole à la chute de l'URSS ouvre une décennie de famine et de rationnement alimentaire. Pourtant, la notion de sécurité alimentaire reste en marge du débat public car mobilisée uniquement par des partis politiques minoritaires. Elle ne devient un objet du discours public qu'à partir de la fin des années 2000, au moment même de la restauration du système productif agricole (Sedik, Sotnikov, Wiesmann, 2003). La seconde partie dénoue ce paradoxe, en mettant en évidence la mobilisation du registre libéral alors que le pays négocie son adhésion à l'OMC et que la Russie redevient une puissance céréalière majeure au niveau international. Enfin la troisième partie montre qu'à compter de 2014 et de l'adoption des sanctions et contre-sanctions, la notion de sécurité alimentaire est considérablement réactivée dans les discours publics [166] ; période durant laquelle le registre protectionniste de la sécurité alimentaire est forgé et consolidé.

La notion de sécurité alimentaire est polymorphe, kaléidoscopique : elle dit à chaque période des formes différentes d'identité nationale, de bien commun et de relation à l'international. Ces conclusions contribuent à une sociologie des politiques économiques, et tout particulièrement des politiques commerciales jusqu'alors peu étudiées en sociologie économique.

1. La lutte contre la malnutrition : le rendez-vous manqué de la décennie 1990

Les années 1990 sont caractérisées par une crise alimentaire et agricole inédite décrite dans le chapitre 2. Elle aurait pu ouvrir la voie à l'adoption

[166] Une définition stable date de 1996 : la sécurité alimentaire est alors garantie lorsqu'à un niveau individuel, à celui du ménage, au niveau national, régional et mondial ; « Elle désigne des situations où les peuples ont de tout temps, un accès économique et physique à des ressources alimentaires en quantité et qualité suffisante pour satisfaire leurs besoins quotidiens et leurs préférences alimentaires pour une vie active et saine » (Conférences alimentaires de 1996 et 2002.)

d'une conception de la sécurité alimentaire et à la légitimation politique de ce concept. Pourtant l'insécurité alimentaire reste en marge du débat public.

L'effondrement profond et durable de la production agricole s'accompagne d'un exode rural massif, d'une chute brutale du revenu des populations des campagnes, et d'une hausse de la pauvreté. Les citadins font face à des pénuries de produits alimentaires de base, une inflation galopante, et une dégradation majeure du contenu nutritionnel (Wegren, 2010). L'alimentation des villes est alors garantie grâce à l'aide alimentaire, au rationnement et aux importations massives sans droits de douane. La Russie est alors le premier client des États-Unis pour la viande.

Dans ce contexte, le terme de sécurité alimentaire (*prodovol'svennaâ bezopasnost'*) est promu par des *leaders* du Parti communiste au début des années 1990 et intégré à la doctrine pour la sécurité alimentaire publiée alors par le ministère de l'Agriculture. L'origine du terme, qu'il est difficile de retracer avec précision, tient sans doute davantage d'un héritage soviétique, issu de la grande famine des années 1930 (Kuzin, 2013), que de la diffusion internationale d'une notion, élaborée dans l'enceinte de la FAO en 1974 pour soutenir le combat des pays pauvres contre la faim (voir encadré 6.1).

L'intention qui préside alors à l'élaboration de cette doctrine est d'attirer l'attention sur la détérioration rapide de la situation du secteur agricole. Dans la décennie 1990, le Parti communiste, vestige du parti-État soviétique est le principal parti d'opposition à la politique libérale du président Eltsine. Il dispose d'un soutien fort dans les campagnes et le monde agricole. La discussion donne lieu à plusieurs projets qui auraient pu être élevés au rang de loi fédérale par la Douma d'État. Toutefois, le projet de loi n'est pas examiné, bien que le Parti communiste y soit fortement représenté alors. La discussion du texte préparatoire montre que la notion de sécurité alimentaire y est définie de façon vague. Deux acceptions y sont concurrentes. La première prône le soutien à une production domestique préconisant l'indépendance du pays à l'égard des importations et l'autosuffisance, et considérant le pays comme entouré de voisins hostiles. La sécurité alimentaire est alors l'antithèse d'une forte dépendance face aux importateurs occidentaux, se taillant d'importantes parts de marché dans le pays. Cette vision est congruente avec les intérêts du secteur agricole, qui en appelle à l'État pour le soutenir par des subventions ou le protéger avec le renforcement des droits de douane, alors faibles sur les produits importés.

La seconde définition évoquée dans les discussions porte davantage sur les intérêts des consommateurs, en mettant l'accent sur l'accessibilité des produits alimentaires, sur leur faible coût, assurant ainsi la stabilité sociale dans le pays. Cette conception est désignée en russe par le terme distinct de *piševaâ besopasnost*[167]. Cette conception avantage les consommateurs, en réduisant le coût des produits importés, assure la paix sociale, mais ruine les producteurs locaux. La sécurité alimentaire est alors envisagée sous l'angle de l'accessibilité aux produits, et non sous celui de leur qualité. Cette dernière vision va dans le sens des préférences des importateurs, et des responsables locaux, effrayés par la perspective du mécontentement social et de la hausse du prix des denrées alimentaires. Les députés communistes n'ont pu faire valoir leur point de vue de promotion de l'autonomie alimentaire face à l'étranger. Le risque de hausse des prix alimentaires a empêché la discussion d'aboutir. La Douma fédérale a rejeté le projet de loi ; la menace d'un veto du président Eltsine a conduit à son abandon.

Durant les années 1990, le conflit entre une conception de la sécurité alimentaire fondée sur les droits et une vision assise sur le commerce (voir encadré 6.1) empêche l'adoption d'un consensus politique autour d'une notion précise (Patel, 2006). Par ailleurs, sa monopolisation par les franges radicales du spectre politique écarte définitivement cette adoption. La conception de la sécurité alimentaire appuyée sur les droits est mobilisée mais ne parvient pas à susciter un débat public et ce dans un contexte pourtant favorable. Cet épisode historique ne constitue pas une exception dans le registre discursif sur les politiques agricoles et alimentaires en Russie, la conception de la sécurité alimentaire fondée sur des droits (droit de vivre de sa production, droit de consommer) y demeure sous-mobilisée. C'est ce que souligne cet économiste spécialiste des questions agraires :

> Qui soutient ce point de vue en Russie ? Personne. On essaye de faire valoir son importance. Ça marche surtout dans les pays d'Amérique latine, après aux États-Unis, au Canada, et dans une partie des pays d'Europe

[167] La notion linguistiquement la plus proche serait celle de *food safety*, ou sécurité sanitaire alimentaire en français. Toutefois cette dernière implique une dimension qualitative principalement, par la protection sanitaire du consommateur.

> occidentale. Mais en Europe orientale et dans les pays post-soviétiques, on ne sait même pas de quoi il s'agit.[168]

Par conséquent, la base sociale de cette conception, le paysan, est le laissé-pour-compte des discours des représentants du monde agricole. Comme l'explique cette syndicaliste agricole, représentante des petits agriculteurs et rencontrée à Moscou en novembre 2015 :

> Le fermier est pensé comme quelqu'un de très bien qui vit sur sa terre et produit des produits écologiques. « Nous soutenons les fermiers ! ». C'est un beau slogan pour le citoyen russe ? En réalité, bien sûr, le ministère de l'Agriculture est en lien avec la politique de substitution aux importations qui est destinée au gros et moyen *business*.[169]

Effectivement, l'adoption d'une conception de la sécurité alimentaire privilégiant les grosses exploitations agricoles laisse des questions en suspens comme l'exprime l'économiste cité ci-dessus : « Dans quelle mesure elles sont efficaces, ces grosses exploitations, et dans quelle mesure est-ce que la production y est bonne pour la santé ? Ça, personne n'y pense. ». La perspective alternative, qui a débouché au niveau international sur la prise en compte des conditions de production plutôt que sur celle du seul volume de production, celle qui a attiré l'attention sur les effets sociaux de l'agriculture, celle enfin qui a vu l'émergence d'un nouvel acteur, le petit paysan, (Thivet, 2012), cette perspective-là n'est paradoxalement pas activée en Russie. Pourtant, elle aurait pu s'appuyer sur la riche tradition de pensée prérévolutionnaire forgée sur les communautés paysannes dans la Russie tsariste, et portée en particulier par les travaux de l'économiste agraire Alexander V. Tchayanov (Stanziani, 1998 ; Yefimov, 2003).

Le soutien aux petits agriculteurs est ainsi relégué au domaine de l'animation de la vie rurale et non à celui de la production agricole. Cette représentante syndicale ajoute : « En réalité, on compte davantage sur le soutien aux territoires ruraux que sur les programmes de soutien à la production et à la sécurité alimentaire »[170].

---

168 Entretien 6.

169 Entretien 12.

170 L'interlocuteur ajoute : « Notre association a la position suivante ; l'export est nécessaire, que les grosses exploitations produisent pour l'export, et la production locale, écologiquement propre, ça c'est la niche des petites exploitations » (*ibidem supra*).

Le développement d'une conception alternative de l'agriculture aurait pu conduire à valoriser les circuits de distribution permettant l'acheminement des produits locaux aux bassins de consommation de proximité et la construction de circuits courts. Or l'extension massive de la grande distribution et de ses faibles coûts a été privilégiée dans les années 2000.

A rebours d'une transnationalisation, articulée à un mouvement paysan mondial, la conception de la souveraineté alimentaire en Russie est empreinte d'enjeux proprement nationaux. Au-delà, la mise à l'agenda des politiques agricoles illustre une modalité particulière de gouvernance étatique : celle où la *Via Campesina* n'a que peu de poids face à la *Via Kremlina* (Spoor *et al.,* 2013).

2. Sécurité alimentaire et commerce international : le moment libéral

L'adhésion de la Russie à l'OMC constitue le plus long processus de toute l'histoire de l'organisation : lancé en 1993 à l'égard du GATT (*General Agreement on Tariffs and Trade*), puis de l'OMC, il aboutit en 2012. Cette période voit à la fois la mobilisation des secteurs agricoles contre l'adhésion (Barsukova, 2011) et la reconstitution du potentiel productif agricole. Le concept de sécurité alimentaire tel que formulé dans les années 1990 paraît contradictoire avec l'intégration dans le commerce international. Pourtant la doctrine sur la sécurité alimentaire est adoptée précisément à la fin de la décennie 2000, au moment même où le débat sur l'adhésion à l'OMC est le plus présent dans les médias (Barsukova, 2011). Ce paradoxe n'est qu'apparent. Cette partie montre comment dans le contexte russe est construite une conception de la sécurité alimentaire, articulée au commerce international et à la croissance de la production. Cette dernière s'appuie sur un consensus social différent et des rapports de force tout autres que ceux qui ont présidé à l'utilisation de ce concept fondé sur les droits des populations locales.

Depuis une trentaine d'années, la progression de l'ouverture des frontières aux flux de marchandises s'est appuyée sur l'idée que le développement du commerce est un facteur de richesse générale. Cette perspective a été formulée explicitement dans nombre d'enceintes d'organisations internationales, par exemple sous la forme suivante : « La libéralisation du commerce dans l'agriculture est probablement la contribution la plus importante que le système commercial multilatéral peut apporter pour aider les pays en développement, y compris les plus pauvres, à sortir de la pauvreté », cité par Ève Fouilleux (2009).

Cette causalité a donné naissance à une conception spécifique de la sécurité alimentaire, assurée dès lors par l'approvisionnement par le commerce international et la division internationale du travail. Cette relation a servi de fondement à nombre de programmes de lutte contre la pauvreté dans le monde (Fouilleux, 2009 ; Bricas, Daviron, 2008) et à la promotion de la croissance globale de la production agricole (Rivera-Ferre, 2012 ; Maxwell, 1996).

Simultanément, le thème de la sécurité alimentaire gagne en visibilité dans le débat public russe à l'heure de l'accession du pays à l'OMC. Toutefois, il prend un relief particulier. L'ambition de ce développement est de montrer comment cette conception qualifiée de libérale s'incarne dans la politique agricole russe des années 2000 : elle y est articulée à la notion de puissance nationale.

En 2008, la doctrine pour la sécurité alimentaire (*doktrina prodovol'vennoj bezopasnnosti*) dans la Fédération de Russie a été constituée comme un bloc majeur de la *Doctrine sur la sécurité nationale* pour 2020, dans un contexte politique totalement différent de celui des années 1990. La paternité de ce terme, forgé par les députés de la Douma, ne permettait pas d'envisager de perspectives politiques favorables au projet de loi élaboré à l'été 2008 et intitulé *Projet de loi sur la politique d'État dans le secteur de la sécurité alimentaire de la Fédération de Russie* (2008). Celui-ci avait été déjà rejeté à plusieurs reprises dans une Douma dominée par le parti de la majorité présidentielle Russie unie (*Edinnaâ Rossiâ*), opposée aux vues patriotiques du Parti communiste. Le sujet avait pourtant gagné en importance et en visibilité lors des campagnes électorales de 2004 lorsque les élus communistes avaient organisé une conférence scientifique intitulée *La sécurité alimentaire en Russie* et initié une campagne « *Achetez russe !* ». Toutefois, il est réapproprié par les députés de la majorité présidentielle qui prennent l'avantage sur les candidats communistes à fin des années 2000.

Dans ce contexte, un texte majeur érige la sécurité alimentaire en élément central de la sécurité nationale du pays. Le décret du 30 janvier 2010 complète le décret 537 du 12 mai 2009 sur la sécurité nationale de la Fédération de Russie jusqu'à 2020. La sécurité alimentaire devient à la fois une priorité stratégique nationale et une dimension essentielle de la politique étrangère russe ; ce qui constitue une spécificité de la Russie (Wegren, Trotsuk, 2013). Cette orientation est accentuée dans le nouveau plan pour l'agriculture de 2013–2020[171].

Plusieurs autres facteurs facilitent également la légitimation politique de cette acception renouvelée de la sécurité alimentaire. Des changements majeurs étaient intervenus dans le secteur agricole des années 1990 et 2000 : la production avait commencé à augmenter. La croissance la plus significative était observable dans les filières du porc et du poulet, à peine ralentie par la crise financière de 2009. Par ailleurs, si l'imprécision du terme de sécurité alimentaire avait pu être un obstacle à l'adoption de la notion dans les années 1990, cette dernière devient un atout dans le contexte des années 2000. Cette conception voit son spectre élargi, et l'accent est porté sur des problèmes domestiques : la qualité alimentaire et l'accessibilité, définies à la fois en termes économiques et géographiques. Par ailleurs, le texte met en avant simultanément les deux conceptions de la sécurité nationale : la conception libérale et la conception développementale. Il tend également à concilier les intérêts des agriculteurs et ceux des consommateurs (Čašin, Pustuev, 2004). Le terme russe de sécurité alimentaire (*prodovol'stevenaâ bezopasnnost'*) couvre alors aussi bien la sécurité (*food security*) que la capacité de produire assez pour les citoyens et la sûreté alimentaire (*food safety*) pour les consommateurs. L'agriculture est intégrée dans un programme global de « préservation de la sécurité nationale et de la souveraineté ». Le décret établit que « l'amélioration des standards de vie des citoyens russes est une priorité nationale » (§ 2)[172].

Le texte de la doctrine produit enfin des indicateurs, faisant entrer la sécurité alimentaire dans l'ordre de la gouvernance, du contrôle administratif et politique des campagnes par les chiffres. Ces derniers opèrent la caractérisation technique de la situation d'insécurité alimentaire, assurent son suivi, et enfin sa mise en œuvre politique. Les ratios de production nationale pour quelques denrées de base sont définis par rapport à la consommation nationale. Des seuils spécifiques à atteindre sont fixés, et font l'objet d'un suivi, parmi lesquels : céréales : 95 %, sucre : 80 %, huile végétale : 80 %,

---

171 *Sources* : ministère de l'Agriculture, <http://www.mcx.ru/documents/document/show/22026.htm>, consulté le 19 novembre 2015.

172 *Sources* : ministère de l'Agriculture, <http://www.mcx.ru/documents/document/show/14857.19.htm>, consulté le 5 janvier 2016.

viande : 85 %, produits laitiers : 90 %. La déclinaison de ces chiffres à un niveau régional autorise plusieurs interprétations : ces indicateurs s'intègrent dans l'ordre de la protection, s'ils sont envisagés à un niveau national, alors que dans leur interprétation locale et régionale, ils ne visent qu'à l'augmentation de la production, dans une visée libérale. La doctrine fixe ainsi un objectif à la Russie, celui de devenir un acteur majeur sur les marchés internationaux et un exportateur majeur de céréales, une puissance céréalière.

Cette conception libérale de la sécurité alimentaire implique une modification du tissu productif. Elle implique une connexion de l'agriculture à la finance, au commerce, et à la sphère logistique. Ce faisant, au niveau international, elle produit une nouvelle identité du pays en intégrant la Russie dans un espace économique mondialisé dont les acteurs sont des pays clients et des concurrents étrangers. Dans l'ordre productif, cette nouvelle conception de la sécurité alimentaire implique une modification de l'organisation de la production et de la distribution : elle suppose la construction de filières longues, spécialisées, articulant des unités de production capitalisées et concentrées. Cette conception axée sur le marché est originale car elle combine souveraineté et recours au marché, production intensive et sécurité alimentaire. Elle fait du marché, et du commerce, à la fois un but et un moyen au service de la souveraineté.

Dans ce registre discursif, le marché est une valeur universelle et positive, garante de l'efficacité et du profit.

Comme l'atteste l'un des dirigeants d'un syndicat fédéral de producteurs céréaliers :

> Le marché, c'est le marché partout, en France, comme en Russie. En soi, le fermier il n'a pas besoin de produire des céréales. Il a besoin de produire pour pouvoir gagner sa vie. À ce stade, le pouvoir avait une position, la production céréalière, cela n'est pas du business, c'est une mission. Nourrir le peuple. Ça c'était dans les années 1990, de temps en temps ça revient. Mais nous ici, on essaye le plus possible de lutter contre cette idée idiote.[173]

La sécurité alimentaire devient alors un des aspects de la sécurité nationale et de la politique étrangère. Il permet d'utiliser l'outil diplomatique à des

173 Entretien 8.

fins de développement de la coopération internationale par exemple[174]. Cet aspect a déjà été développé dans la littérature (Wegren, 2010 ; Wegren, Nikulin, Trotsuk, 2016). L'apport le plus original de ma démarche met au jour l'articulation de ce discours avec le positionnement de la Russie par rapport aux marchés et à l'intégration internationale. La sécurité nationale entendue du point de vue libéral implique une articulation de la production nationale avec les marchés extérieurs, et est congruente avec le développement des exportations et la promotion de la production céréalière comme l'un des secteurs prioritaires de la modernisation de l'économie nationale. C'est ce qu'explique le responsable du syndicat de producteurs céréaliers cité ci-dessous : « L'export, c'est un mécanisme qui permet d'enlever les céréales excédentaires et de maintenir les revenus des fermiers. L'État peut parler de sa fonction nourricière, mais le fermier lui ça lui est égal à qui il vend, à l'export, ou sur le marché national »[175].

L'intégration dans la globalisation libérale est promue dans un discours qui articule et différencie les marchés intérieur et extérieur. Comme dans d'autres processus similaires, en Europe par exemple, la libéralisation, ne conduit pas à un désengagement de l'État. Elle en fait un acteur essentiel qui peut promouvoir des politiques aux effets différents pour l'intégration dans la mondialisation (Jabko, 2009). Cet exemple illustre le rôle central de l'État en tant qu'opérateur de cette articulation. Les destinataires de cette politique sont les investisseurs et clients étrangers, éventuellement les partenaires économiques étrangers. Ainsi, la sécurité alimentaire, entendue dans un sens libéral, s'adresse aux acteurs de la chaîne de production, jusqu'à l'interface marchande, qu'ils soient nationaux ou non. Cette conception de l'agriculture guide le développement agricole des années 2000, qu'il soit financé par les acteurs privés ou publics. Elle

---

174 La sécurité alimentaire et la coopération internationale : <http://agromedia.ru/news.aspx?type=1&id=25376>. « *K 2020 godu my možem uveličit' naši èksportnye vozmožnosti do 35–40 mln tonn zerna", zaâvil rossijskij prem'er Dmitrij Medvedev na vstreče s učastnikami Delovogo sammita ATÈS v Manile. Glava pravitel'stva RF podčerknul, čto "prodovol'stvennaâ bezopasnost' – èto sfera, kotoraâ imeet važnost' dlâ mnogih stran regiona, i gde est' otličnye perspektivy dlâ sotrudničestva* » [« D'ici à 2020, nous pouvons augmenter notre capacité d'exportation à 35–40 millions de tonnes de céréales", a déclaré le Premier ministre russe Dmitri Medvedev lors d'une réunion avec les membres du Sommet de l'APEC à Manille. Le Premier ministre a souligné que « la sécurité alimentaire est un domaine qui revêt une importance pour de nombreux pays de la région, et où il y a d'excellentes perspectives de coopération »].

175 Entretien 8.

promeut le développement d'une agriculture intensive, surtout située au Sud de la Russie, dans les terres noires, traditionnellement agricoles. Elle y favorise également la concentration verticale et horizontale, et le développement des acteurs agricoles identifiés dans le chapitre 2 : les *agroholdings*, réalités hybrides entre restauration des sovkhozes soviétiques et exploitation capitaliste (Grouiez, 2012). Cette production agricole fait l'objet d'investissements accrus dans les années 2010, suite à la chute des prix des produits pétroliers. Simultanément, elle attire l'attention des pouvoirs publics, sur un secteur pourvoyeur de devises à l'heure de l'effondrement des prix des hydrocarbures.

Cette conception libérale a été critiquée par les producteurs pour sa faible incitation à améliorer la spécialisation en gamme de la Russie et son soutien induit à la consommation de produits étrangers. Comme l'explique ce spécialiste de l'économie internationale, rencontré en novembre 2015 à Moscou :

> Certains fonctionnaires ne comprennent pas bien ce qu'est l'export céréalier de la Russie. Ils ont une relation très primitive à cet export de céréales et considèrent que c'est une activité inutile au pays, parce que c'est un export de produits non transformés. Pour eux, il faudrait d'abord satisfaire la consommation de lait et de viande de la population et ensuite exporter les surplus. Comme le disait l'ancien ministre de l'Agriculture « Exportez au moins des macaroni ». Cette relation aux exportations a été très forte un temps, aujourd'hui le balancier va dans l'autre sens.[176]

Cette appropriation d'un concept international évolue et révèle la labilité des priorités économiques et des consensus sociaux potentiels. Elle souligne l'articulation variable du « eux » et du « nous », de l'espace national et international. Elle souligne en creux la diversité des modalités d'intégration de la production locale dans la mondialisation et d'alimentation des populations. Pour autant, l'exemple russe marque-t-il l'émergence d'un capitalisme contestataire du consensus de Washington et porteur de modes alternatifs de production agricole ?

176 Entretien 6.

3. « *Via Kremlina* » versus *Via Campesina* : sécurité alimentaire et gouvernance

L'échec des négociations du cycle de Doha illustre la remise en question du consensus international sur le lien entre commerce et prospérité économique. Comme le formule le document de la FAO en 2003 :

> Pour de nombreux pays et plus particulièrement les plus pauvres, la relation entre réforme du commerce et sécurité alimentaire constitue l'un des fondements de l'un des débats les plus controversés du cycle des négociations internationales de Doha (FAO, 2003, p. 19).

L'annexion de la Crimée et ses répercussions politiques confortent cette remise en question en Russie. L'adoption des sanctions économiques et commerciales à l'égard de la Russie par les États-Unis et l'Union européenne en 2014 modifie radicalement le discours sur son intégration internationale. L'adoption de contre-sanctions par le gouvernement Medvedev en août 2014 légitime officiellement l'évolution vers une autre conception de la sécurité alimentaire, intégrée dans une perspective d'organisation gouvernementale du changement agricole, celle qualifiée de « *Via Kremlina* » (Spoor *et al.*, 2013). Les contre-sanctions adoptées en rétorsion aux mesures de l'Union européenne touchent l'importation de produits alimentaires européens. Elles légitiment la mise en place d'une politique agricole dite de substitution aux importations, en lieu et place de la promotion des exportations, propre à la période précédente. Simultanément le rouble subit une dépréciation monétaire importante qui constitue une barrière protectrice additionnelle contre les importations.

Dans ce contexte, le slogan de la sécurité alimentaire prend un tout autre sens que celui en vigueur dans la décennie précédente. Cette perspective est spécifique au contexte des sanctions. Elle paraissait difficile à anticiper avant 2014, même si elle s'enracine dans le nationalisme économique et le reflux du libéralisme constaté à partir de la fin des années 2000 (Dufy, 2015 ; Barsukova, 2011). Constitue-t-elle une voie alternative au discours libéral développé jusque dans les années 2000 et décrit par les chercheurs (Spoor *et al.*, 2013) ? Cette orientation est-elle réellement nouvelle ou constitue-t-elle un habillage nouveau d'orientations économiques déjà engagées ?

Une mobilisation similaire peut être observée face à la discussion du traité transatlantique et aux négociations sur la libéralisation des bœufs aux hormones ou du poulet au chlore dans le commerce transatlantique. Comme le constate un économiste expert des questions internationales d'un institut de l'Académie des sciences rencontré à Moscou à l'automne 2015 : « Cette notion est aujourd'hui populaire, en Russie, comme dans le monde entier. Elle est liée à la montée du nationalisme. »[177]

Comme l'explique la syndicaliste du monde des petites exploitations agricoles déjà mentionnée ci-dessus, les priorités ont été réaménagées :

> Bien sûr que ce sont les sanctions qui ont donné une impulsion à la sécurité alimentaire, quand on a commencé à comprendre que l'exportation de pétrole ne pouvait plus remplir le budget, alors là, on a commencé à regarder autrement les exportations de céréales. Ça aussi, ça a eu un impact sur le gouvernement.[178]

Cette conception de la sécurité alimentaire mobilise une identité économique nationale différente de la variante libérale. Elle met au jour de nouvelles priorités politiques, s'appuie sur de nouvelles coalitions, mobilise de nouveaux acteurs, et redéfinit la place du consommateur face au producteur.

Dans cette conception, l'horizontalité de l'articulation aux flux internationaux est battue en brèche, ainsi que l'indifférenciation entre espace domestique et espace extérieur. L'ordre de la politique qui rétablit des priorités se substitue au caractère impersonnel de la relation économique. L'État en est l'acteur central. Comme en témoigne ce responsable de l'administration du district dans une localité rurale de la région de Smolensk : « Nous ne nous fermons pas, nous réorganisons les priorités. Et notre priorité c'est de nourrir le peuple. C'est de lui garantir de produits alimentaires quelles que soient les sanctions. »[179]

Cette priorité nationale est soutenue par les responsables locaux rencontrés, autant au niveau local, qu'au niveau régional. Les enquêtes de terrain n'ont pas permis de recueillir des discours sur des aspirations

---

177 Entretien 6.

178 Entretien 12.

179 Entretien 10.

à une forme d'autonomisation par rapport au Centre[180]. Le discours fédéral ainsi relayé, exprime une défiance face aux flux commerciaux, une crainte de leur interruption et organise la rupture entre espace national et international. Elle implique par ailleurs de constituer le peuple comme une entité homogène, et une figure destinataire de cette politique. Elle est également régulièrement réintégrée dans un héritage historique et une longue période révolutionnaire et même prérévolutionnaire où famines et pénuries alimentaires ont suscité des troubles sociaux révolutionnaires et une forte instabilité politique dans la Russie tsariste et l'URSS.

Si ces représentations mobilisent des identités économiques et des alliances politiques variables, elles ont également des effets politiques concrets et structurels, sur les filières de production et sur les relations économiques et commerciales. L'adoption d'une interdiction d'exporter du blé après la sécheresse de l'été 2010 en Russie avait pour but d'empêcher la flambée des prix sur le territoire russe. Elle a été contrée par les exportateurs qui ont réussi à imposer un mécanisme plus souple de régulation du marché : une taxe flottante sur les prix à l'export, adoptée à l'été 2015, et considérée comme un mécanisme plus conforme aux lois du marché. La distinction est dès lors nettement établie entre producteurs nationaux et exportateurs étrangers par cet expert et analyste, d'une société spécialisée sur le secteur agricole, rencontré à Moscou en novembre 2015.

> Ceux qui décident, c'est moins le ministère de l'Agriculture que le gouvernement. Mais on est arrivés à les convaincre que cela était mauvais pour les agrariens. Les exportateurs, tout le monde s'en moque, ce sont des agents du capitalisme mondial, s'ils ont des problèmes, ils n'ont qu'à s'en aller. Mais les agrariens, ce n'est pas la même chose. C'est dangereux de s'en moquer, eux aussi ils peuvent se moquer. C'est comme cela qu'on a réussi à convaincre.[181]

Simultanément, le peuple et la population du pays sont des figures mobilisées sous l'angle de la préférence pour la production locale, pour

---

180 Deux hypothèses peuvent être formulées face à cette convergence : d'une part le renforcement de la verticale du pouvoir mise en place par les présidences Poutine, à la suite de la période de décentralisation et de désintégration territoriale de l'ère Eltsine. Une autre hypothèse relève des lieux de ces entretiens, effectués dans des régions riches sur le plan agricole et donc promptes à la loyauté à l'égard du pouvoir en place.

181 Entretien 7.

la sécurité alimentaire, prise alors au sens de *food safety*, c'est-à-dire le goût pour les produits locaux écologiques. Certains responsables locaux véhiculent ce discours, comme celui rencontré dans l'*oblast'* de Smolensk en novembre 2015 :

> Oui la sécurité alimentaire ça fournit du travail aux gens. Et puis à cause du manque de moyens, notre production, elle est plus « propre ». À l'ouest, c'est sûr ils produisent plus, mais leurs normes d'utilisation d'engrais, elles sont aussi beaucoup plus importantes… les gens ils préfèrent les produits locaux. Le prix de leur santé évolue, les gens commencent à préférer de bons produits.[182]

Le discours sur la sécurité alimentaire mobilise fortement l'État et laisse peu de place à un discours alternatif, soit parce que ses opposants sont minoritaires, soit parce qu'il mobilise peu. Toutefois, deux types de discours critiques apparaissent, qu'ils se situent du point de vue libéral ou de celui de la sécurité alimentaire par en bas.

La vision nationale de la sécurité alimentaire est critiquée pour son recours contradictoire à la figure du consommateur : en réalité, argumentent ses détracteurs, le discours étatique tend à favoriser le consommateur, alors que la consommation est plus onéreuse. Les contre-sanctions alimentaires adoptées par les autorités russes ont conduit à renchérir le prix des denrées alimentaires, désormais importées de pays plus éloignés. Les prix et la qualité des produits sont considérés comme sacrifiés sur l'autel de la production nationale. C'est ce que rappelle un économiste de l'Institut de l'économie mondiale et des relations internationales, rencontré à Moscou :

> Le secteur agroalimentaire c'est l'un des seuls secteurs de l'économie où la substitution aux importations semble possible, tout au moins au niveau de la rhétorique des *lobbyistes*, ils ont quelque chose à proposer. Mais quand ils disent qu'ils vont accroître la production, ils ne disent pas ce qu'ils font de la qualité. Ces derniers mois, dans le pays, il y a partout des contrôles de qualité, dans la viande, le lait, et rien ne correspond aux standards.[183]

Le peuple russe est alors constitué en entité homogène, cohérente et unique, dont il faut défendre les intérêts implicitement menacés. Cet économiste poursuit :

---

[182] Entretien 10.

[183] Entretien 6.

> Cela nous conduit à nous représenter la Russie comme une bonne femme avec des tresses qui nourrit ses cochons et plus elle a de cochons et mieux ça vaut. Et sinon qui est menacé ? Les producteurs ? Non, les consommateurs ? Non plus. Personne n'est menacé en fait, sauf la Russie. C'est une sorte d'holisme qui nous fait croire qu'il y a des intérêts nationaux objectifs.[184]

L'autre perspective critique du discours sur la sécurité alimentaire émane des tenants de la sécurité alimentaire, telle qu'elle émerge du mouvement *Via Campesina*, singulièrement absent de Russie. Elle rejoint la littérature critique sur l'usage du concept à des fins de contrôle des consommateurs et des paysans par le gouvernement et les monopoles des secteurs de la production et de la distribution. Cette perspective allie la thématique des dispositifs de contrôle et le rôle central des *lobbies* agraires dans la politique agricole russe, comme l'explique ce sociologue de l'agriculture : « Je dirais que c'est le gagne-pain de la bureaucratie agraire. Y a des troupeaux entiers de bureaucrates et de chercheurs qui ingèrent des montants considérables pour écrire des rapports effrayants et sans fin sur la sécurité alimentaire. »[185]

Ces discours ont des effets réels : ils appuient des mesures politiques spécifiques, construisent un autre rapport de force que le consensus libéral et sollicitent d'autres structures sociales et économiques. En effet, en rétorsion aux sanctions occidentales est lancé le programme de substitution aux importations de produits alimentaires visant à terme l'autonomie alimentaire (Wegren, Elvestad, 2018). Le financement et le soutien aux filières de production nationale concernent certains domaines prioritaires. Dans le plan de développement de l'agriculture pour 2013–2020, les secteurs du lait et de la viande bénéficient de financements spécifiques.

Les producteurs locaux sont visés par ce programme, tout particulièrement ceux des secteurs où les indicateurs de dépendance alimentaire sont plus élevés, ceux de la viande et du lait en particulier. Sont également concernées les régions de production moins fertiles, aux rendements agricoles plus faibles et au climat plus défavorable, la Russie centrale et la Sibérie par exemple[186]. Dans ces régions, le marché domestique est le débouché privilégié des producteurs agricoles.

---

184 *Ibidem supra*.

185 Entretien 13.

186 Ces constats évoluent toutefois avec le changement climatique qui modifie les contours de la production agricole.

Dans le secteur des céréales, considéré comme stratégique, le fond de sécurité alimentaire constitué par l'État identifie des volumes de stockage au niveau régional dont la visée est de constituer des réserves suffisantes pour l'alimentation du pays. Il se distingue singulièrement des fonds stockés sous l'égide de l'État par la Société unie des céréales (OZK) dans le but de réguler les prix et d'articuler les marchés internes et internationaux. Les filières de distribution concernées sont ici nationales.

Tableau 6.1: Récapitulatif des registres de la sécurité alimentaire

Conceptions	Libérale	Protectionniste	Par la base
Registres de discours	Intégration à l'OMC	Sanctions	Développement rural
Acteurs favorisés	Multinationales Investisseurs étrangers Filières logistiques portuaires	Domestiques Gros producteurs Filières logistiques nationales	Individus
Acteurs défavorisés	Consommateurs	Étrangers	Exportateurs Gros producteurs Grande distribution
Critères	Profit Efficacité	Autonomie nationale	Autonomie locale
Mesures	Baisse des droits de douane Intégration régionale (zone eurasiatique) Intégration à l'OMC	Taxes à l'export/import ou interdiction d'export (2010) Substitution aux importations	Distribution de terres Organisation de circuits courts
Conception du marché	Marchés intérieur et extérieur articulés	Marchés intérieur et extérieur déconnectés	Local
Tissu économique	Filières longues Investissements capitalistique et logistique Marchés internationaux Blé	Marché intérieur Filières courtes Viande et lait	Petite agriculture Peu de transport Filières courtes voire très courtes Autoproduction et consommation
Période prédominante	2010	À partir de 2014	Inactivée

Encadré 6.1 : Internationalisation de la notion de sécurité alimentaire

Cette notion a déjà une longue histoire, accumulée dans les arènes des organisations internationales, lorsqu'elle entre dans le vocabulaire des autorités russes, à la fin des années 2000, au terme d'une décennie de prospérité économique. Destinée à susciter l'adhésion et le consensus (Mooney, Hunt, 2009) cette notion a subi de nombreuses reformulations. Plus de 200 ont été identifiées dans les 25 dernières années (Maxwell, 1996). Initialement adoptée en 1974 à la *Conférence internationale sur l'alimentation* organisée sous l'égide de la FAO, cette notion a gagné en légitimité tout au long du combat des pays pauvres contre la faim (Wittman, Desmarais, Wiebe, 2010). Une définition stable date de 1996 : la sécurité alimentaire est alors garantie lorsqu'à un niveau individuel, à celui du ménage, au niveau national, régional et mondial ; « Elle désigne des situations où les peuples ont de tout temps, un accès économique et physique à des ressources alimentaires en quantité et qualité suffisante pour satisfaire leurs besoins quotidiens et leurs préférences alimentaires pour une vie active et saine » (*Conférences alimentaires* de 1996 et 2002.)

Depuis les années 1970, les composantes de cette définition ont été complétées. Appréhendée initialement en termes exclusifs de volume de production et de prix des denrées alimentaires, sous l'impulsion de l'économiste indien Amartya Sen, la sécurité alimentaire a été ensuite saisie par ses causes et divisée en quatre piliers progressivement définis :

1) L'accès aux denrées alimentaires ;
2) leur disponibilité en quantité et en qualité différentes ;
3) les modalités de distribution et ;
4) les modes de consommation.

(Margulis, 2013, p. 56).

Parallèlement, le niveau et les sujets concernés se sont déplacés des États vers les individus et les ménages, d'une approche objective vers une évaluation subjective du sentiment de sécurité par les individus concernés (Maxwell, 1996). Le terme est consacré par un consensus international obtenu dans le sillage des émeutes de la faim de 2008 et dans un contexte de remise en question majeure de la légitimité des organisations internationales par les ONG et par les mouvements de la société civile, en particulier le mouvement paysan *Via Campesina*[a] (Fouilleux, 2009 ; Bricas, Daviron, 2008 ; McMichael, Schneider, 2011).

De nombreux travaux ont déjà montré les significations évolutives que cette notion a revêtues en fonction des contextes nationaux et historiques différents dans lesquels elle s'est incarnée : sécurité alimentaire industrielle et petite agriculture de ferme (McMichael, Schneider, 2011), sécurité alimentaire fondée sur les droits ou sur le commerce (*right-based* ou *trade based food security*, lire Lawrence, McMichael, 2012) ou encore lutte contre la faim, développement et "*empowerment*" de communautés locales (Maxwell, 1996 ; McKeon, 2015) et plus récemment stratégie de minimisation des risques face à une agriculture industrialisée (Mooney, Hunt, 2009). La réflexion récente s'est tournée vers les outils capables d'en mettre en œuvre une gouvernance globale, en dépit de la diversité des normes et des règles qu'elle suppose (Margulis, 2013 ; Duncan, Barling, 2012).

La perspective développée dans ce chapitre est tout à fait différente de celle déployée dans l'article qui lui a servi de trame : elle démontre la déconnexion radicale entre la conception russe de la sécurité alimentaire et les acceptions courantes du terme utilisées dans les arènes internationales.

Au niveau international, le renforcement de cette notion résulte de la création d'un comité pour la sécurité alimentaire (*Committee on Food Security*), au sein de l'ONU (Duncan, Barling, 2012 ; Mc Keon, 2015). De façon générale, au sein des organisations et de la communauté internationales, l'émergence du concept est aussi le résultat d'un changement de rapport de forces entre les États du Nord et ceux du Sud. Ces derniers, confrontés à l'impasse du processus de Doha, ont réussi à la faire accepter en se fondant sur les droits (*right-based*) en lieu et place d'une conception fondée sur le commerce (*trade-based*) (Lawrence, McMichael, 2012). La légitimation de ce concept au niveau international témoigne de la remise en question de ce que nombre d'auteurs critiques ont appelé le consensus libéral[a] qui a régné des années 1980 jusqu'au début des années 2000. Le tournant du siècle renoue ainsi avec les aspirations nées de l'immédiat après-guerre et des indépendances, fondées dans les pays du Sud sur les espoirs que la révolution verte a fait naître en faveur d'une autonomie alimentaire (Lawrence, McMichael, 2012 ; Mc Keon, 2015 ; Carolan, 2012).

Ce changement témoigne également de la montée en puissance de la société civile dans la communauté internationale (Duncan, Barling, 2012 ; Lerin, Louafi, 2009). Au-delà, il prend place dans un contexte de hausse des prix des denrées alimentaires et de montée des préoccupations environnementales (Lawrence, McMichael, 2012). La capacité du commerce international à assurer l'alimentation mondiale ne fait plus l'unanimité, brisant ainsi le consensus néolibéral qui faisait obstacle à la réalisation de l'impératif de sécurité alimentaire (Duncan, Barling, 2012 ; Mc Keon, 2015). L'interprétation de cette évolution est discutée : pour certains, là où à Seattle la lutte pour la taxation des flux financiers a échoué, là où la régulation de la finance internationale et la limitation des paradis fiscaux ont partiellement abouti, l'adoption du consensus sur la sécurité alimentaire reste une victoire, quoique silencieuse, ou passée largement inaperçue. En effet, des mouvements paysans d'Amérique latine, par exemple, à travers le mouvement *Via Campesina* en particulier, parviennent à en imposer une définition proche de la souveraineté alimentaire, qui implique l'autonomie alimentaire de la société civile décidée et organisée à sa base, l'émancipation par rapport à l'État et aux groupes agroalimentaires internationaux et la limitation des importations (Thivet, 2012). En 1996, « la souveraineté alimentaire est définie comme une précondition de la sécurité alimentaire ». Cette conception est profondément convergente avec la pensée polanyienne, selon laquelle la terre et l'alimentation ne devraient pas être des marchandises car le marché est une forme incapable de prendre en compte les besoins alimentaires et écologiques.

D'autres auteurs interprètent cette évolution au contraire comme le résultat d'un élargissement du consensus néolibéral intégrant la « société civile internationale », impliquant la poursuite des mêmes objectifs à travers des formes différentes, plus décentralisées, plus autonomes, plus relatives. En effet, les conceptions de la sécurité alimentaire sont passées d'une vision macro, centrée sur la croissance, appréhendée de façon *top-down*, fondée sur des modèles abstraits, standardisée à une vision postmoderne, appuyée sur une échelle micro, diversifiée et complexe, induite par en bas dans une perspective décentralisée et vue de façon flexible et innovatrice (Maxwell, 1996). Parallèlement, le financement de ces objectifs a impliqué une participation plus grande de la communauté internationale et une intégration plus poussée des pays concernés dans les flux de la globalisation financière et du commerce international.

[a]*Via Campesina* est un mouvement transnational paysan fondé en 1993 par des syndicats agricoles, des associations d'agriculteurs et des paysans « sans terre ». Il a réussi à imposer un recadrage des questionnements sur l'agriculture en déplaçant les débats, traditionnellement centrés sur les problématiques de volume de production, vers les modalités de production des biens alimentaires (sur ce point, voir Thivet, 2012).

[b]Dans la littérature consacrée aux questions de sécurité alimentaire, le terme de néolibéral désigne d'une part la libéralisation des échanges et la privatisation des ressources et d'autre part la croyance en la croissance économique et au retrait de l'État dans la gouvernance de la régulation des systèmes alimentaires (Mc Keon, 2015, p. 17, box 1.2). Cette dimension de retrait de l'État n'est pas pertinente pour la Russie des années 2000, c'est pourquoi dans la seconde formulation de l'article, nous préférons au terme de néolibéral celui de libéral.

Le tableau 6.1 permet de reconstituer les trois registres identifiés de sécurité alimentaire dans le contexte des politiques agricoles depuis la fin de l'URSS : la période libérale des années 1990, la période protectionniste depuis 2014, alors que le registre de la sécurité alimentaire par la base est marginal.

Le terme de sécurité alimentaire a connu un vif succès mondial et a été largement étendu à l'extérieur du cercle des pays pour lesquels il avait initialement été conçu. Dans la Russie post-soviétique, son usage reste assez traditionnel, marqué par la prégnance de l'agriculture et de l'État, délaissant largement la sphère de la santé, de la nutrition et de la société civile. Le discours politique russe le décline sous trois formes majeures : une conception libérale, une conception protectionniste, fondée sur un développement économique national, tout en laissant de côté la conception d'une sécurité alimentaire autonome. Les trois dimensions se superposent à des degrés divers dans la conduite des politiques céréalières, mais la distinction ontologique entre ces types-idéaux est particulièrement utile à la compréhension des motifs de la politique agricole.

Outre son statut programmatique, la sécurité alimentaire, est aussi un concept identitaire. Elle dit un certain rapport à la mondialisation. Son incarnation dans différents contextes illustre la flexibilité de ce concept, porteur de significations diverses en fonction des acteurs qui le portent et des réalités dans lesquelles il s'intègre. Le travail politique de mobilisation est essentiel pour la légitimation de ces significations fluctuantes, qui invalident des définitions rigides et unilatérales. Au-delà, son inscription dans l'agenda public crée des structures productives spécifiques, des articulations économiques distinctes sous la forme de filières et modifie les formes sociales qui les soutiennent. Selon les facettes du narratif national sur le bien commun, l'objet blé change d'identité : entre bien d'exportation pourvoyeur de devises et symbole d'une puissance agricole internationale, céréale nourricière garante de l'alimentation du peuple, et outil de développement économique national articulant production et consommation nationale, alimentation animale et humaine dans les frontières nationales.

Ses différentes facettes montrent l'évolution des rapports de force politiques et des compromis sociaux. Cette conception sert de base à une politique qui, au gré des circonstances organise des modalités différentes d'articulation du pays au marché. Tantôt les marchés internes et externes sont dissociés, laissant la priorité à la production nationale, tantôt l'État promeut leur réagencement, favorisant ainsi les acteurs tournés vers le commerce international. La notion de sécurité alimentaire mobilise donc des ressorts identitaires variables et différenciés, plus qu'elle n'opère réellement la fermeture du pays aux flux de marchandises. Ce faisant, son usage politique et identitaire accentue la diversité et la segmentation du tissu productif agricole russe. Loin de constituer une spécificité russe, cette intégration internationale à plusieurs visages est caractéristique des grandes puissances agricoles, faisant face à des défis alimentaires et engagés dans une modernisation économique et un changement social rapide.

Conclusion

« Y a-t-il un marché global du blé ? » est la question qui a nourri ce travail. L'ambition de cette réflexion était de définir des caractéristiques de la circulation des marchandises à travers l'exemple frumentaire dans la Russie des années 2000–2018. Cette interrogation se situe au confluent d'enjeux plus larges, qui intéressent le lecteur sociologue de l'économie, le politiste, le spécialiste des systèmes agricoles et l'internationaliste.

D'autres questions plus secondaires ont émergé au cours du travail : l'agriculture et plus spécifiquement les grandes cultures sont-elles une expression particulière de cette circulation ? Le cas des pays émergents, de leur intégration internationale, et de la Russie en particulier est-il spécifique ? Pour quelles raisons ? Cette réflexion s'achève à l'heure où s'observent des remises en question du libre-échange au niveau mondial et où la progression continue de la libéralisation des échanges a subi un arrêt brutal avec l'échec des négociations du cycle de Doha. Le cas du marché du blé dans un pays émergeant et sa régulation publique dans les années 2000–2018 sont au cœur des enjeux contemporains de redéfinition du cadre et des principes des politiques commerciales dans le domaine agricole.

À travers ses six chapitres, ce manuscrit a pris pour cadre d'analyse la sociologie du marché, en convoquant trois corpus théoriques différents offrant sur l'objet des regards diffractés mais complémentaires : la sociologie des agencements marchands, la sociologie des instruments de l'action publique et la sociologie des filières, dans sa version des *Global Value Chains.*

Les chapitres 1 à 3 ont analysé les conditions de circulation et de valuation des blés dans la Russie des années 2010–2018. Les chapitres 4 à 6 ont livré une réflexion sur le rôle et l'influence de l'acteur public dans cette circulation. L'originalité de cet ouvrage est triple : elle traverse les méthodes, l'approche et les principales conclusions proposées.

Dans cette exploration, la focale adoptée articule les niveaux microsociologique, méso et macro, elle permet de saisir la signification globale créée dans la circulation des grains et l'articulation entre les espaces sociaux qui l'organisent : principalement la production, la valuation et la distribution. Le prisme microsociologique permet d'appréhender la perception des politiques commerciales par les agriculteurs et leur rapport au commerce céréalier en fonction des territoires de production : les perspectives sont différentes pour les céréaliers proches de la mer Noire et ceux des régions centrales. Saisie à un niveau intermédiaire, la politique céréalière est un instrument orienté vers un équilibre entre des prix suffisamment élevés pour faire vivre les producteurs et assez faibles pour protéger les industries d'aval et le pouvoir d'achat des consommateurs. Enfin, l'approche macrosociale permet de saisir les enjeux de l'intégration de la Russie aux flux agricoles mondiaux, l'articulation des filières au niveau international et la concurrence globale entre régions productrices.

Saisi à travers ces trois focales, l'exemple du secteur du blé russe propose une analyse du marché qui visait à éviter deux écueils extrêmes : la présentation d'un modèle parfait au sens de la théorie économique néo-classique, décontextualisé et limité à la confrontation de l'offre et de la demande d'une part, et d'autre part la vision d'un mécanisme soluble dans les institutions, les réseaux, ou la culture. Il n'était pas question non plus de livrer une analyse toute faite, un cadre théorique réplicable *ad libitum.* Au contraire, cette monographie originale, fondée sur mes matériaux inédits, s'est attachée à livrer une analyse d'un secteur particulier, structuré par des enjeux contradictoires : nationaux et internationaux, économiques et politiques, mais aussi agricole, et industriels, déclinant les enjeux de production et de consommation, à travers la question des usages variés des blés.

Le marché est donc pensé ici en termes d'articulation de différentes scènes sociales : il agit comme un référent à la fois normatif et cognitif des transactions. Les marchés céréaliers traduisent des rapports de force et de pouvoir entre différents pans de la vie économique, qui sont aussi des espaces sociaux : l'agriculture, l'industrie, mais aussi les producteurs et les consommateurs ou encore les secteurs de l'élevage et de l'industrie agro-alimentaire. Entre ces segments sociaux distincts, la représentation du marché est commune et constitue un outil puissant de coordination des actions entre les différents professionnels des échanges. Plus largement, les marchés du blé régissent la circulation frumentaire en opérant une redistribution économique et la construction d'un bien commun. Pour le sociologue de l'économie, cette conclusion a des implications importantes : elle établit la spécificité des marchés céréaliers dont les biens sont peu différenciés et donc soumis aux mécanismes marchands.

L'articulation entre le marché et l'État a suscité une production foisonnante en économie politique et en science politique. Cet ouvrage montre que le secteur agricole et tout particulièrement céréalier est en bien des aspects spécifique : l'État est un acteur central de cette coordination. Toutefois, le lecteur a compris qu'il convient de renoncer à une alternative simple entre deux pôles opposés : protectionnisme versus néolibéralisme. Les développements qui précédent mettent en évidence que des rationalités complexes orientent l'intervention de l'État, qui est tout sauf cohérente stable et univoque. En l'espèce, le slogan de la sécurité alimentaire légitimant la substitution des importations et la limitation des importations est compatible avec la politique de restauration de la puissance céréalière, qui elle prône le développement des exportations. Par ailleurs, le renoncement aux interventions étatiques annoncé en janvier 2018 pour cause d'excès de stocks agricoles a été suivi d'une relance massive des ventes de stocks stratégiques de blé et d'une interdiction d'exporter à l'occasion de la crise du COVID, au mois d'avril 2020.

Pour traiter des acteurs sociaux des politiques céréalières, la posture adoptée s'est délibérément démarquée d'une approche réaliste centrée sur les groupes d'intérêt et des lobbys ; approche répandue dans le secteur agricole russe. En adoptant le prisme de la sociologie des instruments de l'action publique, elle s'est focalisée sur « ce qu'ils font », plutôt que « qui ils sont ». Ce faisant, elle s'est affranchie des images d'un État pieuvre gangréné par la corruption et les réseaux de pouvoir pour adopter le prisme beaucoup plus commun d'une « politique normale », en de nombreux points comparables à des épisodes de la Politique Agricole Commune. Cet éclairage moins sensationnaliste a donné à voir de la contingence, des changements, plus que des continuités. Il permet de rendre raison des évolutions majeures des politiques publiques, en écartant les présupposés idéologiques et les déterminismes politiques ou sociaux appliqués aux élites.

Enfin cet ouvrage a souligné une conclusion singulière et importante : le rôle de l'État dans l'articulation des territoires, que ce soit à l'intérieur des frontières nationales, ou à travers la politique commerciale entre le territoire national et l'espace international. Ce point de vue implique de considérer l'intégration internationale en continuité avec les politiques d'aménagement du territoire, de penser la géographie économique avec les relations internationales. Cette vision de l'articulation entre État et marché par le biais des territoires est l'une des originalités de ce travail. Il fait de l'intégration internationale, le prolongement des politiques publiques nationales et non un isolat de l'action publique. Il invite ainsi à prendre en compte les rationalités nationales et les spécificités territoriales des pays considérés pour comprendre leur entrée dans la mondialisation.

Le lecteur l'aura compris, cet ouvrage met au jour les contradictions et tensions qui traversent le marché à travers le secteur céréalier russe des années 2000–2018. Il est à la fois instance puissante de coordination de collectifs de professionnels céréaliers à l'échelle planétaire, tout en étant motif temporaire de légitimation des politiques publiques agricoles.

***

Bibliographie

Abis S., 2015. *Géopolitique du blé : un produit vital pour la sécurité mondiale*, collection Enjeux stratégiques, IRIS éd./A. Colin, Paris, 269 p.

Aggeri F., Labatut J., 2014. Les métamorphoses de l'instrumentation gestionnaire : une généalogie des approches par les instruments. *In* : *L'instrumentation de l'action publique : controverses, résistance, effets* (C. Halpern, dir.), chapitre 1, collection académique, Sciences Po les presses, 63–94.

Ahmed G., Nahapetyan S., Hamrick D., Morgan J., May 2017. Russian Wheat Value Chain and Global Food Security, *Working paper*. Duke Center on Globalization, Governance and Competitiveness, Social Science Research Institute, Duke University, Durham, 40 p., <https://gvcc.duke.edu/wp-content/uploads/2017/05/CGGC-Russia-Wheat-Value-Chain.pdf>, consulté le 30 décembre 2018.

Anania G., November 2013. Agricultural Export Restrictions and the WTO. What options do policy-makers have for promoting food security?, ICTSD Programme on Agricultural Trade and Sustainable Development, Issue Paper n° 50, International Centre for Trade and Sustainable Development, Geneva, Switzerland, 55 p. <https://www.ictsd.org/sites/default/files/downloads/2013/11/agricultural-export-restrictions-and-the-wto-what-options-do-policy-makers.pdf>, consulté le 30 décembre 2018.

Anderson B.R., 1983. *Imagined Communities: Reflections on the Origin and Spread of Nationalism*, 1st ed., Verso, London, 160 p.

Ansaloni M., 2017. Le marché comme instrument politique. Le désengagement de l'État dans l'usage des pesticides en France. *Sociétés contemporaines*, 1 (105), 79–102.

Ansaloni M., Smith A., 2017. Des marchés au service de l'État ? *Gouvernement et action publique*, 4 (4-Le marché comme instrument d'action publique), 9–28.

Appadurai A. (ed.), 1986. *The Social Life of Things: Commodities in a Cultural Perspective*, Cambridge University Press, Cambridge, 329 p.

Augustin-Jean, L., Alpermann, B., 2014. The Political Economy of Agro-Food Markets in China. *The Social Construction of the Markets in an Era of Globalization*. Palgrave, Macmillan, 329 p.

Australian Export Grains Innovation Centre (AEGIC) Kingwell R., Carter C., White P., September 2016. *Russia's Wheat Industry: Implications for Australia*, Report, AEGIC, Perth, 101 p. <https://aegic.org.au/wp-content/uploads/2016/09/Russia-wheat-industry-Implications-for-Australia.pdf>, consulté le 2 avril 2018.

Azarieva J., 2013. *Grain and Power in Russia 2001–2011*, Working Paper, 122, The Hebrew University of Jerusalem, 29 p., <https://www.academia.edu/5037304/Grain_and_Power_in_Russia_2001-2011>, consulté le 6 janvier 2019.

Bach D., 2016. *Regionalism in Africa: Genealogies, Institutions and Trans-state networks*, 1st ed., collection Routledge in African Politics and International Relations, Routledge, Abingdon, 197 p.

Barbier J.-M., Goulet F., 2013. Moins de technique, plus de nature : pour une heuristique des pratiques d'écologisation de l'agriculture, *Natures sciences sociétés*, 21 (2), 200–210.

Barsukova S., 2011. *Doktrina prodovol'stvennoj bezopasnosti Rossii: ocenka ekspertov* (opublikovano 08.09.2011) [La doctrine de la sécurité alimentaire en Russie : avis d'experts (8 septembre)], *Kapital strany* [édition en ligne de *Kapital strany*], <http://kapital-rus.ru/articles/article/190706>, consulté le 2 novembre 2018.

Barsukova S., 2016. Dillema 'fermery i agroholdingi' v kontekste importozamešaniâ, [Le Dilemme des fermiers et des agroholdings. *Sciences sociales et monde contemporain*], *Obšestvennye nauki i sovremennost'*, n° 5, 63–74.

Barsukova S., Korobkova A., 2014. Vstuplenie v VTO v zerkale rossijskih pečatnyh SMI [L'adhésion à l'OMC dans le miroir des médias russes écrits]. *Ekonomičeskaâ sociologiâ*, 15 (4), 20–44.

Baudot P.-Y., 2011. L'incertitude des instruments : L'informatique administrative et le changement dans l'action publique (1966–1975). *Revue française de science politique*, 61 (1-L'action publique au prisme de ses instruments), 79–103.

Baudot P.-Y., 2014. Le temps des instruments : Pour une socio-histoire des instruments d'action publique. *In* : *L'instrumentation de l'action publique : controverses, résistances, effets* (C. Halpern, dir.), chapitre 6, collection académique, Sciences Po les presses, Paris, 193–236.

Benamouzig D., 2014. Des idées pour l'action publique : Instruments ou motifs cognitifs ? *In* : *L'instrumentation de l'action publique : controverses, résistances, effets* (C. Halpern, dir.), chapitre 2, collection académique, Sciences Po les presses, Paris, 95–118.

Bernard de Raymond A., 2013. *En toute saison : le marché des fruits et légumes en France*, collection Tables des hommes, Rennes/Tours, Presses universitaires de Rennes/Presses universitaires François-Rabelais, 299 p.

Bernard de Raymond A., Bonnaud L., Plessz M., 2013. Les fruits et les légumes dans tous leurs états. La variabilité, la périssabilité, et la saisonnalité, au cœur des pratiques sociales. *Revue d'études en agriculture et environnement*, 94 (1-Écologisation des politiques publiques et des pratiques agricoles), 3–12.

Bernard de Raymond A., Chauvin P.-M., 2014. *Sociologie économique : histoire et courants contemporains*, collection Cursus, série Économie, A. Colin, Paris, 190 p.

Bernard de Raymond A., Goulet F., coord., 2014. *Sociologie des grandes cultures : au cœur du modèle industriel agricole*, collection Nature et société, éditions Quæ, Versailles, 227 p.

Bernard de Raymond A., Goulet F., 2014. Introduction : Les transformations de l'agriculture intensive. Éléments pour une sociologie des grandes cultures. *In : Sociologie des grandes cultures : au cœur du modèle industriel agricole* (A. Bernard de Raymond, F. Goulet, coord.), collection Nature et société, éditions Quæ, Versailles, 5–22.

Bessy C., Chauvin P.-M., 2014. Intermédiaires de marché. *In* : *Dictionnaire sociologique de l'entrepreneuriat* (P.-M. Chauvin, M. Grossetti, P.-P. Zalio, dir.), collection Références, Sciences Po les Presses, Paris, 361–379.

Bidet A., Jany-Catrice F., 2017. Quantifier les qualités. *Revue française de socio-économie*, 2 (19- Quantifier les qualités), 19–26.

Boltanski L., 2009. *De la critique : précis de sociologie de l'émancipation*, collection NRF Essais, Gallimard Paris, 294 p.

Boltanski L., Thévenot L., 1991. *De la justification : les économies de la grandeur*, collection NRF essais, Gallimard, Paris, 485 p.

Botterill L.C., 2004. Valuing Agriculture: balancing competing objectives in the policy process. *Journal of Public Policy*, 24 (2), 199–218.

Botterill L.C., 2011. Life and Death of an Institution: The Case of Collective Wheat Marketing in Australia. *Public Administration*, 89 (2), 629–643.

Botterill L.C., 2012. *Wheat Marketing in Transition: The Transformation of the Australian Wheat Board*, collection Environment & policy, 53, Dordrecht/New York, Springer, 146 p.

Bourdieu P., 1997. Le champ économique. *Actes de la recherche en sciences sociales*, 119 (Économies et économistes), 48–66.

Bourdieu J., Piet L., Stanziani A., 2004. Crise sanitaire et stabilisation du marché de la viande en France, XVIIIe–XXe siècles. *Revue d'histoire moderne & contemporaine*, 51 (3-La sécurité alimentaire, entre santé et marché), 121–156.

Boussard V. (ed.), 2017. *Finance at Work*, collection Routledge international studies in money and banking 91, Routledge, Abingdon UK/New York, 263 p.

Bricas N., Daviron B., 2008. De la hausse des prix au retour du « productionnisme » agricole : les enjeux du sommet sur la sécurité alimentaire de juin 2008 à Rome. *Hérodote*, 4 (131-Les enjeux de la crise alimentaire mondiale), 31–39.

Bruegel M., Stanziani A., 2004. Pour une histoire de la « sécurité alimentaire ». *Revue d'histoire moderne et contemporaine,* 51 (3-La sécurité alimentaire, entre santé et marché), 7–16.

Busch L., Bain C., 2004. New! Improved? The Transformation of the Global Agrifood System. *Rural Sociology*, 69 (3), 321–346.

Busch L., Juska A., 1997. Beyond political economy: Actor networks and the globalization of agriculture. *Review of International Political Economy*, 4 (4), 688–708.

Çalişkan K., 2010. *Market Threads: How cotton farmers and traders create a global commodity*, Princeton NJ/Woodstock, Princeton University Press, 230 p.

Callon M., 2006. Sociologie de l'acteur réseau. *In* : *Sociologie de la traduction* (M. Akrich, M. Callon, B. Latour, dir.), collection Sciences sociales, Presses des Mines, Paris, 267–273.

Callon M., 2009. Civilizing Markets: Carbon Trading Between *in Vitro* and *in Vivo* Experiments, *Accounting, Organizations and Society*, 34 (3–4), 535–548.

Callon M., 2013. Qu'est-ce qu'un agencement marchand ?. In : *Sociologie des agencements marchands : textes choisis* (M. Callon, M. Akrich, S. Dubuisson-Quellier, *et al.*, eds), chapitre 13, collection Sciences sociales, Presses des Mines, Paris, 325–439.

Callon M., 2017. *L'emprise des marchés : comprendre leur fonctionnement pour pouvoir les changer.* Paris, la Découverte, 501p.

Callon M., Latour B., 1997. « Tu ne calculeras pas » ou comment symétriser le don et le capital, *Revue du MAUSS*, 9 (Le capitalisme aujourd'hui, A. Caillé, dir.), 45–70.

Callon M., Méadel C., Rabeharisoa V., 2000. L'économie des qualités. *Politix*, 13 (52-Marchés financiers), 211–239.

Carolan M., 2012. The Food and Human Security Index: Rethinking Food Security and 'Growth'. *International Journal of Sociology of Agriculture and Food*, 19 (2-Food Security), 176–200.

Carrier J.G., 2005. Introduction. *In* : *A Handbook of Economic Anthropology* (J.G. Carrier, ed.), Edward Elgar, Cheltenham UK/Northampton MA, 1–9.

Carrier J.G. (ed.), 1997. *Meanings of the Market: The Free Market in Western Culture*, 1st ed., Berg Publishers, Oxford/New York, collection Explorations in anthropology, 276 p.

Carton de Gramont S., 2013. *Savoir vivre avec son temps : bref précis de cité-jardinage moscovite postsoviétique, comprenant quelques ruses symboliques de politique locale en période de libéralisation économique extrême, divers conseils sur l'art du bon voisinage avec les fantômes, ainsi qu'un menu requiem pour des efforts de bonheur*, Thèse en Anthropologie sociale et ethnologie, M. Abèlés, dir., EHESS, Paris.

Čašin A.L., Pustuev V.K., 2004. *Monitoring v sisteme prodovol'stvennoj Bezopasnosti'* [La surveillance du système de sécurité alimentaire], Agropress, Moscou, 438 p.

Chatriot A., E. Leblanc, É. Lynch, 2012. *Organiser les marchés agricoles : le temps des fondateurs, des années 1930 aux années 1950.* A. Colin, collection Recherches, Paris, 280 p.

Chauvin P.-M., 2011. Architecture des prix et morphologie sociale du marché. Le cas des Grands crus de Bordeaux. *Revue française de sociologie*, 52 (2), 277–309.

Chiffoleau Y., 2012. Circuits courts alimentaires, dynamiques relationnelles et lutte contre l'exclusion en agriculture. *Économie rurale*, 332 (6-Conflits d'usage dans les espaces ruraux périurbains), 88–101.

Cochoy F., 2002. *Une sociologie du packaging ou l'âne de Buridan face au marché*, collection Sciences sociales et sociétés, Presses universitaires de France, Paris, 225 p.

Cochoy F., 2014. Concerned markets: facing the future, beyond 'interested' and 'contested' markets. *In : Concerned markets: Economic Ordering for Multiple Values* (S. Geiger, D. Harrison, H. Kjellberg, A. Mallard, eds), chapitre 10, based on the 2nd Interdisciplinary Market Studies Workshop (Dublin), Cheltenham UK, Edward Elgar, 238–257.

Cochoy F., Dubuisson-Quellier S., 2000. Introduction. Les professionnels du marché : vers une sociologie du travail marchand. *Sociologie du Travail*, 42 (3- Les professionnels du marché), 359–368.

Cordonnier C., Hervé J.-J., 2003. *Agriculture russe : les paradoxes du renouveau*, Armand Colin Éditions, 7–66.

Cordonnier C., 2003. Russie : Droit foncier et stratégies agricoles. *Le Courrier des pays de l'Est*, 1034(4), 4–14.

Crumley M.L., 2013. *Sowing Market Reforms: The Internationalization of Russian Agriculture*, 1st ed., Palgrave Macmillan, New York, 214 p.

Daviron B., Ponte S., eds, 2005. *The Coffee Paradox: Global Markets, Commodity Trade, and the Elusive promise of Development*, Zed books, London, 295 p.

Davydova I., Franks J.R., 2015. The Rise and Rise of Large Farms: Why Agroholdings Dominate Russia's Agricultural Sector. *Journal of the National Research University*, Higher School of Economics, Moscow, 24 (3), 133–159. <https://eprint.ncl.ac.uk/file_store/production/214794/46D69691-5EB0-42AD-AC37-ABA7C3356096.pdf>, consulté le 31 décembre 2018.

Deborah L., Reimer S., 1999. Spatializing Commodity chains. *Progress in Human Geography*, 23 (3), 401–420.

Declerc F., Portier M., 2010. *Comment utiliser les produits à termes agricoles et alimentaires ?*, Paris, La France agricole éditions, 2010.

Demont V., Scherman M., Sleeswijk A.-W., 2018. *Le pouvoir des courtiers : univers marchand et acteurs du courtage en Europe, XIVe–XVIIIe siècle*, collection Sciences sociales, Éd. Rue d'Ulm, Sciences sociales, Paris, 275 p.

Desrosières A., 1993. *La politique des grands nombres : histoire de la raison statistique.* 1re éd., collection Textes à l'appui, Anthropologie des sciences et des techniques, la Découverte, Paris, 437 p.

Desrosières A., 2013 [2008]. Historiciser l'action publique : l'État, le marché et les statistiques. *In* : *Pour une sociologie historique de la quantification : Vol. 1 : L'argument statistique*, chapitre 3, collection Sciences sociales, Mines ParisTech les Presses, Paris, 39–56.

Desrosières A., 2014. *Prouver et gouverner :une analyse politique des statistiques publiques*, la Découverte, Paris, 284 p.

Dezalay Y., Barth B.G., 2002. *La mondialisation des guerres de palais : la restructuration du pouvoir d'État en Amérique latine, entra notables du droit et Chicago boys*, collection Liber, Éd. du Seuil, Paris, 504 p.

Díaz-Bonilla E., Ron J.F., November 2010. Food Security, Price Volatility and Trade: Some reflections for developing countries. ICTSD Programme on Agricultural Trade and Sustainable Development, Issue Paper n° 28, International Centre for Trade and Sustainable Development, Genève, Suisse, 69 p. <https://pdfs.semanticscholar.org/e9bc/4ce4dc60028153edd9782d0ae3d70aa8f33b.pdf>, consulté le 30 décembre 2018.

Doganova L., Renault M., 2008. What do business models do? Narratives, calculation and market exploration, *CSI Working Paper*, 012, Paris.

Doroshchuk A.I., 2015. *Purchasing and Commodity Interventions on the grain market: Trade statistics*, mémoire de l'Institut d'ingénieurs de la mer d'Azov, <http://www.e-rej.ru/upload/iblock/200/200361dfe89f9e2ded75d7e50b5409fe.pdf>, consulté le 13 juin 2018.

Doroshchuk A.I., 2016. Gosudarstvennye intervenci na rynke zerna: Problemy bûdžetnyh rashodov i effektivnosti regulirovaniâ rynka, Вестник АПК Ставрополья, [Les interventions d'État sur le marché céréaliers : problèmes budgétaires et efficacité de la régulation du marché. *Bulletin du complexe Agroalimentaire de Stavropol*] n° 2, (22), 267–272. accédé le 20 décembre 2020 à http://www.vapk26.ru/journals/22.pdf

Dubuisson-Quellier S., Neuville J.-P., dir, 2003. *Juger pour échanger : la construction sociale de l'accord sur la qualité dans une économie des jugements individuels*, collection Natures sociales, Éd. de la MSH/Inra, Paris, 239 p.

Ducastel A., Anseeuw W., 2017. The assetisation of South African farmland: The role of finance and brokers. *In*: *Finance at Work*, (V. Boussard, ed.), chapitre 7, collection Routledge international studies in money and banking, 91, Routledge, Abingdon UK/New York, 123–136.

Dufy C., 2007. *Le troc dans le marché : pour une sociologie des échanges dans la Russie post-soviétique*, collection Pays de l'Est, l'Harmattan, Paris, 248 p.

Dufy C., 2010. Rentes et dépendance : les ressorts de la croissance après 1998. *In* : *La Russie contemporaine* (G. Favarel-Garrigues, K. Rousselet, dir), Collection Les Grandes études internationnales, chapitre 17, CERI/Fayard, Paris, 241–252.

Dufy C., 2011. Faire crédit aux PME : calcul, garanties et collecte de l'information dans la Russie des années 2000. *Genèses*, 3 (84-Calculs économiques), 47–68.

Dufy C., 2015. Redefining business moralities in Russia: The boundaries of globalization and patriotism in contemporary russian industry. *Europe Asia Studies*, 67 (1-Patriotism from below in Russia), 84–101.

Dufy C., 2016. Le Blé dans la Russie de 2016. *In* :*Russie : regards de l'Observatoire franco-russe* (A. Dubien, dir.), Le Cherche-Midi éd., Paris, 227–229.

Dufy C., Hervouet R., 2017. Introduction : mondes ruraux et marchés dans l'Europe postcommuniste. *Revue d'études comparatives Est-Ouest,* 48 (1-2-Mondes ruraux et marchés dans l'Europe postcommuniste), 11–21.

Dufy C., Sindzingre A., 2016. 'Developmental' policies and rent: comparing Russia and Sub-Saharan Africa. *Commonwealth and Comparative Politics.* 54 (1), 69–91.

Dufy C., Weber F., 2007. *L'éthnographie économique.* Collection Repères Maspero Économie 487, la Découverte, Paris, 122 p.

Duncan J., Barling D., 2012. Renewal through Participation in Global Food Security Governance: Implementing the International Food Security and Nutrition Civil Society Mechanism to the Committee on World Food Security. *International Journal of Sociology of Agriculture and Food*, 19 (2-Food Security), 143–161.

Duval J., Garcia-Parpet M.-F., 2012. Les enjeux symboliques des échanges économiques. *Revue Française de Socio-Économie*, 10 (2), 13–28.

Études rurales, 2012. 190 (2-ɪ-Les agricultures de firme. Organisation et financiarisation), 19–206.

Evans A., 2009. *The feeding of the Nine Billion: Global Food Security for the 21st Century*, A Chatham House report, Chatham House, Londres, 60 p.

<https://www.stopogm.net/sites/stopogm.net/files/feeding9billion.pdf>, consulté le 30 décembre 2018.

FAO, 2003. *Trade Reform and Food Security. Conceptualizing the linkages*, FAO, Rome, 315 p., <http://www.fao.org/3/a-y4671e.pdf>, consulté le 17 octobre 2018.

FAO, IFAD, IMF, OECD, UNCTAD, WFP, World Bank, IFPRI, UN HLTF (eds), 2 June 2011. Price Volatility in Food and Agricultural Markets: Policy Responses. OCDE Publishing, Paris, 68 p., <http://www.oecd.org/dataoecd/40/34/48152638.pdf> consulté le 30 décembre 2018.

Fillieule R., 2008. La sociologie économique des prix contemporaine : quel apport théorique ? *L'Année sociologique*, 58 (2-Études), 383–407.

Fligstein N., 2001. *The Architecture of Markets: An Economic Sociology of Twenty-First-Century Capitalist Societies*. Princeton University Press, Princeton, 274 p.

Fouilleux È., 2008. Les politiques agricoles et alimentaires. *In* : *Politiques publiques : 1, La France dans la gouvernance européenne*, (O. Borraz, V. Guiraudon), Chapitre 4, collection Académique, Presses de Sciences Po, Paris, 113–146.

Fouilleux È., 2009. À propos de crises mondiales… Quel rôle de la FAO dans les débats internationaux sur les politiques agricoles et alimentaires ? *Revue française de science politique*, 59 (4-L'Étranger ou la question des modèles et transferts), 757–782.

Frese S., 2004. Comrade Khrushchev and Farmer Garst: East-West Encounters Foster Agricultural Exchange. *The History Teacher*, 38 (1), 37–65.

Friedmann H., 2005. From colonialism to green capitalism: social movements and the emergence of food regimes. In: *New Directions in the Sociology of Global Development. Research in Rural Sociology and Development* (F. H. Buttel, P. McMichael. eds), vol. 11, 229–267. Oxford: Elsevier.

Friedmann H., McMichael P., 1989. Agriculture and the state system: The rise and decline of national agricultures, 1870 to the present. *Sociologia Ruralis*, 29 (2), 93–117.

Garcia-Parpet M.-F., 2004. Le marché de l'excellence : le classement des grands crus à l'épreuve de la mondialisation. *Genèses*, 56 (3-Éspace de l'activité économique), 72–96.

Garcia-Parpet M.-F., 2014. Marché, rationalité et faits sociaux totaux : Pierre Bourdieu et l'économie. *Revue Française de Socio-Economie,* (13), 1, 107–127.

Gataulina E.A., Uzun V.Y., Petrikov A.V., Yanbykh R.G., 2005. Vertical Integration in an Agroindustrial complex: Agrofirms and Agroholdings in Russia. *In*: *The Dynamics of Vertical Coordination in Agrifood Chains in Eastern Europe and Centra Asia*, (J.F.M. Swinnen, *et al.*, ed.), Working Paper, 42 World Bank, Washington DC, 45–71, <http://documents.worldbank.org/curated/en/421071468749080930/pdf/370500ECSSD0WP1Eastern0ECA01PUBLIC1.pdf> consulté le 2 avril 2018.

Gereffi G., 1994a. The Organization of Buyer-Driven Global Commodify Chains, How U.S. retailers Shape Overseas Production Networks. *In*: *Commodity Chains and Global Capitalism* (G. Gereffi, M. Korzeniewicz, eds), chapter 5, Praeger, Westport Conn., 95–122.

Gereffi G., 1994b. The International Economy and Economic Development. *In*: *The Handbook of Economic Sociology* (N.J. Smelser, R. Swedberg, eds), 1st ed., chapter 9, Princeton University Press/Russel Sage Foundation, New York/Princeton/Oxford, 206–233.

Gereffi G., 2005 [1994]. The Global Economy: Organization, Governance, and Development. *In*: *The Handbook of Economic Sociology* (N.J. Smelser, R. Swedberg, eds), 2nd ed., chapter 8, Princeton University Press York/Princeton/Oxford, 160–182.

Gereffi G., Fernandez-Stark K., July 2016. *Global Value Chain Analysis: A Primer*. 2nd ed., Report, Duke University/Global Value Chaincenter, <https://globalvaluechains.org/publication/global-value-chain-analysis-primer-2nd-edition>, consulté le 6 janvier 2019.

Gereffi G., Humphrey J., Sturgeon T., 2005. The Governance of Global Value Chains. *Review of International Political Economy*,12 (1), 78–104.

Gershenkron A., 1943. *Bread and Democracy in Germany*, University of California Press, Berkeley/Los Angeles, 238 p.

Gibbon P., 2003. The Africa Growth and Opportunity Act and the Global Commodity Chain for Clothing. *World Development*, 31 (11), 1809–1827.

Godard O., 2014. Instruments économiques, justification et normes de justice. Le cas de la politique climatique. *In* : *L'instrumentation de l'action publique : controverses, résistances, effets* (C. Halpern, P. Lascoumes, P. Le Galès), chapitre 4, collection académique, Sciences Po les presses, Paris, 143–160.

Godechot O., 2001. *Les traders : essai de sociologie des marchés financiers*, 1re éd., collection Textes à l'appui, Série Enquêtes de terrain, la Découverte, Paris, 298 p.

Godechot O., 2000. Bazar de la rationalité. Vers une sociologie des formes concrètes de raisonnement. *Politix*, 52 (48 Marchés financiers), 15–56.

Gordeev A.Y., Butkovskij V.A., Altukhov A.I., 2009 [2007]. Rossiâ – Zernovaâ deržava [La Russie, puissance céréalière], DeLi print, Moscou, 471 p.

Goulet F., 2012. La notion d'intensification écologique et son succès auprès d'un certain monde agricole français : une radiographie critique. *Le Courrier de l'environnement de l'INRA*, 62, 19–30.

Goulet F., Le Velly R., 2013. Comment vendre un produit incertain ? Activités de détachement et d'attachement d'une firme d'agrofourniture. *Sociologie du travail*, 55 (3), 369–386.

Goulet F., Vinck D., 2012. L'innovation par retrait. Contribution à une sociologie du détachement. *Revue française de sociologie*, 53 (2), 195–224.

Gouvernement et action publique, oct–déc. 2017. 4 (4-Le marché comme instrument d'action publique).

Granovetter M., 2000. *Le marché autrement : Les Réseaux dans l'économie*, Desclée de Brouwer, Paris, 238 p.

Grosseti M., 2006. « Les limites de la symétrie ». À propos de l'ouvrage de Bruno Latour. Changer de société. Refaire de la sociologie. *SociologieS*, 712, 1–8.

Grouiez P., 2012. Des kolkhozes à l'agrobusiness en Russie. *Études rurales*, 190 (2-ı-Les agricultures de firme. Organisation et financiarisation), 49–62.

Grouiez P., 2018. Understanding Agro-Holdings in Russia: A Commonsian Analysis. *Journal of Economic Issues*, 52 (4), 1010–1035.

Guadagni M., Pachon M.-C., Karakulova A., Nivievskyi O., Nazhmidenov K., Gobjila A., Giogobiani M., Bucik M., 2015. *Shifting into higher gear: recommendations for improved grain logistics in Ukraine (English)*, Washington DC, World Bank Group, 42 p. <http://documents.worldbank.org/curated/en/451821468191333168/Shifting-into-higher-gear-recommendations-for-improved-grain-logistics-in-Ukraine>, consulté le 3 janvier 2019.

Halpern C., Lascoumes P., Le Galès P., 2014. *L'instrumentation de l'action publique : controverses, résistances, effets*. Collection académique, Sciences Po les presses, Paris, 520 p.

Hardie I., Mc Kenzie D., 2012. The Material Sociology of Arbitrage. *In: The Oxford Handbook of the Sociology of Finance (*K. Knorr Cetina, A. Preda eds.), chapitre 6, Oxford University Press, Oxford, 187–202.

Hatchuel A., 1995. Les marchés à prescripteurs. Crise de l'échange et genèse sociale. *In* : *L'Inscription sociale du marché* (A. Jacob, H. Vérin, dir.), collection Cahiers de socio-économie, Logiques sociales, l'Harmattan, Paris, 205–226.

Hervé J.-J., 2007. *L'agriculture russe : du kolkhoze à l'hypermarché*, collection Biologie, écologie, agronomie, l'Harmattan, Paris, 514 p.

Hervé J.-J., 2011. Russie, Ukraine : entre mutations agricoles et stabilité rurale. *In* : *Dynamiques des espaces ruraux dans le monde* (M. Guibert, Y. Jean, eds), chapitre 9, collection U série Géographie, A. Colin, Paris, 182–200.

Hervé J.-J., Le Stum H., 2021. La Sibérie, futur premier producteur mondial de grains. In Sebastien Abis et Matthieu Brun (ed.), *Le Démeter 2021 : Produire et se nourrir dans un monde déboussolé*, IRIS Editions, Paris, 41–60.

Hervieu B., 2012. Conclusion. Une étape dans la construction politique d'une profession singulière. *In :Organiser les marchés agricoles : le temps des fondateurs, des années 1930 aux années 1950* (A. Chatriot, E. Leblanc, É. Lynch), A. Colin, collection Recherches, Paris, 273–277.

Hervieu B., Purseigle F., 2013. *Sociologie des mondes agricoles*, collection U série Sociologie, A. Colin, Paris, 318 p.

Hervouet R., 2009. *Datcha blues : existences ordinaires et dictature en Biélorussie*, Collection Histoire et société, Europes centrales, Belin, Paris, 207 p.

Hervouet R., 2013. Le « socialisme de marché » dans la Biélorussie de Loukachenko : égalitarisme, néopatrimonialisme et dépendance extérieure. *Revue internationale de politique comparée*, 20 (3-Pouvoirs présidentiels, gouvernance et milieux d'affaires dans les États post-soviétiques et africains), 97–113.

Howlett M., 2014. Policy Design: What, Who, How and Why? *In* : *L'instrumentation de l'action publique : controverses, résistances, effets* (C. Halpern, P. Lascoumes, P. Le Galès), chapitre 9, collection académique, Sciences Po les presses, Paris, 281–315.

Itçaina X., Roger A., Smith A., 2016. *Varietals of Capitalism: A Political Economy of the Changing Wine Industry*, Cornell University Press, Ithaca/ London, 266 p.

Jabko N., 2009. *L'Europe par le marché : histoire d'une stratégie improbable*, collection Science Po Gouvernance, Presses de la FNSP, Paris, 288 p.

Jackson P., Thrift N.J., 1995. Geographies of consumption. *In* : *Acknowledging Consumption: A Review of New Studies* (D. Miller, ed.), collection Material cultures, Routledge, London/New York, 204–237.

Jackson P., Ward N., Russell P., 2006. Mobilising the commodity chain concept in the politics of food and farming, *Journal of Rural Studies*, 22 (2), 129–141.

Kalugina Z.I., 2014. Agricultural Policy in Russia: Global Challenges and the Viability of Rural Communities. *International Journal of Sociology of Agriculture and Food*, 21 (1), 115–131.

Kaplan S.L., 2017. *Raisonner sur les blés : essais sur les Lumières économiques*, Fayard, Paris, 868 p.

Kaplan S.L., 2012. La tyrannie des céréales, ou petite esquisse d'une très brève histoire de la régulation dans la filière blé-farine-pain, *circa* 1750–1960, *In : Organiser les marchés agricoles : le temps des fondateurs, des années 1930 aux années 1950* (A. Chatriot, E. Leblanc, É. Lynch), A. Colin, collection Recherches, Paris, 27–49.

Karpik L., 1989. L'économie de la qualité. *Revue française de sociologie*, 30 (2), 187–210.

King D., Le Galès P., 2011. Sociologie de l'État en recomposition. *Revue française de sociologie*, 52 (3-Conceptualiser l'État contemporain), 453–480.

Kirtchik O., 2007. *La question agraire en Russie au croisement du pouvoir et des sciences économiques : acteurs et discours (1929–2005).* Thèse en Sociologie, M. de Saint Martin, N. Shmatko, dir., EHESS, Paris, 603 p.

Kirtchik O., 2016. Privatiser l'agriculture en URSS. Économistes réformistes et pouvoir politique pendant la perestroïka. *Cahiers du monde russe*, 57 (1-Terres, sols et peuples : expertise agricole et pouvoir [XIXe–XXe siècles]), 147–172.

Kirtchik O., 2017. L'histoire parlementaire de la propriété privée des terres agricoles en Russie. La politisation d'une question sensible. *Revue d'études comparatives Est-Ouest*, 48 (1–2-Mondes ruraux et marchés dans l'Europe postcommuniste, C. Dufy, R. Hervouet, eds.), 147–178.

Kiselev S., 2013. Effects of Russia's WTO Accession on Agriculture and Food Sector. *Policy Studies on Rural Transition*, 8, FAO, Rome, 39 p.,

<https://docplayer.net/61006409-Effects-of-russia-s-wto-accession-on-agriculture-and-food-sector.html>, consulté le 31 décembre 2018.

Kiselev S., Romashkin R., April 2012. *Possible Effects of Russia's WTO Accession on Agricultural Trade and Production*, ICTSD Programme on Agricultural Trade and Sustainable Development, Issue Paper n° 40, International Centre for Trade and Sustainable Development, Genève, Suisse, 78 p. <https://www.ictsd.org/sites/default/files/downloads/2013/09/possible-effects-of-russias-wto-accession-on-agricultural-trade-and-production.pdf>, consulté le 31 décembre 2018.

Knorr-Cetina K., Prada A., 2012. *The Oxford Handbook of the Sociology of Finance.* 1st ed., Oxford University Press, Oxford, 608 p.

Knorr Cetina K., 2012. What is a Financial Market? Global Markets as Microinstitutional and Post-Traditional Social Forms. *In: The Oxford Handbook of the Sociology of Finance (*K. Knorr Cetina, A. Preda eds.), chapitre 10, Oxford University Press, Oxford, 115–133.

Konefal J., Mascarenhas M., 2005. The Shifting political economy of the global agrifood system: consumption and the treadmill of production? *Berkeley Journal of Sociology*, 49 (Society & Consumption), 76–96.

Kopytoff I., 1986. The cultural biography of things: Commoditization as process. *In*: *The Social Life of Things: Commodities in Cultural Perspective* (A. Appadurai, ed.), chapitre 2, Cambridge University Press, Cambridge/New York, 64–92.

Kornai J., 1980. *Economics of Shortage*, collection Contributions to economic analysis, 131 North-Holland Pub. Co/Elsevier, Amsterdam/New York.

Kossyakin A.C., 2009. Les interventions céréalières – ancien-nouveau mécanisme de régulation efficace du marché, *Ekomonika Agropromyšlennogo kompleksa (Économie du complexe agroindustriel*), <https://socionet.ru/publication.xml?h=spz:cyberleninka:14532:15358903>, consulté le 24 juillet 2018.

Kuzin V.N., 2013. Развитие основ продовольственной безопасности СССР впред военные годы, Юридические записки, [Le développement des bases de la sécurité alimentaire de l'URSS dans l'avant-guerre, *Notes juridiques*], 1, 57–65.

La Rocca F., 2007. Introduction à la sociologie visuelle. *Sociétés*, 95 (1-L'image des sciences sociales), 33–40.

Lander C.D., 2018. Foreign Investment Adaptations to the Changing Political and Economic Environments of the Agro-Food Sector. A Case Study of Cargill Russia. *Problems of Post-Communism,* 65 (3), 201–219.

Lander C.D., 2019. Adaptive Strategies of Smaller Foreign Investors in the Russian Agricultural Sector: Identity, Narrative and Performance. *The Journal of Peasant Studies*, 46 (1), 165–187.

Lascoumes P., Le Galès P. (dir.), 2004. *Gouverner par les instruments*, collection académique, Presses de Sciences Po, Paris, 370 p.

Laurens S., Marchan F., Van Criekingen M., 2012. Il faut de tout pour faire un monde clos. Genèse historique, délimitations matérielles et symboliques du « quartier européen » à Bruxelles, 1960–2010. *Actes de la recherche en sciences sociales*, 195(5), 78–97.

Lawrence G., McMichael P., 2012. The Question of Food Security. *International Journal of Sociology of Agriculture and Food*, 19 (2-Food Security), 135–142.

Le Bourhis J., Lascoumes P., 2014. En guise de conclusion : Les résistances aux instruments de gouvernement : Essai d'inventaire et de typologie des pratiques. *In* : *L'instrumentation de l'action publique : controverses, résistances, effets* (C. Halpern, dir.), collection académique, Sciences Po les presses, Paris, 493-520.

Le Velly R., 2012. *Sociologie du marché.* Collection Repères Maspero Sociologie 598, la Découverte, Paris, 125 p.

Le Velly R., 2017. *Sociologie des systèmes alimentaires alternatifs : une promesse de différence*, collection Sciences sociales, Mines ParisTech, Paris, 197 p.

Le Velly R., Goulet F., Mallard A., 2015. Les connaissances dans le marché. *Revue d'anthropologie des connaissances*, 9 (1-Connaissances et marchés), 1–16.

Lebaron F., 2014. Bourdieu's writings on economics and the economy. In: *Re-Thinking Economics: Exploring the Work of Pierre Bourdieu* (A. Christoforou, et M. Laine Eds.), Routledge, Abingdon, 35–44.

Lebaron F., 2009. La formation des économistes et l'ordre symbolique marchand. *In : Traité de sociologie économique* (P. Steiner, F. Vatin, eds.), chapitre 7, collection Quadrige, Presses Universitaires de France, Paris, 800 p.

Ledeneva A., 2013. *Can Russia Modernise. Sistema, Power Networks and Informal Governance,* Cambridge University Press, Cambridge.

Lemieux C., 2012. Peut-on ne pas être constructiviste ? *Politix*, 100 (4-Faire des sciences sociales du politique), 169–187.

Lemieux C., 2018. *La sociologie pragmatique,* collection Repères, La Découverte, Paris, 123 p.

Lemoine B., 2014. Discipliner l'État par la dette. La mise en marché et la sectorisation du « problème » de la dette publique. *In : L'instrumentation de l'action publique : controverses, résistances, effets* (C. Halpern, P. Lascoumes, P. Le Galès), chapitre 12, collection académique, Sciences Po les presses, Paris, 367–396.

Lerin F., Louafi S., 2009. "Tout bouge, rien ne change ?" De la difficulté à considérer la sécurité alimentaire comme un bien public global. *Courrier de la planète*, 91, 4–7. <http://www.courrierdelaplanete.org/91/article1.php>, consulté le 8 janvier 2018.

Liefert W., Liefert O., Febuary 2017. Changing Crop Area in the Former Soviet Union Region, *FDS17b-01,* Report, Economic Research Service/USDA, 1–26. <https://www.ers.usda.gov/webdocs/publications/fds17b01/fds-17b-01.pdf?v=42787>, consulté le 30 décembre 2018.

Liefert O., Liefert W., Luebehusen E., 2013, *Rising Grain Exports by the Former Soviet Union Region. Causes and Outlook.* Economic Research Service Report, United States Department of Agriculture, WHS-13A-01, 26 p., <http://wedocs.unep.org/bitstream/handle/20.500.11822/19372/whs13a01.pdf?sequence=1&isAllowed=y>, consulté le 6 janvier 2019.

Lioubimtseva E., Dronin N., Kirilenko A., 2015. Grain production trends in the Russian Federation, Ukraine and Kazakhstan in the context of climate change and international trade. *In*: *Climate change and food systems: Global assessments and implications for food security and trade* (A. Elbehri, ed.), chapitre 7, Food Agriculture Organization, Rome, 211–244, <http://www.fao.org/3/a-i4332e.pdf>, consulté le 30 décembre 2018.

Lockie S., Kitto S., 2000. Beyond the Farm Gate: Production-Consumption Networks and Agri-Food Research, *Sociologia Ruralis*, 40 (1), 3–19.

MacKenzie D.A., 2009. Making Things the Same: Gases, Emission Rights and the Politics of Carbon Markets. *Accounting, Organizations and Society*, 34, (3–4), 440–455.

Magnan A., 2012. Food regimes. *In: The Oxford Handbook of Food History* (J.M. Pilcher, ed.), collection Oxford Handbook, Oxford university Press, Oxford/New York, 370–388.

Magnan A., 2014a. La commission canadienne du blé : controverses autour des enjeux de régulation des marchés agricoles. *In* : *Sociologie des grandes cultures : au cœur du modèle industriel agricole* (A. Bernard de Raymond, F. Goulet, coord.), chapitre 7, collection Nature et société, éditions Quæ, Versailles, 135–150.

Magnan A., 2014b. The rise and Fall of a Prairie Giant: The Canadian Wheat Board in Food Regime History. *In*: *The Neoliberal Regime in the Agri-Food Sector: Crisis, Resilience and Restructuring* (S.A. Wolf, A. Bonnano, eds), chapitre 4, Routledge, New York, 73–90.

Mainguy G., 2016. *L'économie du quotidien : une étude de la précarité à travers l'exemple des pratiques agricoles domestiques dans le monde rural russe*. Thèse en Sociologie, A. Roger, dir., Université de Bordeaux.

Marcus G.E., 1995. Ethnography in/of the World System: The Emergence of Multi-sited Ethnography. *Annual Review of Anthropology*, 24, 95–117.

Maresca S., Meyer M., 2013. *Précis de photographie à l'usage des sociologues*, collection Didact Sociologie, Presses universitaires de Rennes, Rennes, 190 p.

Margairaz D., Minard P., 2006. Présentation. Le marché dans son histoire. *Revue de synthèse*, 127 (2- Le marché dans son histoire), 241–252.

Margulis M.E., 2013. The regime complex for food security: Implications for the global hunger challenge. *Global Governance*, 19 (1), 53–67.

Marsden T., Arce A., 1995. Constructing Quality: Emerging Food Networks in the Rural Transition. *Environment and Planning A: Economy and Space*, 27 (8), 1261–1279.

Mathieu Q., Pouch T., 2018. Russie : un retour réussi sur la scène agricole mondiale. Des années 1990 à l'embargo. *Économie rurale*, 365, 103–118.

Maxwell S., 1996. Food Security: a Post-Modern Perspective. *Food Policy*, 21 (2), 155–170.

McFall L., 2014. What have market devices got to do with public policy: For regulation, market devices and policy instruments. *In* : *L'instrumentation de l'action publique: controverses, résistance, effets* (C. Halpern, dir.), chapitre 3, collection académique, Sciences Po les presses, Paris, 119–142.

McKeon N. (ed.), 2015. *Food Security Governance Empowering Communities, Regulating Corporations*, collection Routledge critical security studies series, Abington, Oxon/New York NY, Routledge, 246 p.

McMichael P., 2009. A Food Regime Genealogy. *The Journal of Peasant Studies*, 36 (1–Critical Perspectives in Agrarian Change and Peasant Studies), 139–169.

McMichael P., Schneider M., 2011. Food Security Politics and the Millennium Development Goals. *Third World Quarterly*, 32 (1-The Millennium Development Goals: Challenges, Prospect and Opportunities), 119–139.

Mespoulet M., 2012. Instrumentation statistique et action de l'État : le cas soviétique. *Éducation et sociétés*, 30 (2), 89–106.

Ministère de l'Agriculture de la Fédération de Russie, 2019. *Stratégie de LT de développement du secteur céréalier en Russie à l'horizon 2035*. Moscou, accédé le 20 décembre 2020 à https://mcx.gov.ru/upload/iblock/04c/04c91c2c72fbd773540ec908f9410edd.pdf

Mooney P.H., Hunt S.A., 2009. Food Security: The Elaboration of Contested Claims to a Consensus Frame. *Rural sociology*, 74 (4), 469–497.

Montagne S., Ortiz. H., 2013. Sociologie de l'agence financière : enjeux et perspectives Introduction. *Sociétés contemporaines*, 92(4), 7–33.

Mudge L. S., 2008. What is neo-liberalism ? *Socio-Economic Review*, 6 (4), 703–731.

Muniesa F., Callon M., 2013. La performativité des sciences économiques. In :*Traité de sociologie économique* (P. Steiner éd.), chapitre 8, Presses Universitaires de France, Paris, 281–316.

Murphy S., Burch D., Clapp J., August 2012. Cereals Secrets. The world's largest grain traders and global agriculture, *Oxfam Research Report*, Oxfam, London, 79 p., <https://www.oxfam.org/sites/www.oxfam.org/files/rr-cereal-secrets-grain-traders-agriculture-30082012-en.pdf>, consulté le 30 décembre 2018.

Naulin S., 2010. Qui prescrit aux prescripteurs ? : Place et rôle des attachées de presse dans la construction de la prescription des critiques gastronomiques, *Terrains & travaux*, 17 (1), 181–196.

Nefedova T.G., 2013. *Desât' aktual'nyh Voprosov o Sel'skoj Rossii, otvety geografa* [Dix questions d'actualité dans la Russie rurale, les réponses du géographe], Leland, Moscou, 452 p.

Nefedova T.G., 2015. L'agriculture russe, un nouveau départ ?, *In* : *Russie : regards de l'Observatoire franco-russe* (A. Dubien, dir.), rapport annuel, Le Cherche Midi, Paris, 79–94.

Neilson J., Pritchard B., Wai-chung Yeung H., 2014. Global value chains and global production networks in the changing international political economy: An introduction. *Review of International Political Economy*, 21 (1-Global Value Chains and Global Production Networks in the Changing International Political Economy), 1–8.

Nouguez É., 2016. Gouverner la concurrence par les prix. La politique française des médicaments génériques. *In* : *Gouverner les conduites économiques* (S. Dubuisson-Quellier, dir.), collection Académique, Presses de Sciences-Po, Paris, 229–261.

OCDE, 2015. *Agricultural Policy Monitoring and Evaluation 2015*, Éd. de l'OCDE, Paris, 296 p.

OCDE, 2016. *Agricultural Policy Monitoring and Evaluation 2016*, Éd. de l'OCDE, Paris, 136 p.

OCDE/FAO, 2020. *Perspectives agricoles de l'OCDE et de la FAO 2020–2029*. Éditions OCDE, Paris/FAO, Rome, 89 p. accédé le 20 décembre 2020 à https://www.oecd-ilibrary.org/agriculture-and-food/oecd-fao-agricultural-outlook-2020-2029_1112c23b-en.

Patel R., 2006. International Agrarian Restructuring and the Practical Ethics of Peasant Movement Solidarity, *Journal of Asia and African Studies*, 41 (1–2-Problematizing Resistance, A. Alexander, M. Mbali, eds), 71–93.

Pinaud S., 2014. Matière à spéculer : les produits laitiers saisis par l'écrit. *Sociologie du travail*, 56 (1-Les écrits du travail), 103–126.

Polanyi K., 1983 [1944]. *La Grande transformation : aux origines politiques et économiques de notre temps*. 1re éd. française, Collection Bibliothèque des sciences humaines, Gallimard, Paris.

Pouch T., 2014. L'embargo russe sur les produits agricoles européens et sa dimension géoéconomique. *Géoéconomie*, 72 (5), 71–84.

Purseigle F., Hervieu B., 2009. Pour une sociologie des mondes agricoles dans la globalisation. *Études rurales*, 183 (1-La sociologie rurale en questions), 177–200.

Purseigle F., Nguyen G., Blanc P., 2017. De la ferme à la firme : agricultures en mutation. *In* : *Le nouveau capitalisme agricole : de la ferme à la firme* (F. Purseigle, G. Nguyen, P. Blanc, dir.), Introduction, Sciences Po les Presses, Paris, 13–28.

Rada N., Liefert W., Liefert O., April 2017. Productivity Growth and the Revival of Russian Agriculture, *Economic Research Report*, 228, United States Department of Agriculture, Economic Research Service, 39 p. <https://www.odepa.gob.cl/wp-content/uploads/2017/10/rada_paper_3.pdf>, consulté le 30 décembre 2018.

Reverdy T., 2014. *La construction politique du prix de l'énergie : sociologie d'une réforme libérale*. Collection Gouvernances, Presses de Sciences Po, Paris, 319 p.

Revue française de sociologie, oct. 2017. 58 (3-Gouverner par les marchés, coord. M. Ansaloni, P. Trompette, P.-P. Zalio).

Riabko N., 2014. Agro-trade dynamics of the Black Sea Countries. *In* : *MediTERRA 2014. Logistics and Agro-Food Trade. A Challenge for the Mediterranean* (CIHEAM, C. Lacirgnola, ed.), chapter 4, collection Hors collection, Presses de Sciences Po (PFNSP), Paris, 73–85.

Rivera-Ferre M.G., 2012. Framing of Agri-food Research Affects the Analysis of Food Security: The Critical Role of the Social Sciences. *International Journal of Sociology of Agriculture & Food*. 19 (2- Food Security), 162–175.

Roger A., 2014. Cultiver les relations. Les supports politiques du productivisme agricole en Roumanie. *In* : *Sociologie des grandes cultures : au cœur du modèle industriel agricole*, (A. Bernard de Raymond, F. Goulet coord.), chapitre 8, collection Nature et société, éditions Quæ, Versailles, 151–167.

Roger A., 2020. *le Capitalisme à travers champs. Étudier les structures politiques de l'accumulation*. Le Bord de L'eau, 2020, Lormont, 403 p.

Rosstat, 2015. *Sel'skoe hozâjstvo, ohota i ohotnič'e hozâjstvo, lesovodstvo v Rossii, officiâl'noe izdanie*. [L'agriculture, la chasse, l'élevage, la sylviculture en Russie. Edition officielle. Éditions du service fédéral de la statistique d'État, Moscou. Tableau 4.8 et tableau 4.7 pour un aperçu séculaire des volumes de production de céréales, 203 p., <http://www.gks.ru/free_doc/doc_2015/selhoz15.pdf>, consulté le 30 décembre 2018.

Rosstat, 2020. *Rossiâ, v cifrah, officiâl'noe izdanie*. La Russie en chiffres. Edition officielle. Éditions du service fédéral de la statistique d'État, Moscou. Tableau 17.14 et tableau 17.15 pour un aperçu séculaire des volumes de production de céréales, 203 p., <https://rosstat.gov.ru/bgd/regl/b20_11/Main.htm>, consulté le 2020 décembre 2020.

Sassen S., 2009. *La globalisation : une sociologie*. Collection NRF essais, Gallimard, Paris, 341 p.

Schmitz A., Meyers W.H., eds, 2015. *Transition to Agricultural Market Economies: The Future of Kazakhstan, Russia, and Ukraine*, CAB International, Wallingford UK/Boston MA, 258 p.

Scott J.C., 1998. *Seeing like a State: How Certain Schemes to Improve the Human Condition Have failed*, collection Yale agrarian studies, The Yale ISPS series, Yale University Press, New Haven/London, 445 p.

Sedik D., Lerman Z., Uzun V., 2013. Agricultural policy in Russia and WTO accession. *Post-Soviet Affairs*, 29 (6), 500–527.

Sedik D.J., Sotnikov S., Wiesmann D., 2003. *Food Security in the Russian Federation*, collection FAO economic and social development paper, 153, United Nations Food and Agriculture Organization, Rome, 114 p.

Serova E., 2007. Agro-holdings: Vertical Integration in Russian Agri-food Supply Chains in Russia. *In*: *Global Supply Chains, Standards and the Poor: How the Globalization of Food Systems and Standards Affects Rural Development and Poverty* (J.F.M. Swinnen, ed.), chapter 15, CABI, Wallingford UK/Cambridge MA, 188–206.

Sigman C., 2013. Le « nouveau management public » en Russie : Les tribulations d'une transposition. *Gouvernement et action publique*, 3 (3-Convergence, transferts et traduction), 441–460.

Simmons B.A., Dobbin F., Garrett G., 2006. Introduction: The International Diffusion of Liberalism. *International Organization*, 60 (4-Symposium Diffusion of Liberalism), 781–810.

Skogstad G., 2005. The Dynamics of Institutional Transformation: The Case of the Canadian Wheat Board. *Canadian Journal of Political Science / Revue canadienne de science politique*, 38 (3), 529–548.

Skov L., 2005. The Return of the Fur Coat. A Commodity Chain Perspective. *Current Sociology*, 53 (1), 9–32.

Sneyd A., 2011. *Governing Cotton: Globalization and Poverty in Africa*, Palgrave Mac Millan, Houndmills, Basingstoke, Basingstoke, New York NY, 241 p.

Spoor M., Mamonova N., Visser O., Nikulin A., 2013. Food security in a Sovereign State and "Quiet Food Sovereignty" of the Insecure Population: The Case of Post-Soviet Russia, *Conference Paper: Food Sovereignty: A Critical Dialogue*, 28, 1–32, <https://www.tni.org/files/download/28_spoor_2013.pdf>, consulté le 8 novembre 2018.

Stanziani A., 1998. *L'économie en révolution : le cas russe, 1870–1930*, collection L'Évolution de l'humanité, A. Michel, Paris, 519 p.

Stanziani A., 2005. La construction institutionnelle de la concurrence. Normes et marchés : le cas de la viande (XVIIIe–XXe siècles), *Cahiers d'économie et de sociologie rurales*, (74), 80–107.

Stanziani A., 2008. La définition de la qualité des produits dans une économie de marché. *L'Économie politique*, 1 (37-Qu'est-ce que l'économie de marché ?), 95–112.

Stark D., 1996. Recombinant Property in East European Capitalism. *American Journal of Sociology*, 101 (4), 993–1027.

Steiner P., 2001. Sociologie de l'acteur ou de la relation ? Le cas du don d'organes. *Revue européenne des sciences sociales*, xxxix (121-L'acteur, un concept sur la scène des sciences sociales), 111–124.

Steiner P., 2005. Le marché selon la sociologie économique, *Revue européenne des sciences* sociales, 43 (132-L'interdisciplinarité existe-t-elle ?), 31–64, <http://ress.revues.org/326>, consulté le 30 septembre 2016.

Steiner P., 2008. Les marchés agroalimentaires sont-ils des « marchés spéciaux » ? *In* : *Les nouvelles figures des marchés agroalimentaires : apports croisés de l'économie, de la sociologie et de la gestion* (F. Dreyfus, Y. Chiffoleau, J.-M. Touzard, coord.), INRA/UMR Innovation/UMR Moisa, Montpellier, 54–72.

Stinchcombe A.L., 1983. *Economic Sociology*, collection Studies in social discontinuity, Academic Press, New York, 269 p.

Stinchcombe A. L., Carruthers B. G., 1999. The Social Structure of Liquidity: Flexibility, Markets and States. *Theory and Society*, 28(3), 353–382.

Temple L., Lançon F., Palpacuer F., Paché G., 2011. Actualisation du concept de filière dans l'agriculture et l'agroalimentaire. *Économies et sociétés, Série Systèmes agroalimentaires AG*, 33, 1785–1797.

Thivet D., 2012. Des paysans contre la faim. La "souveraineté alimentaire", naissance d'une cause paysanne transnationale. *Terrains & travaux*, 1 (20-Agricultures et sociétés contemporaines), 69–85.

Thompson E.P., 1971. The Moral Economy of the English Crowd in the Eighteenth Century. *Past & Present*, 50 (1), 76–136.

Trompette P., 2005. Une économie de la captation : les dynamiques concurrentielles au sein du secteur funéraire. *Revue française de sociologie*, 46 (2), 233–264.

United Nations, 1975. *Report of the World Food Conference, Rome, 5–16 November 1974*, United Nations, New York, 70 p., <https://digitallibrary.un.org/record/701143/files/E_CONF.65_20-EN.pdf>, consulté le 8 novembre 2018.

USDA, 2005. *Russian Grain Port capacity and Transportation update*, report N° 8/16/2013, Russian Federation, Moscou, 8 p., <https://gain.fas.usda.gov/Recent%20GAIN%20Publications/Russian%20Grain%20Port%20Capacity%20and%20Transportation%20Update_Moscow_Russian%20Federation_8-16-2013.pdf>, consulté le 26 mars 2016.

USDA, 2017a. *World Agricultural Supply and Demand Estimates*, Report of May 10, 2017, <https://www.usda.gov/sites/default/files/documents/May_2017_WASDE_Lockup_Briefing.pdf>, consulté le 7 juillet 2021.

USDA, 2017b. *Gain Report*, Russian Federation, Grain and Feed Annual. <https://apps.fas.usda.gov/newgainapi/api/report/downloadreportbyfilename?filename=Grain%20and%20Feed%20Annual_Moscow_Russian%20Federation_4-14-2017.pdf>, consulté le 7 juillet 2021.

Usoltseva O., 2013. Upravlenie sel'skim rasseleniem v SSSr v 1950–1980 godah skvoz' prismu metodologiceskih podhodov J. Scotta (na materâlah Tomskoj oblasti). *Krest" ânovedenie, Teoriâ, Istoriâ, Sovremennost'*, [La gestion des déplacements ruraux de population en URSS entre 1950 et 1980 au prisme de l'approche méthodologique de Scott (à partir des matériaux de *oblast'* de Tomsk)], Éd. Delo, Académie de l'économie nationale et du service public, auprès du Président de la Fédération de Russie, Moscou, n°. 8, 233–242.

Vatin F., 1996. *Le lait et la raison marchande : essais de sociologie économique*, collection Des Sociétés, Presses universitaires de Rennes, Rennes, 205 p.

Vatin F., dir., 2013 [2009]. *Évaluer et valoriser : sociologie économique de la mesure.* 2nde éd. revue et augm., collestion Sociologiques, Presses universitaires du Mirail, Toulouse, 352 p.

Visser O., Mamonova N., Spoor M., 2012. Oligarchs, megafarms and land reserves: Understanding land grabbing in Russia. *The Journal of Peasant Studies*, 39 (3–4), 899–931.

Visser O., Spoor M., 2011. Land grabbing in post-Soviet Eurasia: The world's largest agricultural land reserves at stake. *The Journal of Peasant Studies*, 38 (2-Forum on Global Land Grabbing), 299–323.

Visser O., Spoor M., Mamonova N., 2014. Is Russia the emerging global "breadbasket"? Re-cultivation, agroholdings and grain production. *Europe-Asia Studies*, 66 (10), 1589–1610.

Voblikov E. M., 2010. *Tehnologiâ elevatornoj promyšlennosti [La technologie de l'industrie d'élévation],* Saint Petersbourg, Lan', 376 p.

Volkov R., 2017. Les réseaux politico-économiques dans la Russie de Poutine. *Critique internationale*, 75 (2-La gouvernementalité rurale dans les pays du Sud), 91–111.

Von Graevenitz F.G., 2012. L'Europe comme modèle de l'Office du Blé ? Les origines et les conséquences nationales de l'organisation internationale des marchés agricoles (1927–1939). *In : Organiser les marchés agricoles : le temps des fondateurs, des années 1930 aux années 1950* (A. Chatriot, E. Leblanc, É. Lynch), chapitre 2, A. Colin, collection Recherches, Paris, 51–88.

Wegren S.K., 2009. *Land Reform in Russia: Institutional Design and Behavorial Responses*, Yale University Press, New Haven/Londres, 352 p.

Wegren S.K., 2010. Russia's Food Policies and Foreign Policy. *Demokratizatsiya: the Journal of Post-Soviet Democratization*, 18 (3), 189–207.

Wegren S.K., 2011. The Development of Agrarian Capitalism in Post-Soviet Russia. *Journal of Agrarian Change*, 11 (2), 138–163.

Wegren S.K., Elvestad C., 2018. Russia's food self-sufficiency and food security: an assessment. *Post-Communist Economies*, 30 (5), 565–587.

Wegren S.K., Nikulin A.M., Trotsuk I., 2016. The Russian variant of food security. *Problems of Post-Communism*, 64 (1), 47–62.

Wegren S.K., O'Brien D.J., Patsiorkovski V.V., 2003. Why Russia's Rural Poor Are Poor. *Post-Soviet Affairs*, 19 (3), 264–287.

Wegren S.K., Trotsuk I.V., 2013. Prodovol'stvennaâ bezopasnost' v Rossijskoj Federacii, *Krestjânovedenie, Teoriâ, Istoriâ, Sovremennost' [La sécurité alimentaire dans la Fédération de Russie, monde paysan, théorie, histoire, modernité]*, Moscou, Éd. Delo, Académie de l'économie nationale et du service public, auprès du président de la Fédération de Russie, 8, 243–269.

Wittman H., Desmarais A., Wiebe N., eds, 2010. *Food Sovereignty: Reconnecting Food, Nature and Community*, Fernwood Pub./Food First Books, Halifax/Oakland, 212 p.

Yefimov V., 2003. *Économie institutionnelle des transformations agraires en Russie*, collection Pays de l'Est, l'Harmattan, Paris, 395 p.

Zaloom C., 2006. *Out of the Pits. Traders and Technology from Chicago to London*. University of Chicago Press, Chicago, 240 p.

Zaloom C., 2013. Traders. *In : The Oxford Handbook of the Sociology of Finance* (K. Knorr Cetina, A. Preda eds.), chapitre 9, Oxford University Press, Oxford, 169–186.

Zelizer V., 1992. Repenser le marché : la construction sociale du marché aux bébés aux États-Unis 1870–1930, *Actes de la Recherche en Sciences Sociales* (94), 3–26.

Zelizer V., 2001. Transactions intimes, *Genèses*, 42 (3), 121–144.

Zelizer V., 2005. Circuits within capitalism, *in The Economic Sociology of Capitalism* (V. Nee, R. Swedberg, eds), Princeton University Press, Princeton NJ, 289–322.

Annexe 1 :

Liste des entretiens effectués et utilisés pour la recherche

Cette liste est volontairement peu précise, et ce pour préserver l'anonymat des personnes concernées. Elle comporte la date, la fonction des personnes interviewées, institution/société, le lieu et la durée de l'entretien.

Octobre 2015 : France et Suisse, enquêtes sur le *trading* dans 2 sociétés de *trading* céréalier différentes (4 entretiens avec 2 interlocuteurs, Landes et Lausanne).

Entretien 1 : 15 octobre, *trader* céréales, Suisse, 2h

Entretien 2 : 16 octobre, *trader* céréales, Suisse, 2h

Entretien 3 : 19 octobre, *trader* céréales, Sud-Ouest, France, 1h30

Entretien 4 : 19 octobre, responsable commercial céréalier mer Noire, Sud-Ouest, France, 1h

Novembre 2015 : Moscou et *oblast'* de Smolensk (12 entretiens auprès de producteurs, de syndicalistes céréaliers, de responsables d'administrations régionales et d'experts céréaliers) et 1 visite d'exploitation.

Entretien 5 : 2 novembre, investisseur et partenaire d'une *holding* céréalière, Moscou, 1h

Entretien 6 : 2 novembre, économiste spécialiste du commerce et de l'agriculture, Institut des problèmes internationaux et de l'économie mondiale, Académie des Sciences, Moscou, 1h

Entretien 7 : 3 novembre économiste, directeur d'un cabinet d'expertise sur le marché céréalier, Moscou, 1h

Entretien 8 : 5 novembre, cadre d'un syndicat agricole, Moscou, 1h

Entretien 9 : 6 novembre, gérant d'exploitation céréalière, et visite : parcelles, stockage, matériel, *oblast'* de Smolensk, canton Gagarine, 120 km Ouest de Moscou, 4h

Entretien 10 : 6 novembre, administration locale, canton de Gagarine, 1h30

Entretien 11 : 9 novembre, expert de l'agriculture russe, Moscou, 1h

Entretien 12 : 9 novembre, Syndicat de petits exploitants agricoles, Moscou, 1h

Entretien 13 : 10 novembre, économiste et sociologue spécialiste du secteur agricole, Académie du secteur public de la Fédération de Russie auprès du président de la Fédération, Moscou, 1h

Entretien 14 : 10 novembre, économiste, *Center of the Agrarian Sector for the Eurasian Economic Commission*, Moscou, 1h30

Entretien 15 : 12 novembre, économiste, cabinet d'expertise sur l'agriculture et les céréales, Moscou, 1h

Entretien 16 : 12 novembre, département des interventions, *Agroholding*, Moscou, 1h

Janvier 2016 : entretiens informatifs et exploratoires avec des experts des politiques agricoles, OCDE, Paris.

Entretien 17 : 14 janvier, expert 1, OCDE, Paris, 1h

Entretien 18 : 14 janvier expert 2, OCDE, Paris, 1h

Mars 2016 : Région de Krasnodar, 5 entretiens avec 1 *trader* céréalier, 3 exploitants avec 2 visites d'exploitations et déplacements, 1 économiste à l'Académie agraire de Krasnodar et visite de l'Académie.

Entretien 19 : 31 mars, directeur, visite d'une exploitation, région de Kuban, 150 km au Nord de Krasnodar, 4h

Entretien 20 : 31 mars, directeur d'une exploitation de blé, Krasnodar, 1h

Entretien 21 ; 1er avril, visite d'une exploitation agricole céréalière, 200 km au Nord de Krasnodar, 2h

Entretien 22 : 4 avril, *trader* d'une exploitation céréalière intégrée, Krasnodar, 1h

Entretien 23 : 5 avril, responsable des relations internationales, Académie agraire de Krasnodar, et visite de l'établissement, 1h30

Mai 2016 : 2 entretiens avec des économistes spécialistes des marchés céréaliers, des ex-syndicalistes céréaliers et 1 agronome spécialiste de la Russie.

Entretien 24 : 30 mai, économiste, spécialiste des marchés céréaliers, Francagrimer, Paris, 1h30

Entretien 25 : 30 mai, ex-syndicaliste de la filière blé, Francagrimer, Paris, 1h30

Juillet 2016 : *Oblast'* de Voronej, 2 entretiens dont un avec 1 responsable de l'Académie agraire et 1 responsable régional de la politique agricole. Et Moscou, 2 entretiens : 1 syndicaliste céréalier et 1 négociants céréalier.

Entretien 26 : 8 juillet, Académie agraire, Voronej, 1h

Entretien 27 : 6 juillet, Université de Voronej, ministère régional de l'Agriculture, 1h

Entretien 28 : 13 juillet, syndicaliste céréalier, Moscou, 1h

Entretien 29 : 14 juillet, *manager* d'exploitation céréalière, Moscou, 1h

Décembre 2016 :

Entretien 30 : 22 décembre, syndicaliste céréalier, Moscou, 1h

Juin 2018 :

Entretien 31 : 25 juin, responsable de la Bourse nationale des matières premières agricoles, Moscou, 1h30

Un tableau récapitulatif permet de situer points de différences et de comparaison entre ces trois localisations russes :

1. Tableau de comparaison sur les régions enquêtées

Régions	**Moscou/sa région**	**Voronej**	**Krasnodar**
Caractéristiques géographiques et agricoles	Centre de consommation, d'expertise de l'agriculture, de représentation et de décision Production et consommation locales	Région intermédiaire entre Moscou et le Sud Terres noires Région agricole et céréalière Région d'origine du ministre de l'Agriculture (A. Gordeev, 1999–2009) Consommation locale et exportation	Terres noires Proximité des ports de la mer Noire et de la mer d'Azov Région agricole de polyculture, maraîchage, céréales (dont maïs et blé) Région d'origine du ministre de l'Agriculture (A. Tkatchev, 2015–2018) Production et exportation
Entretiens/ terrain effectué	Visite d'une exploitation et entretiens avec des syndicalistes, économistes, *traders et* élus locaux	Visite de l'académie agricole et entretiens avec des élus locaux	Visite de 3 exploitations agricoles, entretiens avec des producteurs céréaliers et *traders* Visite de l'académie agricole

Annexe 2 :

L'offre et la demande d'un produit agricole saisonnier sur le marché mondial

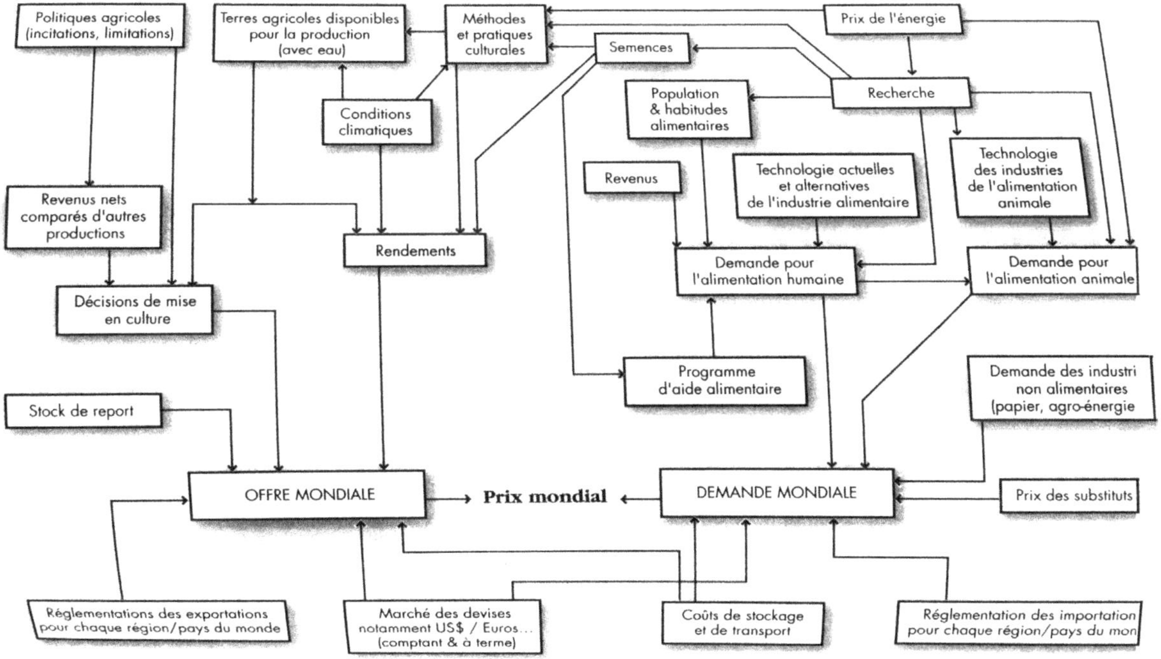

Sources : Fig.1.2, Declerc, Porti 2010.

Annexe 3 :

La régulation des grains ou la « tyrannie des céréales » en URSS ? (Kaplan, 2012) : l'histoire de la Russie révolutionnaire

La régulation des grains prend des formes différentes dans l'histoire. Le retour sur l'expérience soviétique d'encadrement dirigiste de l'agriculture a des mérites heuristiques, même si cet épisode historique est totalement étranger à l'économie capitaliste de la Russie postsoviétique. D'une part, il permet de donner au lecteur une perspective sur le monde agricole et son fonctionnement pendant les 70 ans qu'a duré le système socialiste en URSS ; ceci ne préjugeant en rien toutefois de l'héritage laissé à la Russie postsoviétique après 1991. D'autre part, il permet de comprendre le contrepoint que le système du marché a constitué dans le monde occidental dans l'entre-deux-guerres, mais aussi dans la période de transition au marché des années 1990 dans l'ex-bloc de l'Est. Enfin, et ce n'est pas le moindre de ses mérites, en offrant une perspective extrême sur la planification, ce détour permet la compréhension de la diversité des formes d'organisation de la circulation des denrées agricoles et alimentaires. Les passages qui suivent visent à restituer ces expériences pour éclairer la mise en œuvre du marché encadré dans la Russie post-soviétique. Cette confrontation ne doit pas faire oublier que pour le bloc occidental et ses paysans, le modèle socialiste sert de contre-modèle radical aux initiatives de régulation mises en place à partir des années 1930 (Botterill, 2012 ; Von Graevenitz, 2012, p. 58).

L'objet de ce travail n'est pas de détailler l'encadrement social et politique des campagnes réalisé en régime socialiste (Scott, 1998 en particulier) ou postsocialiste, analysé longuement par ailleurs (Hervouet, 2009, 2013). Les campagnes de collectivisation[187] dans les années 1930, l'organisation

[187] Cet épisode s'est accompagné de réquisitions forcées de blé auprès des koulaks, les paysans propriétaires, ayant provoqué une famine qui a fait entre 3 et 20 millions de victimes dans les campagnes (Scott, 1998, p. 202).

de la Grande famine en Ukraine ou encore les déplacements forcés de population menés entre les années 1950 jusqu'au milieu des années 1980 sont un exemple bien étudié de la violence continue et systématique exercée par le système administratif soviétique à l'égard du monde rural (Usoltseva, 2013, p. 233).

Les affiches politiques très nombreuses consacrées à l'agriculture sont une des expressions de l'importance accordée à l'organisation de l'agriculture par les régimes socialistes et son instrumentation au service d'une utopie sociale et politique, y compris au moyen de la terreur. L'encadrement statistique en est un autre (Mespoulet, 2012).

7.1 Affiche soviétique « La hausse de la récolte est la principale mission du travail de la terre »

« Reçois cher pays, notre récolte abondante »

Plus spécifiquement, l'idéologie modernisatrice et mécanisatrice appliquée aux campagnes est visible ci-dessus sous l'incarnation du tracteur. Pour James Scott, elle comporte une affinité avec un pouvoir autoritaire et porte en elle le projet d'éradication de l'autonomie du monde rural. Laissons la parole à James Scott :

> Il est possible, je crois de dire quelque chose de plus général à propos des affinités électives entre le modernisme autoritaire et certains arrangements institutionnels. Ce qui suit est plutôt direct mais cela servira de point

> de départ. Les idéologies très modernisatrices incarnent une préférence doctrinale pour certains arrangements sociaux. Les États très modernisateurs et autoritaires sont l'étape d'après. (Scott, 1998, p. 219).

Au-delà du moment paroxystique du stalinisme, le secteur agricole a fait l'objet d'un important travail d'encadrement politique. La recherche s'est distinguée par des institutions puissantes, telle que le réseau d'Académies agraires évoqué en introduction et dans le chapitre 1. Par ailleurs, la spécificité des orientations idéologiques soutenues par le pouvoir politique à travers le débat Lyssenko-Mendeleev illustre la forte politisation des enjeux liés à l'agriculture (Frese, 2004). Ces quelques aspects reflètent la complexité historique de ces enjeux, développés ailleurs (en particulier Kirtchik, 2007).

New International insights/ *Nouveaux* Regards sur l'International

In tribute to the late founder of this collection, Eric REMACLE, formerly *International Insights*, the editors have proposed to rename it *New* International Insights.

Their aim consists of inviting prospective authors to view the situations, case-studies and dynamics which they wish to analyse and conceptualise as innovative in an increasingly multipolar world order, more than as a mere continuation of past evolutions and theories. This is the approach characterising the editors' own research. Over a quarter of a century after the end of the cold war, Eurasian as well as Transatlantic, Asian-Pacific and pan-American constant innovations question most analytical conclusions almost as soon as they are reached. Yet, there is a need for theory. Examples would exceed the scope of this short presentation but a worthwhile illustration can be suggested: the turning point whereby an already innovative, sino-postsoviet Asia has proven capable, while still in its affirmative stage, to engage South Asia and construct a China-Russia-India triangle that offsets or even jeopardises most existing visions of Asia, notably neo-realist ones. Traditional visions thus yield to contemporary uncertainties. While non-State actors are still causing States to wither, withdraw or falter, new transnational and even transcontinental constructions are bringing States back in, however much around different objectives: logistical and commercial, while military cooperation appears a dated and questionable form of security enforcement.

New International Insights aims at balancing book publications among authors of all intellectual origins, western as well as eastern, northern as well as southern. Only in this manner can it hope to take the vision of its early founders one step further. A post-modern world needs post-western epistemology in order to wield its new meaning.

Manuscripts in political science and social sciences are encouraged for submission, preferably in English, not exceeding 450 000 signs including notes and annexes.

Series titles/Titres parus

International insights/Regards sur l'International

Edited by Éric Remacle (†)

N° 1 – Pierre CALAME, Benjamin DENIS & Éric REMACLE (eds.), *L'Art de la Paix. Approche transdisciplinaire*, 2004.

N° 2 – Gustaaf GEERAERTS, Natalie PAUWELS & Éric REMACLE (eds.), *Dimensions of Peace and Security. A Reader*, 2006.

N° 3 – Yves DENÉCHÈRE (ed.), *Femmes et diplomatie. France – XXe siècle*, 2004 (2e tirage 2005.

N° 4 – Takako UETA & Éric REMACLE (eds.), *Japan and Enlarged Europe. Partners in Global Governance*, 2005.

N° 5 – Barbara DELCOURT, Denis DUEZ & Éric REMACLE (eds.), *La guerre d'Irak. Prélude d'un nouvel ordre international?*, 2004.

N° 6 – Claude SERFATI (ed.), *Mondialisation et déséquilibres Nord- Sud*, 2006.

N° 7 – Takako UETA & Éric REMACLE (eds.), *Tokyo-Brussels Partnership. Security, Development and Knowledge-based Society*, 2008.

N° 8 – David AMBROSETTI, *Normes et rivalités diplomatiques à l'ONU. Le Conseil de sécurité en audience*, 2009.

N° 9 – Dries LESAGE & Pierre VERCAUTEREN (eds.), *Contemporary Global Governance. Multipolarity vs New Discourses on Global Governance*, 2009.

N° 10 – Christophe WASINSKI, *Rendre la guerre possible. La construction du sens commun stratégique*, 2010.

N° 11 – Sébastien BOUSSOIS & Christophe WASINSKI (eds.), *Armement et désarmement nucléaires. Perspectives euro-atlantiques*, 2011.

New **International insights/** ***Nouveaux*** **Regards sur l'International**

N° 12 – Pierre CHABAL, Jildiz NICHARAPOVA & Kuralay BAIZAKOVA (eds.), *Cross-border exchanges. Eurasian perspectives on logistics and diplomacy*, 2019.

N° 13 – Yann ALIX, Kuralay I. BAIZAKOVA, Pierre CHABAL (eds.), *Evolving regional values and mobilities in global contexts. The emergence of new (Eur)Asian regions and dialogues with Europe*, 2020.

N° 14 – Caroline DUFY, *Le retour de la puissance céréalière russe. Sociologie des marchés du blé, 2000–2018*, 2021.

www.ingramcontent.com/pod-product-compliance
Ingram Content Group UK Ltd.
Pitfield, Milton Keynes, MK11 3LW, UK
UKHW021922290926
8980IPUK00016B/1406

9 782807 617650